Sissinghurst

EINER DER SCHÖNSTEN GÄRTEN ENGLANDS

Tony Lord

Sissinghurst

Einer der schönsten Gärten Englands

HERAUSGEGEBEN IN ZUSAMMENARBEIT MIT DEM
NATIONAL TRUST

*Für Graham Stuart Thomas,
der mit seiner Arbeit Generationen von Gärtnern und
Gärtnerinnen bereichert und vielen Gärten zu größerer Schönheit
verholfen hat, darunter auch Sissinghurst.*

© 1995 der englischen Ausgabe:
Frances Lincoln Limited,
4 Torriano Mews, Torriano Avenue,
London NW5 2RZ
© 1995 Text und Fotografien: Tony Lord
© 1995 Aquarelle: Frances Lincoln Limited
© 2. Auflage 1997 der deutschen Ausgabe: DUMONT Buchverlag, Köln
Alle deutschsprachigen Rechte vorbehalten

Aus dem Englischen von Hans-Ulrich Möhring
Redaktion und Satz der deutschen Ausgabe: Wallstein Verlag, Göttingen

Printed and bound in Italy
ISBN 3-7701-3761-2

Das Zitat auf der Umschlagrückseite stammt aus dem Buch *Aus meinem Garten*
von Vita Sackville-West. © des deutschen Textes: Verlag Ullstein GmbH, Berlin

Schmutztitel: Die Holzbank im Torbogen mit Harolds Gedenktafel für
Vita.
Frontispiz: Der Turm vom Bauerngarten aus gesehen, mit Königskerzen,
Mädchenaugen und *Papaver commutatum*.

*Der Blick durch das Eibenrondell des Rosengartens auf die Statue der
Bacchantin im Lindengang illustriert Sissinghursts »ideales Spannungs-
verhältnis zwischen Klassik und Romantik«.*

Inhalt

7 Überblick *Chronologie und Plan von Sissinghurst*

10 Sissinghurst *gestern, heute, morgen* Die Geschichte eines großen Gartens

22 Der Obere Hof *Violette Rabatten im Schatten des Turms*

36 Der Untere Hof *Mauerpflanzen und faszinierende Blickachsen*

46 Der Rosengarten *Alte Rosen und Begleitpflanzen rings ums Rondell*

66 Der Lindengang *Die frische Farbenpracht von Harolds »Lebenswerk«*

76 Der Bauerngarten *Sonnenuntergangsfarben im intimen Rahmen*

90 Der Nußgarten *Ein Blumenteppich aus Bodendeckern*

100 Der Grabengang *Strenge Schlichtheit an der alten Grabenmauer*

110 Der Kräutergarten *Vitas Freude an Kräutern und ihrer Geschichte*

118 Der Obstgarten *Zwiebelpflanzen und Wildblumen in lockerem Arrangement*

128 Der Weiße Garten *Eine Symphonie aus subtilen Weiß- und Grünnuancen*

148 Hinter den Kulissen *Die Hintergründe von Sissinghursts Erfolg*

158 Sissinghursts Pflanzen

160 Literaturliste

160 Register

168 Danksagungen

Die Dionysosstatue, im Juli 1995 vom National Trust ersetzt, nachdem das Original zerfallen war.

Überblick

Von Stieleichen eingerahmt überblickt der Pavillon im herbstlichen Frühlicht die Weald-Landschaft Kents.

1886 Geburt Harold Nicolsons am 21. November in Teheran als dritter Sohn von Sir Arthur Nicolson (später Lord Carnock) und seiner Frau Catherine.

1892 Geburt Vita Sackville-Wests am 9. März in Knole, Kent, als einziges Kind von Lionel, 3. Lord Sackville, und seiner Frau Victoria.

um 1900 Anpflanzung der Bäume im Obstgarten und der Lambertsnüsse im Nußgarten.

1910 Vita und Harold lernen sich kennen.

1913 Verlobung von Vita und Harold am 5. August, Trauung am 1. Oktober; in Kospoli bei Konstantinopel legen sie ihren ersten Garten an.

1914 Rückkehr von Harold und Vita nach England am 21. Juni mit drei Bischofsgedenktafeln (heute in der Bischofspforte) und einer Marmorschale (heute im Kräutergarten); Geburt des ersten Sohns Benedict (Ben) am 6. August in Knole.

1915 Harold und Vita kaufen Long Barn in Kent; ein zweiter Sohn totgeboren.

1917 Geburt des jüngsten Sohns Nigel am 19. Januar in London, Ebury Street.

1918-21 Affäre von Vita mit Violet Trefusis.

1930 Vita kauft Sissinghurst; Abriß der Katen im Oberen Hof; Anlage des Löwenteichs (heute Senkgarten) im Unteren Hof; Freilegung der Grabenmauer und Ausholzung des Nußgartens.

1931 Weiher südöstlich des Gartens fertiggestellt; Eingangsbogen vom Vorhof wieder geöffnet; Rasen im Oberen Hof angesät und im Unteren Hof verlegt; Weganlage im Bauerngarten und im Pfarrhausgarten (heute Weißer Garten) zwischen den neuen Beeten, bepflanzt in der Südhälfte vor allem mit Strauchrosen, im Norden mit Teehybriden in Buchsumfassung; Schuttbeseitigung fast im ganzen Garten abgeschlossen.

1932 Harold und Vita vermieten Long Barn und ziehen nach Sissinghurst; Weg vom Eingangsbogen zum Turm, daran vier Säuleneiben gepflanzt; Lady Sackville schenkt sechs Bagatelle-Vasen; Pappelallee an der Zufahrt zum Vorhof gepflanzt; A. R. Powys als Architekt angestellt; Eibengang gepflanzt; Achse durch Nußgarten und künftigen Lindengang geplant und Hainbuchenhecken gepflanzt; Harold durchpflanzt den Nußgarten mit Fingerhut aus dem Wald; Rasenverlegung im Grabengang, am Westende Anlage des Sissinghurst Crescent nach Harolds Entwurf; Küchengarten (heute Rosengarten) eingezäunt; Eibenhecken ums Rondell und zwischen Küchengarten und Bauerngarten gepflanzt.

1933 Mittelweg des Küchengartens vermessen und Buchsbaumhecken gepflanzt. Erechtheum gebaut.

1934 Kräutergarten mit Eibenhecken umpflanzt; vier Säuleneiben im Bauerngarten gepflanzt; Rondellrasen angesät; Magnolienbeet im Unteren Hof bepflanzt.

1935 Wohngebäudeerneuerung abgeschlossen; Powys-Mauer im Küchengarten gezogen und Weg an der Langen Rabatte gepflastert; im Oberen Hof Nordmauer gebaut und zum Eingang hin Pflaster gelegt; Statue der kleinen Jungfrau nördlich des Pfarrhausgartens aufgestellt.

1936 Lindengang gepflastert und Linden gepflanzt.

1937 Rondell mit Strauchrosen aus dem Pfarrhausgarten bepflanzt; chinesischer Topf als Mittelpunkt des Pfarrhausgartens; griechische Säule aus Shanganagh Castle in Delos aufgestellt; Obstgarten als Streuobstwiese mit Rundweg angelegt; Vorhof gepflastert und flankierende Spalierlinden gepflanzt.

1938 Vita pflanzt im Kräutergarten die ersten Kräuter; Primelteppich über den ganzen Nußgarten.

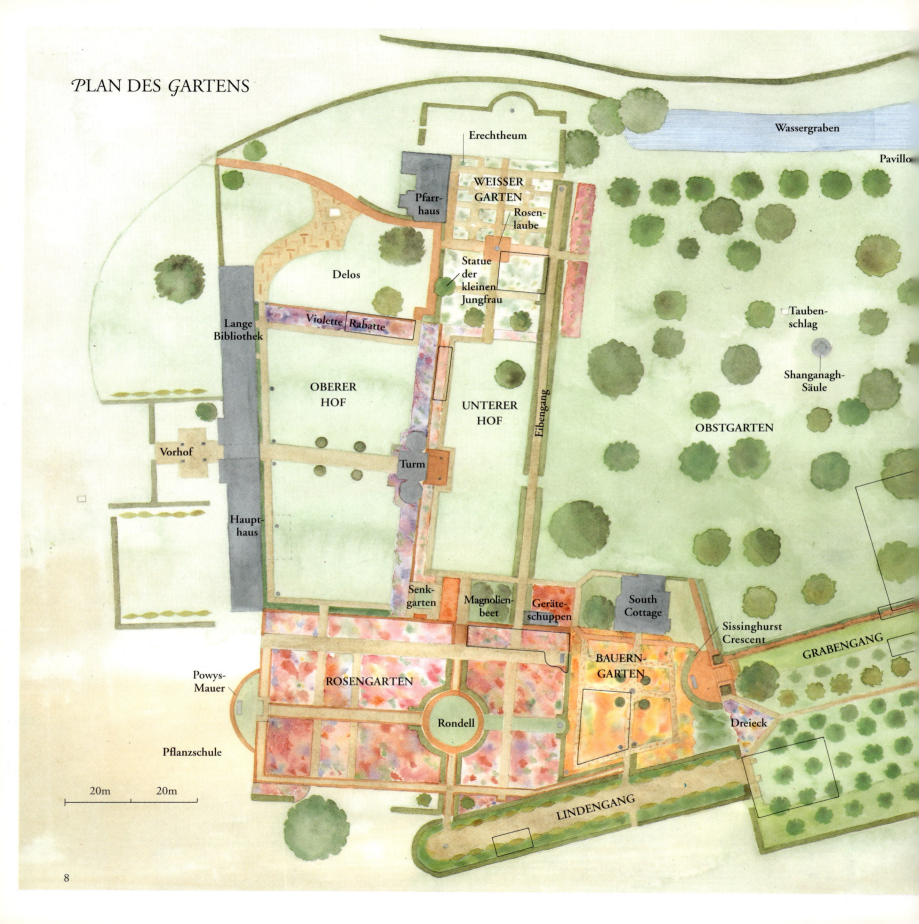

Die Kästchen bezeichnen detaillierte Pflanzpläne im Kapitel für den betreffenden Teil des Gartens.

1939 Ausbruch des Zweiten Weltkriegs; Jack Vass wird Gartenmeister; Löwenteich im Senkgarten trockengelegt und zum Beet gemacht.

1941 Jack Vass wird zur Luftwaffe eingezogen.

1944 Eiserne Pforte zwischen Oberem Hof und Rosengarten; Harold wird Mitglied des Beirats des National Trust.

1945 Kriegsende; Harold verliert Parlamentssitz.

1946 Harold beginnt Merkbuch zur Bepflanzung des Lindengangs; Dionysosstatue aufgestellt; Jack Vass kehrt zurück und fängt an, die im Krieg vernachlässigten Teile des Gartens zu restaurieren.

1948 Vita pflanzt ihre Thymianbeete und Azaleen am Grabengang; sie wird Gründungsmitglied des Gartenkomitees des National Trust.

1950 Pfarrhausgarten wird zum Weißen Garten und die kleine Jungfrau unter eine Weidenblättrige Birne versetzt.

1952 Harold zum Ritter geschlagen.

1954 Taubenschlag errichtet.

1957 Jack Vass geht; Ronald Platt wird Gartenmeister.

1959 Ronald Platt geht; Pam Schwerdt und Sibylle Kreutzberger gemeinsam als Gartenmeisterinnen angestellt; Besucherzahl um 6000.

1962 Vita stirbt am 2. Juni in Sissinghurst; Nigel tritt Erbe an.

1963 Viele empfindliche Pflanzen kommen im kalten Winter um; Verjüngungsschnitt der Buchshecke um den Sissinghurst Crescent auf der Bauerngartenseite.

1966 Besucherzahl erreicht 28 000.

1967 Töpfe aus Siena in Eingangsbereich und Lindengang aufgestellt; 17. April Übergabe von Sissinghurst an den National Trust, Gartenberater ist Graham Stuart Thomas; Rückschnitt der Hecke des Sissinghurst Crescent zum Grabengang hin; neues Cambridge Gewächshaus; Besucherzahl steigt auf 47 000; Buchshecken im Ostteil des Rosengartens neu gepflanzt.

1968 Harold stirbt am 1. Mai in Sissinghurst; Buchshecken im Westteil des Rosengartens neu gepflanzt; Treppe erneuert und Pflaster zwischen Grabengang und Obstgarten erweitert; Besucherzahl 57 000.

1968-69 Wege in der Westhälfte des Rosengartens gepflastert.

1969 Eibenganghecken innen und oben zurückgeschnitten; Pavillon zu Harolds Gedenken fertiggestellt; Pflaster um die Thymianbeete; neues Pflaster im Kräutergarten; Betonweg durch den Nußgarten mit Yorkstein neu belegt.

1970 Im Weißen Garten Beethöhen korrigiert, ein Viertel der Buchseinfassungen neu gepflanzt, überall neues Pflaster; Nigel entwirft Rosenlaube; Beginn größerer Gebäude- und Mauerreparaturen; Betonpflaster im Kräutergarten durch Yorkstein ersetzt, Graswege mit Ziegeln belegt; Verjüngung der Azaleen im Grabengang beginnt; neue Grabenbefestigung; Zeichen von Umpflanzerkrankung bei Primeln im Nußgarten; großes Drainageprojekt (dazu von 1972 an Wasserleitungen zur Bewässerung) fängt beim Grabenabfluß und Obstgarten an.

1971 Mauer zwischen Oberem Hof und Rosengarten neu; neue Wege und Einfassungen im Oberen Hof.

1975 Eibenganghecken außen zurückgeschnitten; nach Absterben der Primeln Nußgarten mit Waldpflanzen unterpflanzt.

1976-78 Rondellhecke außen zurückgeschnitten; Yorkstein im Lindengang verlegt, Linden durch halbwüchsige Bäume ersetzt (Frühjahr 1977); nach extrem nassem Winter gehen die meisten im Sommer an Dürre ein und werden durch junge Bäume ersetzt.

1978-79 Neuer Parkplatz angelegt, Wind- und Sichtschutz gepflanzt.

1981 Rückschnitt Rondellhecke innen, Pflaster um Rondellrasen (letzte Phase Wegerneuerung).

1984 Katalog der Pflanzen im Garten vom National Trust zusammengestellt.

1985 Jim Marshall Nachfolger von Graham Stuart Thomas als Gartenberater.

1987 Obstbäume, große Bäume im offenen Gelände und Weidenblättrige Birne im Weißen Garten fallen starkem Sturm zum Opfer; viele Bäume ersetzt, auch die Birne.

1991 Sarah Cook wird Gartenmeisterin; Besucherzahl 197 000.

1992 Einlaß zu festen Uhrzeiten eingeführt; Rückgang der Besucherzahl auf 153 000.

1994 Sarah Cook auch zur Gutsverwalterin ernannt.

1995 Dionysosstatue ersetzt.

Sissinghurst
gestern, heute, morgen

Harold und Vita, fotografiert von Cecil Beaton.

Die Geschichte von Harold Nicolson und Vita Sackville-West, ihrer ungewöhnlichen Ehe und ihres Gartens in Sissinghurst ist von hervorragenden Autoren wie Nigel Nicolson, Victoria Glendinning, Anne Scott-James und Jane Brown erzählt worden. Demgegenüber konzentriert sich dieses Buch auf den Garten, auf seine Entstehung und Weiterführung. Die Bepflanzung wird eingehend behandelt, ebenso die vorbildlichen Pflegemethoden.

Einige namhafte Gärtner halten Sissinghurst nicht für einen Garten ersten Ranges. Meiner Ansicht nach irren sie sich; sie verwechseln Zurückhaltung und dezente Gestaltung mit Schwäche. Außerdem macht Struktur allein noch keinen großen Garten. Bepflanzung und Flair sind genauso wichtig, und ohne Ressourcen, vor allem ohne fähige, einfühlsame Gärtner, kann alles umsonst gewesen sein. Der Garten von Sissinghurst ist in allen vier Punkten stark. Gewiß, an romantischem Flair wird er vielleicht von Ninfa in Italien übertroffen, an planmäßiger Gestaltung, unbehindert von bestehenden Anlagen und ungünstigen Achsen, von Hidcote in Gloucestershire, den großen französischen oder anderen italienischen Gärten. Doch nur wenige können im ganzen so überzeugen. Sissinghursts anhaltende Beliebtheit zeugt von der Lebendigkeit seines Geistes und seiner Schönheit.

☙

Schon als Kind war Vita für den Reiz des Gartens von Knole in Kent, dem Wohnsitz ihrer Eltern Lord und Lady Sackville, empfänglich gewesen. Am 1. Oktober 1913 heiratete sie Harold Nicolson, und gemeinsam legten sie ihren ersten Garten in Kospoli bei Konstantinopel an, wo Harold im diplomatischen Dienst war. Im Juni 1914 kehrten sie nach England zurück und kauften im Frühjahr 1915 Long Barn im Weald, nur zwei Meilen von Vitas geliebtem Knole entfernt. Hier wurde Vita zur Pflanzenkennerin, während Harold sich als Gartenarchitekt schulte. Wie später in Sissinghurst teilten sie auch diesen Garten in »Räume« auf, von denen einige auf bestimmte Farbtöne beschränkt werden sollten. Ihr Freund Sir Edwin Lutyens half Harold bei einem Plan für einen kleinen Parterregarten mit L-förmigen Beeten.

Vitas Empfinden für Pflanzen war geprägt von ihrer Liebe zur altnieder-ländischen Blumenmalerei und den seltenen Arten, die sie auf Reisen (manchmal gemeinsam mit Harold) etwa nach Persien oder in die Alpen sah. Die romantischen Bezüge von Blumen zu alten Zeiten, Malern und fernen Ländern sollten später ihre Pflanzenauswahl in Sissinghurst beeinflussen.

Geplante Erweiterungen der an Long Barn angrenzenden Farm führten dazu, daß sich die Nicolsons 1930 mit Umzugsgedanken trugen. Am 4. April fuhren Vita und ihr jüngerer Sohn Nigel Sissinghurst besichtigen, das damals aus kaum mehr bestand als ein paar verfallenen Gebäuden, um-geben von brachliegenden Feldern. Im 16. Jahrhundert hatte Sissinghurst Sir John Baker gehört, dessen Tochter Cecily Sir Thomas Sackville heiratete, den späteren Besitzer von Knole. Jahrhundertelang also war Sissinghurst im Besitz von Vitas Ahnen gewesen. Überwältigt von seiner Romantik und unbeirrt von allen Schwierigkeiten erklärte sie Harold, sie habe den idealen Wohnsitz gefunden. Er fuhr am nächsten Tag mit dem anderen Sohn Ben hin und war bezaubert und abgeschreckt zugleich. Wochenlang schwankte er hin und her, und am 24. April schrieb er Vita:

»Meine Meinung ist:

a) Es wäre sehr unklug, Sissinghurst zu kaufen. Es kostet 12 000 Pfund, und es herzurichten wird noch einmal gut 15 000 Pfund kosten. Das macht alles in allem fast 30 000 Pfund. Für 30 000 Pfund könnten wir einen herrlichen Landsitz mit Park, Garage, fließend warm Wasser, Zen-tralheizung, historischen Bezügen und zwei Gartenhäusern rechts und links kaufen.

b) Es wäre sehr klug, Sissinghurst zu kaufen. Durch seine Adern fließt das Blut der Sackville-Dynastie. Sicher, es kommt von der mütterlichen Seite – aber wir sind ja beide feministisch, und Knole kam schließlich auch daher. Für dich ist es ein Familienstammsitz: das wiegt die fehlende Zentralversorgung mit warmem Wasser auf.

c) Es liegt in Kent. In einem Teil von Kent, den wir mögen. Es ist abge-schlossen. Wir könnten einen See anlegen. Die Jungen könnten reiten.

d) Es gefällt uns.«

Harold willigte ein. Am 7. Mai kaufte Vita Sissinghurst. Doch obwohl man die Arbeit an Gebäuden und Garten fast sofort in Angriff nahm, konnten Harold und Vita erst 1932 Long Barn vermieten und umziehen. Zu dem Zeitpunkt stellten sie Albert Reginald Powys als Architekten an, den Sekretär der Society for the Preservation of Ancient Buildings, auf den sie wahrscheinlich durch die damalige Kampagne gegen die Aus-schlachtung alter Gebäude zur Neuverwertung andernorts aufmerksam geworden waren. Powys war nicht nur dafür verantwortlich, daß Sissing-hursts Gebäude bewohnbar wurden, sondern auch für einige der Garten-mauern, vor allem für die geschwungene im Rosengarten, die nach ihm benannt ist.

Die Anlage des Gartens ging zügig voran; bei Kriegsausbruch 1939 war jeder Bereich außer dem Weißen Garten und den Thymianbeeten in seinem Grundcharakter festgelegt. In einem Artikel in der Zeitschrift der Royal Horticultural Society beschrieb Vita 1953 ihrer beider Rollen und Ziele: »Allein hätte ich es nie geschafft. Zum Glück hatte ich den idealen Mit-streiter geheiratet. Harold Nicolson muß in einem früheren Leben Gar-tenarchitekt gewesen sein. Er hat einen natürlichen Sinn für Symmetrie und ein Genie für die Schaffung von Blickpunkten oder Fernsichten, auch wenn alles gegen ihn zu stehen scheint, ein Talent, das mir völlig ab-geht. Völlig einig waren wir uns jedoch über das Grundprinzip des Gar-tens: eine Kombination von langen axialen Gängen … und der intime-ren Überraschung kleiner geometrischer Gärten, die ungefähr so davon abgehen sollten wie die Zimmer eines riesigen Hauses von den Haupt-korridoren. Höchste Strenge der Gestaltung sollte verbunden sein mit maximaler Zwanglosigkeit der Bepflanzung.«

Selten ist ein und dieselbe Person als Gartenarchitekt und als Gärtner gleich überragend – eine Ausnahme ist etwa Beatrix Farrand –, und nur wenige große Gärten sind das Werk eines einzelnen. Die meisten entstehen durch Zusammenarbeit, deren berühmteste vielleicht die von Gertrude Jekyll und Edwin Lutyens ist; auch in Hidcote legte Lawrence Johnston das Skelett des Gartens fest, während Norah Lindsay wesentlich bei der Bepflanzung half. Und Sissinghurst wurde von jeher als Produkt der schöpferischen Spannung zwischen der apollinischen Ordnung von Harolds Architektur und dem dionysischen Überschwang von Vitas Bepflanzung aufgefaßt. Dies ent-spricht im Prinzip den Tatsachen. Doch es wäre zu simpel, Harold allein als den Gartengestalter und Vita als die Bepflanzerin zu zeichnen. Nigel Nicol-son berichtet von Unterredungen, bei denen Harold Vita fragte, wie sie eine von ihm geplante Anlage bepflanzen würde. Und obwohl Nigel meint, Ha-rold habe viel mehr vom Bepflanzen als Vita vom Gestalten verstanden, muß gesagt werden, daß die Dezentheit des Gartens wohl Vitas Einfluß zu verdanken ist; Harolds ausgefallenere Gestaltungsvorschläge wurden von Vita manchmal zugunsten einfacherer Lösungen zurückgewiesen. Alle Hek-ken sind oben flach und ohne Form- und Figurenschnitt; nur in den Buchs-parterres des Weißen Gartens, den Eibenvorsprüngen des Kräutergartens und vielleicht der Anlage des Sissinghurst Crescent findet man Ausschmük-kungen, die über die allereinfachste Ausführung hinausgehen. Eine andere Ausnahme stammt aus den 60er Jahren, als auf Nigel Nicolsons Anregung hin die Hecken auf beiden Seiten der Lücke im Eibengang erhöht wurden, um die Blickachse vom Turm zum Dionysos in diesem Teil zu betonen. In beiden Fällen würde kaum jemand die Berechtigung einer effektvolleren Gestaltung bestreiten. Im ganzen Garten wird der Blickfangeffekt ausge-suchter Statuen, Urnen und Vasen mit ihrem romantischen Flair des Alten noch gesteigert durch die Schlichtheit des Rahmens, in dem sie stehen.

Jane Brown hat die Beschränkung als eine der bemerkenswertesten Eigenschaften von Sissinghurst bezeichnet:

»Zu dem Repertoire von Imitationen im englischen neoklassizistischen Stil gehört ein ganzer Haufen bekannter Requisiten, die Sissinghurst unübersehbar nicht hat: Es hat keinen langen Rasengang flankiert von Doppelrabatten, keine Pergola, keine Wasserbecken oder Fontänen, keine Lauben oder Laubengänge und keinerlei Figurenschnitte. Es gibt keine weißen Bänke, keine Versailler Kübel, keinen Iris- oder Goldregentunnel, keine Balustradenterrasse, keinen Säulentempel und ganz gewiß keine japanischen Elemente und kein *trompe l'œil*. In anderen Gärten gibt es derlei in rauhen Mengen.«

Diese augenfällige Schlichtheit kann zu der Annahme verleiten, es mangele an Gestaltung, die Nicolsons hätten bloß ein paar Mauern und Hecken als Ergänzung bestehender Anlagen hochgezogen und ein paar Statuen verstreut. Das ist eindeutig nicht der Fall. Als Beispiel schaue man sich die lange Achse vom Weißen Garten zum oberen Ende des Lindengangs an, deren einzige Vorgabe der Durchgang am Südende des Unteren Hofes war. Er bestimmte die Position der Bischofspforte und seiner Mauer, der *clairvoyée* am äußersten Ende des Weißen Gartens, des Rondells und der Statue am Anfang des Lindengangs. Die Art, wie Harold den unregelmäßig geformten Weißen Garten rechteckig erscheinen ließ, seine kluge Gestaltung der Lindengangachse und seine Aufstellung der Dionysosstatue als Abschlußpunkt der Blickachsen des Grabengangs und vom Turm aus waren meisterlich. Es zeugt von seinem Geschick, wenn Besucher heute nicht glauben können, daß die Grenzen und Achsen nicht immer schon da waren. Nur in ganz wenigen Punkten kann die Gestaltung nicht völlig befriedigen.

Sissinghurst als eine Reihe »Gartenräumen« ist heute ein fester Begriff, den Vita selbst geprägt hat, aber der zu einem Klischee geworden ist. Doch Vita und Harold sahen den Garten so, und Harold schätzte Sissinghursts »Aufeinanderfolge von Abgeschiedenheiten«, wie er sich ausdrückte, sehr. Die meisten Begrenzungen gab es schon, als sie Sissinghurst kauften, oder wenigstens drei seiner vier »Mauern«. Wenn Sissinghurst sich nicht zu solch einer Raumaufteilung angeboten hätte, hätten die Nicolsons keinen Garten nach ihrem Geschmack daraus machen können und es vielleicht nie gekauft.

Gärten dieser Art waren nichts Neues; es gab viele aus dieser oder etwas früherer Zeit, die ähnlich unterteilt waren: Snowhill, Rodmarton und Hidcote fallen einem ein. Aber was die Gartenabteilungen in Sissinghurst zu echten Räumen macht, ist die Art ihrer Nutzung. Harold und Vita lebten in ihrem Garten wie in einem Haus; er hielt die versprengten Gebäude von Sissinghurst zusammen, verband die Schlafzimmer und das Wohnzimmer im South Cottage mit dem Eßzimmer im Pfarrhaus, die Bibliothek mit Vitas Arbeitszimmer im Turm. Sie verbrachten ebenso viel Zeit draußen wie drinnen, so daß Gartenbereiche wirklich als Zimmer dienten: der Obere Hof als

Eingangshalle, der Weiße Garten als Eßzimmer, der Bauerngarten als zweites Wohnzimmer für Harold und der Lindengang als seine lange Galerie.

Die Fotos des Gartens aus Vitas Zeit sind der zuverlässigste Anhaltspunkt für ihren Pflanzstil. Ihr Gartenmerkbuch enthält weitere Hinweise, Listen von Pflanzen, die sie mochte und bestellte. Ihre Artikel im *Observer* sind zur Orientierung weniger brauchbar, weil sie gelegentlich über andere Pflanzstile schrieb, die sie bewunderte, aber in Sissinghurst offenbar nicht übernahm.

Der Rosengarten, wie er auf alten Fotos erscheint und heute noch ist, zeigt alle Merkmale ihres Stils: weiche, ungegliederte Massen, wenig markante Blatteffekte oder kontrastierende Formen, keine »Akzentpflanzen«, sparsamer Gebrauch buntblättriger Pflanzen, wenig Farbkontraste (ausgenommen weiche Orange- und Blautöne, eine Kombination, die sie schon in Long Barn wählte). Vitas Liebe zu den üppigen romantischen Blumenarrangements der niederländischen Meister, dem wilden Blütenkunterbunt, verrät ihren Geschmack. Im Rosengarten sehen wir bis heute Vitas überschwengliche Bepflanzung, in der Form und Blattwerk kaum eine Rolle spielen. Der Verzicht auf farbliche Vielfalt im Weißen Garten zwang sie freilich zum Spiel mit Laubeffekten, und im Bauerngarten hatten die empfindlichen Pflanzen mit den warmen Farben häufig auffallende Blätter.

Der 1984 vom National Trust zusammengestellte Katalog der Pflanzen im Garten gibt weitere Informationen über Vitas Pflanzen. Pam Schwerdt und Sibylle Kreutzberger, Gartenmeisterinnen von 1959 bis 1991, haben darin die Pflanzen bezeichnet, die 1959 am selben Ort standen, ferner diejenigen, die damals im Garten wuchsen, aber nicht am selben Ort. Der Katalog zeigt, daß viele Sträucher und Mauerpflanzen noch dort stehen, wo sie zu Vitas Zeit waren, aber von den heutigen Pflanzen von Sissinghurst 1959 noch kein Drittel dort wuchs. Trotz solcher grundlegenden Änderungen der Bepflanzung wollten weder der Trust noch die Gärtnerinnen den Charakter des Gartens antasten. Pam und Sibylle waren stets darauf bedacht, dem ursprünglichen Geist jedes Bereichs zu folgen und Vitas Stil zu bewahren.

Der umfangreiche Pflanzenwechsel ist bewußter Ausdruck einer Flexibilität innerhalb unveränderlicher Richtlinien: Seit Vitas Zeit haben die Gärtner die Bepflanzung ständig revidiert, undankbare Pflanzen durch bessere Sorten ersetzt und sich in jedem Gartenbereich um einen schönen Blütenflor über einen möglichst langen Teil der Besuchersaison bemüht. Aus diesem schöpferischen Ansporn heraus wurde der Garten ständig aufgefrischt und von Jahr zu Jahr erneuert. Wie Pam Schwerdt es ausdrückt: »Wenn Lady Nicolson noch lebte, würde sie ständig neue Pflanzen hinzufügen. Wir waren immer so dankbar, daß man irgendwann beschlossen hatte,

Dämmerung über Sissinghurst, von Südwesten gesehen. Die moderne Landwirtschaft hat den zeitlosen Anblick von Feldern, Knicks, Waldbeständen und alten Eichen nicht verändert. An einigen Jungeichen sieht man Baumschutz.

wir könnten in Sissinghurst weiter Neues ausprobieren, und daß nicht einfach die Uhr angehalten wurde.«

Die Pflanzpläne in diesem Buch sollten somit als Aufschluß über die Art der Bepflanzung und nicht als starres Schema verstanden werden. Sie geben die Pflanzordnung von 1994 wieder, doch schon im Jahr darauf hatte ein Großteil der Pflanzen den Standort gewechselt. Dies ist eine der Eigentümlichkeiten von Sissinghurst, die mehrmalige Besuche so lohnend macht: Auch wenn die Atmosphäre jedes Gartenraums dieselbe geblieben ist, werden viele Pflanzenzusammenstellungen sich verändert haben. Es gibt wahrscheinlich keinen anderen Garten der Welt, in dem im Laufe der letzten 30 Jahre so viele gelungene Pflanzenverbindungen geschaffen wurden.

☙

Man hört oft, Harold und Vita seien Snobs gewesen. Es stimmt sicher, daß sie zumeist mit Intellektuellen verkehrten. Aber obgleich Harold knallige Allerweltsblumen nicht mochte, war keiner von beiden ein Gartensnob. Vita war ausgesprochen fasziniert von Neuem: Pam und Sibylle erinnern sich mit liebevoller Belustigung an ihre Begeisterung für das neue Asbestdach auf dem Kuhstall und ihre hellgrünen Plastikvorhänge mit Segelbooten im Badezimmer. Auch Gartenneuheiten erregten ihr Interesse, ob es nun Geräte waren oder »Farbsensationen« wie orange- oder zweifarbige Rosen; sie ließen sich für ihre wöchentlichen Artikel im *Observer* verwerten, auch wenn ihr Interesse an Neuem mitunter nicht über eine Versuchsphase hinausging.

Vitas Merkbuch enthält viele Notizen zu den besten neuen Teehybriden und Floribunden, die zum Teil eindeutig auf Sissinghurst zielen und nicht bloß Material für ihre Artikel sind. Manche wachsen heute noch im Garten. Sie hatte auch nichts gegen gefüllte Blumen, zumal Primeln, und schrieb, die gefüllten Sorten der alten Floristenblumen erweckten in ihr schlimme Neidgefühle. Sie verabscheute jedoch alle plumpen und vulgären Blumen.

Es gibt Snobs, die Vita zu einer absolut geschmackssicheren Gartengöttin erheben und eigene gärtnerische Vorlieben in sie hineinprojizieren. Solche Leute sind oft mit Gertrude Jekyll der Meinung, um ein guter Gärtner zu sein, brauche man ein Familienwappen, kein Berufsgärtner könne künstlerisch mit einem Garten umgehen, und den Händen von Berufsgärtnern überlassen, sei ein Garten zwangsläufig bald am Tiefpunkt des seelenlosen schlechten Geschmacks angelangt. Solche Ansichten sind ebenso lachhaft wie abstoßend. Es ist absurd zu meinen, gelernte Gärtner, die sich hingebungsvoll der Schaffung schöner Gärten widmen, könnten sich künstlerisch nicht

Harolds Weiher, 1931 mit Hilfe von Ben und Nigel angelegt, vom Turm über den Bauerngarten und den Lindengang hinweg gesehen. Die stattlichen Eichen, die den Garten umgeben, verschönern viele Ausblicke und verstärken den Eindruck der in Sissinghurst fortlebenden Vergangenheit.

mit Besitzern messen, die ein paar Stunden die Woche in ihren Beeten herumkrautern und nicht das gartenbauliche Wissen und Geschick haben, die Schönheit ihrer Gärten zu maximieren. Daß gelernte Gärtner sich den Stilen unterwerfen, nach denen ein Garten bepflanzt ist, mag selten sein, aber genau das haben sie in Sissinghurst seit den Tagen der Nicolsons getan. Viele gehen davon aus, daß die schönsten Pflanzenkompositionen des Gartens alle von Vita und die weniger gelungenen vom Gartenpersonal stammten. Das ist ein Irrtum: Stil und Geist von Vitas Garten bleiben zwar gewahrt, aber die Bepflanzung ist so häufig und gründlich umgestellt worden, daß von den einzelnen Gruppen nur wenige überlebt haben. Die Kompositionen, die wir sehen, sind zwar in Vitas Stil, aber überwiegend das Werk der Gärtner.

Als im Krieg die Gärtner eingezogen wurden, wurde es schwer, den Garten weiter zu pflegen. Jack Vass, der im Oktober 1939 Gartenmeister wurde, ging 1941 zur Luftwaffe. Zum Abschied sagte er Vita, die Hecken müßten instand gehalten werden, alles andere ließe sich rekultivieren. Mit Vass' Rückkehr nach Sissinghurst 1946 begann die Neugeburt des Gartens; die Erneuerung der Bepflanzung und der höhere Stand der Sträucher und Bäume ließen Sissinghurst schöner denn je erscheinen. Doch als Vass 1957 wegging, stand es schlechter um Harolds und Vitas Gesundheit und Energie. Mit dem Garten ging es bergab: Die Hecken wurden zu hoch und zu breit, zum Nachteil der Proportionen und Blickachsen; perennierende Unkräuter eroberten große Flächen; der Rosenschnitt war ungenügend; man ließ die laufende Neupflanzung schleifen, das Gleichgewicht zwischen den Hauptpflanzen ging verloren. Dem Boden waren wenig organische Stoffe zugeführt worden, so daß er ausgemergelt war und die Pflanzen sich schwertaten.

Die meisten Gartenbesucher Ende der 50er Jahre fanden Sissinghurst freier und romantischer als je zuvor. Aber Berufsgärtner, die sich an die Zeit erinnern, sagen, daß der Garten offenbar den Punkt erreicht hatte, an dem übermäßige Freiheit und Großzügigkeit in häßlichen Wildwuchs umzuschlagen drohten, der bald das Ende bedeutet hätte. Ihre Freude an dem Garten war von dem Wissen getrübt, daß er trotz seines herrlichen Erscheinungsbildes ohne eine lange, gewaltige Anstrengung und größtes Können nicht weiterbestehen konnte. Ein solcher beinahe verwilderter Zustand, in dem die Gärtner sich mit dem vorrückenden Unkraut ein ständiges Nachhutgefecht liefern und mit zu breiten und zu hohen Hecken kämpfen müssen, raubt viel Zeit, die sinnvoller auf das empfindliche Gleichgewicht einer guten Bepflanzung verwendet wäre. Dieser unmöglich zu haltende Übergangszustand führt fast immer zum endgültigen Verschwinden alles Guten und Schönen; ein solches flüchtiges Glück läßt sich nur wenige Jahre genießen und bringt künftige Generationen um eine dauerhafte Schönheit. Sissinghurst in den späten 50er Jahren sah schlechthin nicht überlebensfähig aus.

Der Arbeitsantritt von Pam Schwerdt und Sibylle Kreutzberger war ein glücklicher Zufall, der Sissinghursts Rettung wurde. Beide hatten von 1949 an die Waterperry Horticultural School in Oxfordshire besucht, die unter der Leitung von Beatrix Havergal dafür berühmt war, daß dort Pflanzenzucht und Gartenkunst auf höchstem Niveau gelehrt wurden. Nach zweijähriger Ausbildung arbeiteten beide im Lehrkörper (Sibylle war eine Zeitlang anderswo tätig, bevor sie nach Waterperry zurückkehrte). Knapp zehn Jahre nach ihrem Eintritt kam Pam und Sibylle das Leben dort so vor, »als wäre man für alle Ewigkeit im Internat«.

Sie beschlossen, daß sie eine Gärtnerei aufmachen wollten, vielleicht im heruntergekommenen Garten eines Landgutes. Um einen geeigneten Platz zu finden, wollten sie eine Anzeige in der Times aufgeben, aber erst, wenn diese in der Kolumne auf der Titelseite ganz oben erscheinen konnte. Ein fünfwöchiger Streik kam dazwischen. Um nicht untätig zu bleiben, schrieben Pam und Sibylle verschiedene Leute an, darunter auch Gartenkolumnisten. Eine davon war Vita, die für den *Observer* schrieb. Sie antwortete, sie kenne keinen Platz für eine Gärtnerei, aber wünsche ihnen viel Glück.

Eine Woche später schrieb Vita ihnen nachträglich, sie suche eine Gartenmeisterin, allerdings nur eine. Pam und Sibylle antworteten, sie seien zu zweit, doch sie waren zu einem Sissinghurstbesuch am 17. Juli 1959 bereit, obwohl sie kaum vorhatten, dort zu arbeiten. Vita bot an, sie beide einzustellen, doch sie baten um Bedenkzeit, bis ihre Anzeige erschienen war. Unter den mehr als 50 Antworten, die sie erhielten, war jedoch kein einziges geeignetes Angebot, und so gingen sie nach Sissinghurst.

Damals war Arbeit relativ leicht zu finden, vor allem für so hochqualifizierte Fachkräfte. So machten sich Pam und Sibylle wenig Gedanken, ob ihnen die Stelle langfristig zusagen würde; wenn nicht, hätten sie gekündigt und wären anderswo hingegangen. Vita war von ihren neuen Gärtnerinnen sehr angetan und pflegte Gästen zu empfehlen, sie sollten sich lieber »die Mädchen« anschauen als den Garten. Die Besucher waren fasziniert. Sibylle erinnert sich an den Ausruf: »Schau mal, die haben hier Gärtner*innen*!«, ganz wie im Zoo. Die männlichen Gärtner, die schon jahrelang da waren, waren weniger begeistert: Anordnungen von Frauen entgegenzunehmen, waren sie nicht gewohnt. Doch Pam und Sibylle hatten nicht die Absicht, bewährten Kräften Vorschriften zu machen; sie durften selbständig arbeiten wie zuvor, während die neuen Meisterinnen selbst viele schwierige Aufgaben zu bewältigen hatten. Unbeeindruckt vom Umfang des Unternehmens bemühten sie sich stetig, die Standards und die Bepflanzung zu verbessern.

Pam und Sibylle erhielten wenig Anweisungen von Vita und fast gar keine von Harold, der sich die Woche über in London aufhielt und nur am Wochenende nach Sissinghurst kam. Hin und wieder kaufte Vita eine neue Pflanze oder bekam eine geschenkt, und Pam und Sibylle suchten mit ihr im Garten nach einem geeigneten Platz. Bemerkungen wie, mit den Säuleneiben oder Feigen »muß etwas geschehen«, wurden als Aufforderung verstanden, etwas zu tun, aber Vita gab nicht vor, was, sondern überließ die konkre-

ten Schritte den Gärtnerinnen. Vita hielt ihnen keine Vorträge, wie jeder Bereich zu bepflanzen sei; sie orientierten sich am Stil der bereits vorhandenen Bepflanzung. Manchmal wurden sie eingeladen, mit den Nicolsons und ihren Gästen zu speisen, was Snobs sicherlich nicht getan hätten, denn damals war es nicht üblich, mit dem Gartenpersonal zu essen.

Zu Vitas Lebzeiten nahmen Pam und Sibylle keine größeren Veränderungen vor. Ihre bedeutendste Neuerung zu der Zeit war vielleicht die Pflanzschule hinter dem Rosengarten. Vita war neugierig und setzte sich mitunter auf die Beetkästen, zog die Schilder zum Lesen heraus und steckte sie oft in den falschen Topf zurück. Besonders im Gedächtnis geblieben ist ihnen aus diesen Jahren die regelmäßige seltsame Prozession vom Pfarrhaus durch den Obstgarten zum South Cottage und zurück, in der der Butler im weißen Frack mit Galoschen und seine Frau in einer wunderlichen Mischung aus Vornehmheit und rustikaler Häuslichkeit ein silbernes Teetablett, einen Staubsauger oder Mops und Bürsten hin- und hertrugen.

☙

Vita war 1948 Gründungsmitglied des Gartenkomitees des National Trust gewesen und hatte den Trust leidenschaftlich unterstützt, genau wie Harold, der 1944 in den Beirat ging und später Vizepräsident des Vorstands wurde. 1954 befragte Nigel sie nach der Zukunft von Sissinghurst: ob es dem Trust übermacht werden solle? Die Entgegnung in ihrem Tagebuch war vehement:

»Ich sagte: Nie, nie, nie. *Au grand jamais, jamais.* Nie, nie nie! Nicht dieses harte Metallschildchen an meiner Tür! Wenn ich tot bin, kann Nigel machen, was er will, aber solange ich lebe, soll kein Nat Trust oder sonstwer mein Liebstes haben. Nein, nein. Nur über meine Leiche oder meine Asche. Nein, nein. Ich spürte, wie ich zornrot wurde. Schlimm genug, daß ich Knole verloren habe, aber S/hurst werden sie mir nicht nehmen. Das wenigstens gehört mir. Ich *will nicht*, um keinen Preis, niemals.«

Doch trotz der Heftigkeit dieses Ausbruchs, veranlaßt durch Vitas Besitzanspruch auf die Orte, die sie liebte, hegten weder sie noch Harold eine Feindseligkeit gegen den Trust, den sie beide treu unterstützt hatten.

Vita starb am 2. Juni 1962 in Sissinghurst. Harold ließ im Torbogen eine Gedenktafel für sie anbringen. Darauf stand: »Hier lebte V. Sackville-West, die diesen Garten schuf.« Die Formulierung veranlaßte Nigel, seinen Vater zu fragen, ob er nicht ungerecht gegen sich selbst sei, schließlich hätten sie den Garten gemeinsam geschaffen und gleichwertige Beiträge dazu geleistet. »Nein«, erwiderte Harold, »es war ihr Garten.« Für Harold fiel sein eigener Beitrag nicht ins Gewicht; was ihm Sissinghurst kostbar machte,

Diese Ansicht des Obstgartens vom Turm aus zeigt, wie sich die Blickachse zum Dionysos mit der durch den Grabengang trifft. Oben rechts die Pappelallee zum Weiher.

SISSINGHURST GESTERN, HEUTE, MORGEN 17

waren die Elemente, die von Vita stammten. Der Garten war die pflanzliche Verkörperung seiner geliebten Frau.

Vita vererbte Sissinghurst an Nigel, den stärker landverbundenen ihrer beiden Söhne, der die Leitung des Gartens übernahm. Er sah seinen Wunsch und seine Pflicht »hauptsächlich darin, zu retten, was sie und mein Vater geschaffen hatten, für alle Zeit den Garten zu erhalten, der zusammen mit ihren Büchern ihr geistiges Erbe ist«. Angesichts hoher Erbschaftssteuern, für die die Mittel nicht ausreichten (diese waren sämtlich in die Reparatur der Gebäude und die Anlage des Gartens geflossen), hatte Nigel zwei Möglichkeiten: Er konnte das Gut verkaufen, woraufhin Wohnsitz und Garten isoliert inmitten einer fremden Besitzung gelegen hätten, oder dem Fiskus Wohnsitz und Garten zur Abzahlung der Steuer anbieten, mit der Auflage, daß der Besitz an den National Trust überging. Vita hatte Nigel einen Brief hinterlassen, in dem sie erklärte, sie würde in Anbetracht der finanziellen Probleme eine solche Entscheidung verstehen. Einen guten Monat nach Vitas Tod wurde Sissinghurst (mit Harolds Wissen und Einverständnis) dem National Trust angeboten.

&

Die Übergabe an den Trust war keine ausgemachte Sache, denn einige Mitglieder seines Gartenkomitees wollten Sissinghurst nicht annehmen. Dr. George Taylor, der Vorsitzende, fand, es sei »keiner der großen Gärten Englands«; ein anderes Mitglied, Vitas Freundin Alvilde Lees-Milne, protestierte: »Für mich und Tausende mit mir steht Sissinghurst hoch über solchen Anlagen wie Sheffield Park. Der Garten ist nicht nur romantisch, intim und reizvoll, sondern zudem des Werk einer großen englischen Dichterin und Schriftstellerin. In meinen Augen hat er alles, was ein Garten haben sollte.«

Alvilde Lees-Milnes Position siegte: Sissinghurst wurde am 17. April 1967 dem National Trust übergeben. Wir können uns glücklich schätzen, daß Nigel Nicolson so entschlossen war, es zu erhalten, daß es Gärtner hatte und hat, die ein so hohes Niveau erreichen und halten können, und daß es die Unterstützung des Trust genoß und genießt. Ohne dies alles wäre der Garten von Sissinghurst vielleicht kaum mehr als das Denkmal einer glorreichen Vergangenheit, und ohne die Gunst der Öffentlichkeit hätte das Andenken seiner Schöpfer und ihrer literarischen Leistungen nicht so nachhaltig am Leben gehalten werden können.

Harold überlebte Vita um sechs Jahre; er starb am 1. Mai 1968. Zu seinem Gedenken planten Nigel und Ben, an der Nordostecke des Obstgartens einen Pavillon zu errichten. Von Nigel mit Hilfe des Architekten Francis Pym entworfen, wurde er 1969 fertiggestellt. Mit Fenstern, die an der Nordostseite nach Canterbury blicken, erwies er sich als idealer Arbeitsplatz für Nigel. Er ist auch ein wirksamer Anziehungspunkt, der Besucher bis in die hinterste Ecke des Obstgartens lockt.

Seit Vitas und Harolds Tod hat Nigel Nicolson nicht aufgehört, eine aktive Rolle in Sissinghurst zu spielen und »Aushängeschild«, Gastgeber bedeutender Besucher und Werbetrommler zu sein. Nigel hat mehrere Auflagen des Führers geschrieben und die großartige Ausstellung im Oast House zusammengestellt, die seinen Eltern, Sissinghursts Vergangenheit und der Entstehung des Gartens gewidmet ist. Durch seine Verfasser- und Vortragstätigkeit hat er wesentlich dazu beigetragen, Sissinghurst zu einer der erfolgreichsten Besitzungen des National Trust zu machen.

Eine der bedeutsamsten Veränderungen infolge des Besitzerwechsels war der starke Anstieg der Besucherzahlen. Von 28 000 im Jahre 1966 stiegen sie auf 47 000 im folgenden Jahr, in dem erstmals bei Mitgliedern des National Trust für Sissinghurst geworben wurde. 1968 brachte den Anstieg auf 57 000. In dem Jahr nahmen der National Trust und die Gärtner ein großes Arbeitsprogramm in Angriff, um Sissinghursts Baulichkeiten für künfige Generationen zu erhalten und es für die ständig steigenden Besucherzahlen zu rüsten. Die verfallenden Treibhäuser für Reben, Tomaten und Orchideen wurden durch ein neues Gewächshaus ersetzt. Dann gab es keinen Pflanzschuppen. Die Gärtner erklärten, ohne Küche könne man kein Bankett erwarten, und so wurde auf dem Sockel des alten Orchideenhauses ein Pflanzschuppen errichtet. Ferner erhielten die Gärtner einen Geräteschuppen, eine Doppelgarage für Maschinen, ein verschließbares Chemikalienlager und einen Waschraum. Mauern wurden neu ausgefugt und Dächer ausgebessert; unebenes Pflaster, das größtenteils auf nackter Erde lag, wurde im ganzen Garten auf einen soliden Untergrund gelegt, wodurch Stolperschwellen verschwanden; auf Rasenwege, die Tausende von Besuchern abgetreten hatten, kamen Ziegel oder Steinplatten. Projekte von solchem Ausmaß hätten sich nur die allerreichsten und entschlossensten Privatbesitzer leisten können. Ansonsten freuten sich die Gärtner, daß man ihnen bei der Pflege des Gartens weitgehend freie Hand ließ, genau wie in den neun Jahren davor. Sie verfeinerten die Bepflanzung weiter, indem sie schlechte Sorten ausschieden und gute neue einsetzten, wie Vita es sich gewünscht hätte.

Harold und Vita wollten in Sissinghurst nie einen großen Garten für die Nachwelt anlegen; er sollte lediglich ihrem Behagen und Vergnügen dienen. Der Übergang vom Familiengarten zu einem Ort von weltweiter Bedeutung verlangte zwangsläufig Änderungen in Gestaltung und Bepflanzung. Ein öffentlicher Garten mit so vielen Besuchern durfte keine losen Pflastersteine und Unebenheiten haben; Sämlinge blühten nicht mehr in Pflasterspalten, Pflanzen konnten nicht mehr anmutig die Wege überwuchern, ohne zertreten zu werden. Manche meinen, solche Veränderungen verwässerten die Romantik des Gartens, sein leicht nachlässiger Charme sei einem harten Professionalismus gewichen. Andere glauben, daß durch die veränderte Nutzung des Gartens und die Perfektionsansprüche der Öffentlichkeit solche Wandlungen unerläßlich geworden seien.

Für Pam und Sibylle hat die Eröffnung von Gartenzentren in den 60er Jahren die größte Veränderung im Gartenbau während ihrer Zeit in Sissinghurst gebracht. 1959 war es noch schwierig, die schönsten Sorten in Gärtnereien aufzustöbern, die wenig Reklame machten und ihre Kataloge nur an ausgesuchte Kunden schickten. Fast alle Pflanzen wurden mit nackten Wurzeln verkauft (in Sissinghurst jedoch verkaufte man überschüssige Pflanzen in Töpfen, lange bevor das üblich wurde). Heute, wo sich jede Pflanze durch Pflanzeneinkaufsführer relativ problemlos besorgen läßt, vergißt man leicht, wie mühselig die Qualitätssorten aufgetrieben werden mußten, mit denen man in den 60er und 70er Jahren Sissinghursts Bepflanzung verschönerte. Die Gärtner wollten keine populären Gattungen wie Funkien oder Taglilien in großen Mengen verwenden, weil sich das merklich auf den Charakter der Bepflanzung ausgewirkt hätte; nur einige der besten wurden genommen.

Pam und Sibylle wiederholten bestimmte Pflanzengruppen, manchmal mit gewissen Positionsverschiebungen oder mit einem Weg dazwischen. Solche Effekte werden in Maßen eingesetzt. In einer wichtigen Hinsicht jedoch haben sie die Bepflanzung grundlegend verändert. Ursprünglich hatte jeder Bereich seine Zeit der Prachtentfaltung; wenn sie vorbei war, konnten Harold und Vita in den nächsten umziehen. Im Frühjahr waren Lindengang, Nuß- und Obstgarten an der Reihe. Im Frühsommer hatten Rosen- und Kräutergarten ihren Höhepunkt, gefolgt vom Weißen Garten und den Höfen. Im Spätsommer und Frühherbst kam die zweite Blüte im Rosengarten. Nur der Bauerngarten mit seinem Farbschwerpunkt auf Orange- und Rottönen, die bei winterharten Pflanzen selten und bei langblühenden empfindlichen Sorten häufiger sind, zeigte sich den ganzen Sommer über bis in den Herbst hinein im Blütenschmuck.

Anders als Harold und Vita erwarten Besucher, daß jeder Bereich das ganze Jahr über in Blüte steht. Das Ausmaß, in dem Pam und Sibylle diese Erwartung erfüllten, hatte Konsequenzen weit über Sissinghurst hinaus. Durch langblühende Sorten und empfindliche Stauden tauchten sie die meisten Gartenräume von Frühling bis Herbst in Farbe, ohne die Blütenpracht in ihrer ursprünglich gedachten Saison zu verringern. Sie waren unter den ersten, die eine breite Palette von empfindlichen Stauden wie Salvien, Eisenkraut und Strauchmargeriten in eine Mischbepflanzung integrierten, und wie schon Gertrude Jekyll einige Jahrzehnte zuvor erkannten sie den Wert der Dahlien. Die meisten britischen Gärtner folgen heute ihrem Vorbild. Daß ein Garten von Frühling bis Herbst blühen sollte, ist inzwischen so selbstverständlich geworden, daß nur wenige heute darauf kämen, einen Garten für nur eine Jahreszeit zu planen. Für diejenigen unter uns, die nur einen Gartenraum besitzen, ist das ein unbestreitbarer Vorteil.

Während ihrer Zeit in Sissinghurst führten Pam und Sibylle genau Buch über Bepflanzungen und größere Projekte. Ein Tagebuch für die Zeit 1959-61 dokumentiert ihre Arbeit zu Vitas Lebzeiten. Die Bände für 1965-79

Pam Schwerdt (links), Sibylle Kreutzberger in ihrem Garten in den Cotswolds.

haben den ironischen Titel »Große Gedanken«; sie enthalten Notizen über angeschaffte Pflanzen, ihre Herkunft und ihren Standort und Erinnerungen für die Gärtner, was im Garten zu tun war. Die frappierende Zahl von Pflanzen mit Anmerkungen wie »raus«, »weniger« oder »neu machen« zeugt von grenzenlosem Perfektionismus. Die Bände atmen den Geist von Vitas Gartenmerkbuch und Harolds Aufzeichnungen über Veränderungen im Lindengang, nur daß sie noch ausführlicher und kritischer sind.

Ende der 80er Jahre wollten Pam und Sibylle sich zur Ruhe setzen, solange sie noch jung genug waren, einen Neubeginn mit einem eigenen Garten zu wagen. Wer ihre Nachfolge antreten wollte, mußte sich mit allen im Garten angewandten Methoden auskennen und einen Sinn für seine Pflanztraditionen haben. Sarah Cook hatte im Ziergarten der Alpenpflanzen- und Staudenabteilung von Kew bei Brian Halliwell gelernt, bevor sie von 1984 an vier Jahre lang in Sissinghurst tätig war. Darauf folgte eine Zeit als Gartenmeisterin von Upton House in Warwickshire, dessen eindrucksvollen Terrassengarten sie in ihren Jahren dort wunderbar zur Geltung brachte. Im Herbst 1990 kehrte Sarah nach Sissinghurst zurück, um an der Seite von

Pam und Sibylle zu arbeiten, bevor sie Neujahr 1991 den Posten der Gartenmeisterin übernahm.

Die 80er Jahre über waren die Besucherzahlen ständig angestiegen, bis sie 1991 bei 197 000 lagen. Besonders am Wochenende war der Garten unerträglich voll; ein gut Teil des Rasens wurde regelmäßig zertreten. Sissinghurst wurde zum Opfer seines Erfolges. 1992 wurden Eintrittskarten mit festen Zeiten eingeführt, um dem periodischen Überandrang zu begegnen und die Zahl der Besucher nie über 400 kommen zu lassen. Damit gelang zwar eine gewisse Verteilung, aber die Zahlen sind nach wie vor hoch und dürften sich bei ungefähr 180 000 Besuchern pro Jahr einpendeln.

Auch wenn Sarah Cook keine große Umstellung in der Führung des Gartens plant, hat sich seit 1991 einiges entwickelt. Wie die meisten großen Gärten aus der schöpferischen Zusammenarbeit zweier Menschen entstanden sind, so halten auch wenige gute Gärten unter der Leitung einer Person ihr hohes Niveau; fast alle brauchen den Gedankenaustausch zwischen zwei ähnlich, aber nicht genau gleich gesinnten Gestaltern. Harold und Vita schufen Sissinghurst; Pam und Sibylle bereicherten den Garten und sicherten sein Überleben. Sarah weiß, daß sie eine hochkarätige Stellvertreterin braucht, mit der sie sich besprechen und die Aufgaben der kommenden Wochen, Monate und Jahre festsetzen kann. So wurde Alexis Datta 1991 zu ihrer Stellvertreterin ernannt; sie und Sarah machen regelmäßige »Fehlersuchrunden«, auf denen sie Erfolge und Mißerfolge analysieren und festhalten, was getan werden muß, ganz ähnlich wie Pam und Sibylle die anfallenden Arbeiten in ihre Notizbücher mit »Großen Gedanken« schrieben.

Eine siebte Gärtnerin ist zum Team dazugekommen, so daß die Gärtner sich jetzt auch um Außenbereiche wie den Parkplatz kümmern können und nicht mehr Gartenbaufirmen damit beauftragen müssen. Dadurch ist heute das Gras länger und das Erscheinungsbild natürlicher, als es mit den kurz schneidenden Maschinen dieser Firmen möglich war. Dank des Neuzugangs konnte sich auch einer der Gärtner auf die Wartung der Geräte spezialisieren.

Obwohl aus zwei Gartenmeisterinnen plus vier Mitarbeitern zur Zeit von Pam und Sibylle heute eine Meisterin plus sechs geworden sind, hat sich an der Arbeitszeit nicht viel geändert: Die Wochenstunden haben sich von 44 auf 39 verringert, und der Urlaub ist länger geworden. Eine Hilfe sind leistungsfähigere Geräte wie der im Obstgarten eingesetzte neue Rasentraktor, der langes Gras mähen und aufnehmen kann und das mühsame Aufrechen von Hand erspart. Freiwillige Helfer gehen beim Kappen verwelkter Blüten zur Hand und können in Zukunft vielleicht noch für andere Aufgaben eingesetzt werden, doch natürlich gibt es keinen Ersatz für erfahrene gelernte Gärtner, die immer die Hauptarbeit erledigen müssen.

1994 wurde Sarah Cook zusätzlich zu ihrem Posten als Gartenmeisterin zur Gutsverwalterin ernannt. Sie koordiniert die diversen Tätigkeiten in Sissinghurst wie Laden, Restaurant, Besucherservice, Veranstaltungen und Bau-

projekte mit der Leitung des Gartens. Dies kostet sie zwei Tage die Woche (immerhin wurde durch die Einstellung eines Teilzeitgärtners ein gewisser Ausgleich geschaffen), und sie ist nicht blind für die Schwierigkeiten, die dadurch entstehen. Sie ist der festen Meinung, daß ein Garten sich nicht vom Büro aus führen läßt und daß die Meisterin mit anpacken muß, um zu sehen, was der Garten braucht, und Erfahrung, Kenntnisse und Begeisterung zu vermitteln, deshalb hält sie sich weiterhin soviel wie möglich im Garten auf. Aber sie sieht in der Verbindung der beiden Aufgaben auch eine Gewähr dafür, daß der Garten das Herzstück von Sissinghurst bleibt und nicht zu einem von mehreren potentiell konkurrierenden Unternehmen wird.

Sarah Cook erklärt selbst, daß ihre Methoden des Gartenbaus und der Bepflanzung ein wenig von denen Pams und Sibylles abweichen und daß sie in bezug auf den Garten nicht ausgelernt hat. Solche Unterschiede sind normal, auch wenn Sarah die Traditionen und den Geist von Sissinghurst unbedingt wahren will. Die Bepflanzung muß laufend neu belebt werden, nicht nur durch Umsetzung der vorhandenen Pflanzen, sondern auch durch die ständige Suche nach neuen Sorten, genau wie es ihre Vorgängerinnen taten.

❧

In jüngster Zeit war viel von der Stagnation der Gartengestaltung zu lesen. Kritiker, die verkünden, Gertrude Jekylls Theorien von lockerer Bepflanzung in einem festen Rahmen seien überholt, preisen häufig skurrile, schlecht bepflanzte, ja häßliche Alternativen, die sich mitunter nur dadurch auszeichnen, daß sie irgendwie anders sind. Doch die anhaltende Beliebtheit von Sissinghurst macht unmißverständlich klar, daß dieser heute traditionelle Stil unübertroffen ist. Bei aller Arbeitsintensivität ist er ganz einfach der schönste Stil, den wir haben, und eben deshalb gefällt er der großen Mehrheit der Gärtner und Gartenbesucher so sehr. Natürlich müssen Neuerungen sein, aber ich jedenfalls möchte solange keiner neuen Mode folgen, wie es keine gibt, die es an Schönheit mit Sissinghurst aufnehmen kann.

Die Gärten des National Trust, auch Sissinghurst, werden manchmal mit boshaften Bemerkungen über »Gartenbau per Komiteebeschluß« bedacht. Doch Sissinghursts Bepflanzung wurde nie von mehr als zwei Gärtnern geplant und war von jeher lebendig und individuell. Manchmal ist zu hören, die regelmäßigen Visiten der Gartenberater des Trust wirkten gleichmacherisch; auch das ist ungerecht. Sissinghursts Gartenberater Jim Marshall muß Sarah Cook und den anderen nicht sagen, was sie pflanzen sollen, auch wenn er in manch anderer Hinsicht hilft und ermuntert und den Garten mit Abstand betrachten kann. Auch zwingt weder Jim noch ein anderer Gartenberater einem Trust-Garten seinen Geschmack auf; die Pflanzen werden allein nach den Traditionen und dem Charakter des Gartens selbst ausgewählt.

Es ist fraglich, ob eine andere Institution als der National Trust das Feingefühl und die Mittel hätte, den Garten so lebendig zu erhalten – eine Freu-

Nigel Nicolson auf der Turmtreppe. Als Besitzer von Sissinghurst von Vitas Tod bis zur Übergabe an den National Trust leitete Nigel das Gut und den Garten fünf Jahre lang. Er lebt immer noch dort und unterstützt Sissinghurst weiterhin in vielerlei Weise. In den Töpfen auf den Stufen neben ihm wachsen Agapanthus, Lobelia richardsonii und Felicia amelloides »Variegata«, in den Bagatelle-Vasen dahinter Artemisia schmidtiana »Nana«.

de für viele Menschen. Es ist beispielhaft, mit welchem Sachverstand und Engagement Arbeiten wie die Instandsetzung der Mauern, die Neubelegung der Wege und der Neuguß der bronzenen Bagatelle-Vasen nach ihrem Diebstahl in Angriff genommen wurden. Daß der Trust nach dem Zerfall der Gipsstatue des Dionysos eine Nachbildung anfertigen und im Juli 1995 aufstellen ließ, beweist, daß das Engagement nicht nachgelassen hat.

Drei Glücksfälle haben das Überleben und die Bereicherung des Gartens seit der Zeit seiner Schöpfer gesichert. Erstens der Weitblick und die anhaltende Großzügigkeit Nigel Nicolsons. Zweitens die unbeirrbare Hingabe, Tüchtigkeit und Kompetenz von Pam Schwerdt und Sibylle Kreutzberger. Sie haben nicht nur die Bepflanzung und den Geist des Gartens lebendig erhalten, sondern auch die Art verändert, wie wir alle gärtnern. Drittens hat der National Trust die Gärtner und das ganze Anwesen mit Rat und Tat unterstützt und mit der Umstellung des Gartens auf Besucher dafür gesorgt, daß er auch weiterhin unzählige Tausende erfreuen kann.

Sissinghursts größtes Erbe ist die Vision von Harold und Vita, ohne die es den Garten nicht gegeben hätte. Sein Fortbestand ist ein bleibendes Andenken an ihr Leben und an ihre gärtnerischen und literarischen Leistungen.

SISSINGHURST GESTERN, HEUTE, MORGEN

Der Obere Hof

Sissinghursts Turm im Abendlicht. Säuleneiben, mit militärischer Präzision getrimmt, stehen Wache am gepflasterten Mittelweg, der Vita so kostbar war. In der Ferne fällt der Blick auf den Dionysos. Rechts schaut das South Cottage hinter Magnolien durch.

Der Obere Hof (Top Courtyard) ist Sissinghursts Eingangshalle, wo großzügig bepflanzte Mauern und Rabatten um schönen grünen Rasen auf den Rundgang durch den Garten einstimmen. Mehrere Routen bieten sich an: Im Turmbogen hat man den imposanten Blick durch den Obstgarten auf den Dionysos, rechts ist der Rosengarten zu erspähen und links der geheimnisvollere Durchgang zu Delos und dem Weißen Garten. Die Versuchung, gleich weiterzueilen, ist groß, aber man sollte ihr nicht nachgeben: Der Hof hat auch seine Reize, nicht zuletzt die Violette Rabatte, die man sich vor dem Weitergehen zu Gemüte führen sollte.

Es ist ein ungewöhnlicher Zufall, daß Vita schon als Kind von ihrem eigenen Turm träumte, einem einsamen Ort zum Schreiben und Sinnieren. Hier gab es genau so einen Turm, nicht bloß ein aufgesetztes Türmchen, sondern eine schwindelerregend hohe, romantische, rosenrote elisabethanische Rakete, bereit zum Abflug himmelwärts und scheinbar unverbunden mit Sissinghursts übrigen mehr bodenständigen Teilen. Natürlich muß der Gärtner eine solche architektonische Extravaganz mit heftigen Windturbulenzen bezahlen.

Nachdem 1930 die baufälligen viktorianischen Katen in der Südhälfte des Hofes abgerissen waren, konnte 1931 der Rasen angesät werden. Auf dem Mittelweg wurden 1932 Yorkplatten verlegt und daran im selben Jahr vier Säuleneiben wie Wachposten gepflanzt. In einem Brief an seinen Architekten A. R. Powys meldete Harold: »Wir haben unsere Rieseneiben eingesetzt. Von jetzt an werden wir sie nach und nach sterben sehen.« Schon auf den frühesten Fotos wirken sie groß und haben malerisch schroffe Konturen. Im selben Jahr berieten sich Harold und Vita mit Powys wegen einer Mauer als Abschluß des Hofes gegen Norden. Harold wollte etwas architektonisch Aufwendiges, Vita etwas Schlichtes. Powys Vorschlag einer Loggia wurde abgelehnt und 1935 die heutige Mauer errichtet.

Im selben Jahr wandten sie sich dem Pflaster im vorderen Hofbereich zu. Harold hätte gern eine Terrasse gehabt, aber sie ließ sich nur schwer mit dem einfachen, schmucklosen Weg vom Eingang zum Turm vereinbaren, der Vita so kostbar war. Wieder siegte die Schlichtheit, und man entschied sich für einen Weg höhengleich mit dem Rasen, was ein abermaliges Pflügen, Planieren und Ansäen des Grases erforderte. Es gab eine Auseinandersetzung über die Breite des Weges: Powys empfahl 2,70 m, Harold und Vita schwankten zwischen dieser und einer schmaleren Lösung von 1,80 m. Die Yorkplatten wurden in voller Breite auf den Boden gelegt, damit man die Wirkung sah, woraufhin Harold und Vita den schmaleren Weg wählten. Obwohl er zweimal von der Wand abgerückt wurde, um den Mauersträuchern mehr Platz zu geben, wirkt der Weg heute recht eng. Im nachhinein betrachtet, wäre breiter vielleicht besser gewesen, weil bei dieser Lösung Pflanzen, Bänke, Menschen und Töpfe genügend Platz gehabt hätten.

Der Rasen wurde im Krieg vernachlässigt, aber als Jack Vass 1946 zurückkam, wurde er aufgegraben und zum drittenmal angesät, und zwar mit Resten von den Heuraufen in der Scheune. Der so entstehende grobe Rasen bedurfte langjähriger vorbildlicher Pflege, bis die feineren Grasarten gediehen und er schöner und strapazierfähiger wurde. Alle Wege in den Garten führen durch den Hof, dessen Rasen daher besondere Aufmerksamkeit verlangt, wenn er einer solchen starken Beanspruchung standhalten soll.

Einige der ältesten Pflanzen sind älter als die heutige Farbgestaltung, etwa die Sträucher der Rosa »Geranium« in der Violetten Rabatte, deren Blüten nicht das kräftige Rot haben, das der Name vermuten läßt, sondern ein Rosenrot, das mit den Tudorziegeln der Gebäude harmoniert.

❧

Die Violette Rabatte (Purple Border) ist das Prachtstück des Hofes, mit einer Farbgebung, die Gertrude Jekyll verpönte und die vielleicht gerade deshalb von Vita gewählt wurde. Dem Urteil dieser Gartenautorität zum Trotz bewies sie, daß solche Töne sich zu einem reichen und gefälligen Farbteppich verweben lassen. Doch es stimmt, daß Violett heikel ist, daß es matt und leblos erscheinen kann. Bei trübem Wetter prachtvoll, schmeichelt Sonnenschein ihm doch nicht, zumal wenn die Sonne hoch steht wie in den Stunden nach Öffnung des Gartens. 1959 war die Pflanzenpalette der Rabatte viel begrenzter als heute: Es gab Zierlauch wie *Allium stipitatum* und *A. sphaerocephalon*, den purpurblättrigen Perückenstrauch, *Thalictrum delavayi*, *Dahlia* »Edinburgh« und diverse Sämlinge von Herbstastern und *Campanula lactiflora* von unterschiedlicher, oft geringer Qualität. Von den wenigen Blüten, die nicht mauve oder violett waren, paßte die *Anchusa* »Loddon Royalist« mit ihrem reinen Tiefblau nicht gut und wurde herausgenommen; es gab keinen Frühlingsflor und wenige Blumen für den Spätsommer und Herbst; die Mauern berankten nur etwa drei Clematis. In ihren ersten Jahren in Sissinghurst beredeten Pam und Sibylle Vita zur Erweiterung des Pflanzenspektrums: *Eryngium × tripartitum*, *Campanula glomerata* »Super-

ba« und *Persicaria bistorta* »Superba« kamen hinzu. Vita selbst kehrte triumphierend aus Great Dixter mit vier Clematis zurück, mit denen sich die Farbgestaltung der Rabatte über die ganze Mauer ausdehnen ließ.

Die Gärtner bemühten sich unermüdlich, zweitklassige Sämlinge aus der Rabatte zu entfernen und die Farbpalette zu erweitern: Magentarot kam von *Geranium psilostemon* und Prachtscharten; Wiesenknöterich, *Dierama pulcherrimum* und *Dianthus amurensis* gaben Lilarosé; lavendelblaue Töne reichten von der blassen *Clematis* »Perle d'Azur«, Eryngium und den besten Sämlingen von *Campanula lactiflora* bis zur dunklen *Lavandula angustifolia* »Hidcote«; hohe Kardonen und Lavendel lockerten das Bild mit silbrigen Blättern auf. Mit Purpurlaub, von *Vitis vinifera* »Purpurea« und *Cotinus coggygria* »Foliis Purpureis«, hat man sich zurückgehalten, denn zuviel könnte das Farbbild unerträglich schwer machen. Das Endergebnis ist eine feine Balance zwischen der von Vita angestrebten Üppigkeit und helleren, bunteren Tönen, so daß dieser Augenschmaus nicht unverdaulich wird, wozu spät im Jahr noch die Kontrastwirkung der leuchtend roten Hagebutten beiträgt.

Auch bei einer solchen Bepflanzung kann man durchaus einen reichen Frühjahrsflor erzielen, indem man Tulpen und zweijährigen Schöterich in Lücken setzt, die später die Stauden füllen. Der Schöterich »Ruby Gem« (syn. »Purple Queen«) wird in der Pflanzschule angezogen und im Herbst zu Tulpen wie »Blue Parrot«, »Pandion«, »Dairy Maid« und »Greuze« ausgepflanzt. Die Tulpen bleiben jahraus jahrein am selben Platz, sie müssen nur hin und wieder mit neuen Zwiebeln aufgestockt werden. Mit solchen Frühblühern kann die Rabatte bis ganz hinten durchpflanzt werden; das Absterben der Tulpenblätter wird von den höherwüchsigen Stauden überdeckt. Einige der ausdauernden Pflanzen tragen zum frühen Flor bei, etwa Zwergwüchsige Bartiris und mehrjähriger Schöterich wie *Erysimum* »Constant Cheer« und *E.* »Mrs. L. K. Elmhirst«. Allerdings muß die Einfügung solcher frühen Blüher zwischen Sommerblumen konsequent und großzügig geschehen: Versprengte bunte Blütentupfer von Tulpen und Schöterich, ohne Zusammenhang untereinander und ohne farbliche Durchdringung der ganzen Rabatte, können furchtbar unfertig aussehen. Eine Frühjahrsbepflanzung ist aufwendig, sowohl was die Anzucht und Auspflanzung des Schöterichs als auch was den Preis der Zwiebeln betrifft, denn der Flor muß dicht sein, wenn er wirken soll.

Seit den Tagen von Vita und Harold blüht die Rabatte außer zu ihrem eigentlichen Höhepunkt im Frühsommer auch im Spätsommer und Herbst. Dies ist vor allem den Ausleseeastern, einigen empfindlichen Salvien und einer breiteren Palette von Dahlien zu verdanken. Spätblühende Pflanzen wie Dahlien müssen frühzeitig unter Glas angezogen werden, wenn sie die ihnen zugedachte Fülle erreichen sollen, und sind, wenn sie den Schöterich ersetzen, beinahe schon in Blüte. Zwar besteht nicht die Absicht, der Rabatte eine einheitliche Höhe zu geben, doch es ist schwierig, sie die ganze

PLAN *Bepflanzung am Ostende der Violetten Rabatte 1994. Unterschiedliche Blütengrößen, von der winzigen silber-blauen* Clematis × jouiniana *»Praecox« zur großen lila C. »Victoria«, gestalten den farblich schön komponierten Teppich der Rabatte mit, der über die ganze Mauer reicht.*

UNTEN LINKS *Die kleinen Blüten der* Clematis viticella *»Leonidas« verbinden sich mit größeren von »Mme. Julia Correvon«.*

UNTEN RECHTS *Die kirschroten Blüten der* Rosa *»Geranium«, die schon vor der violetten Farbauswahl hier wuchs.*

24 DER OBERE HOF

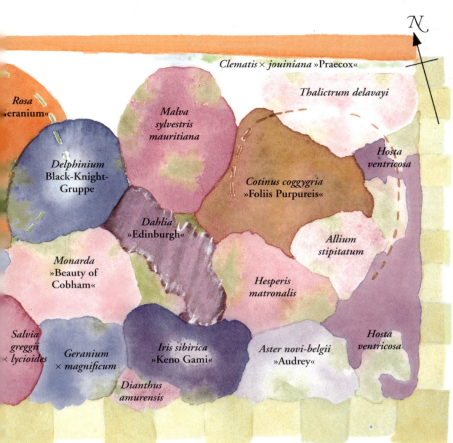

RECHTS OBEN *Rosa-purpurner* Allium sphaerocephalon, *magenta-rote Liathris und Lythrum stehen im Spektrum der Violetten Rabatte am roten Ende,* Salvia × superba *etwa in der Mitte.* Clematis »Perle d'Azur« *und die Duftwicke »Noel Sutton« sind am blauen Ende, und das silbrige* Eryngium × tripartitum *wird im Verblühen stahlig blau.*

RECHTS *Ein Blick in die Rabatte auf die duftige Lupine »Blue Jacket« und Nachtviolen, dahinter markante Kardonenblätter. Die Lupine zeichnet sich durch lange Haupt- und reiche Nebenähren aus und schenkt damit eine durchgehende Blüte von mehreren Wochen.*

DER OBERE HOF 25

Die Rabatte im Hochsommer im schönsten Flor, bevor die Hagebutten der Rosa »Geranium« *ihren Farbkontrast setzen. Hohe Rosen und* Cotinus coggygria »Foliis Purpureis« *sorgen für ein abwechslungsreiches Profil, das sich völlig von den gleichmäßig hohen Staudenrabatten unterscheidet, die Vita nicht leiden konnte. Einige Pflanzen wie der Lavendel »Hidcote« (rechts) und* Knautia macedonia *(links) hängen über und nehmen damit der Steinkante etwas von ihrer Härte. Die meisten Pflanzen haben zwar Haselreiser als Stützen, doch sind diese in der Regel kaum zu sehen, nur* Aster × frikartii »Wunder von Stäfa« *muß noch weiter wachsen, um sie zu verbergen. In der Ecke des Hofes setzt der massive Umriß der Blumenesche, die hier dunkel gegen die Morgensonne steht, in der Rabatte einen optischen Schlußpunkt.*

LINKS *Südblick vom Turmbogen aus. Im Vordergrund* Rosa »Geranium« *mit* Rosmarinus officinalis »Sissinghurst Blue«. Verbena bonariensis *sticht durch die silbernen* Helichrysum petiolare *und* Artemisia »Powis Castle« *vorn in der Rabatte.* Aster × frikartii »Mönch« *rechts, der auch im Grabengang und im Rosengarten wächst, beweist wieder seine Qualitäten.*

RECHTS *Nordblick vom Turmbogen auf das Pfarrhaus. Rechts abermals die Rose »Geranium«. Die aufrechten Stengel des Rosmarins »Sissinghurst Blue« geben einen interessanten Effekt. Eine Blumenesche an der Ecke sorgt für willkommene Höhe, während unten* Aster turbinellus *am Eingang zu Delos steht.*

Saison über auf voller Länge gefüllt zu halten. Es darf keine Lücken geben, die das Spiel der Farben und Formen unterbrechen.

Wie auch sonst im Garten wird die Bepflanzung laufend erneuert und verändert, wie ein Vergleich des Pflanzplans von 1994 mit dem von 1993 in meinem Buch *Best Borders* zeigt. Bis zu einem Drittel der Gruppen kann von Jahr zu Jahr versetzt werden. Schon die Versetzung einer einzigen Sorte kann eine ganze Reihe von Pflanzenzusammenstellungen zunichte machen und eine komplette Umordnung erzwingen, wenn alle Pflanzen harmonieren sollen. Sarah Cook führt die Tradition fort, ständig nach neuen Pflanzen zu suchen; unter den jüngsten Neuzugängen sind *Alyogyne hakeifolia, Malva sylvestris* var. *mauritiania* und eine purpurne Salbeihybride (*Salvia greggii × lycioides*), die nicht prunkt, aber faszinierend voll und intensiv ist.

Den ganzen Sommer über wird Verblühtes abgeschnitten, doch wenn die Pflanzen richtig hochgebunden wurden, wird das Reisig, das sie stützt, unter den Blättern verborgen bleiben. Oft, etwa bei *Salvia × superba*, wird das Abschneiden zu einer zweiten Blüte anregen. In manchen Fällen, etwa bei *Geranium × magnificum* oder *G. psilostemon*, müssen die Stützen über die Niederblätter ragen und muß die Gruppe nach der Blüte ganz zurückgeschnitten werden; neue Blätter treiben bald nach, so daß der Horst die restliche Saison über gut belaubt ist. Solche Pflanzen werden vor die Spätblüher

gesetzt; werden sie geschnitten, können hinter dem frischen Laub der nachgewachsenen Horste die späteren Blüten erscheinen. Auf diese Weise können höhere frühblühende Pflanzen weiter vorn wachsen, als sonst möglich wäre.

Eine gewisse Schädlings- und Krankheitsabwehr, häufig mit den gleichen Mitteln wie für die Rosen, ist unabdingbar. Malven sind rostanfällig und werden mit einem systemischen Fungizid besprüht; Wanzen auf Bartblumen, Schwarze Bohnenlaus auf Kardonen und Weichhautmilben auf Herbstastern würden unbekämpft alle Blüten zerstören. Die Milben verhindern die Blütenbildung bei Kulturformen von *Aster novi-belgii* und sind vielleicht auch an Blütenmißbildungen bei anderen Asternarten schuld. Sie müssen vom späten Frühling an monatlich gespritzt werden.

☙

Durch den Turm entstehen starke Abwinde, so daß in allen Rabatten die Pflanzen auf verschiedene Weise gestützt werden müssen, wie auf S. 141-145 für den Weißen Garten beschrieben. Kletterpflanzen an den Mauern müssen gut an ihren Rankgerüsten befestigt werden. Die Clematis werden in der Wachstumssaison alle paar Wochen mit papierüberzogenen Drähtchen an Rankgitter mit Maschen von 15 cm befestigt. Die vertikalen Stränge des Gitters verhindern, daß die Clematis zu weit zur Seite rutschen und

knicken, wobei Wunden entstehen, durch die die Clematiswelke eindringen kann. Das Maschennetz wird über die Mauer geschlagen, so daß die Clematis sich oben festhalten können und nicht an der Mauerkrone vom Wind nach außen geweht werden und eine unförmige Locke bilden.

Die beiden Randbeete links und rechts des Turms präsentieren ein ähnliches Spektrum von Blütenfarben wie die Violette Rabatte, auch wenn sie durch ihren Westaspekt weniger Sonne empfangen, was eine leicht unterschiedliche Pflanzenauswahl erforderlich macht. Die Anzahl der Frühlingsblumen ist hier geringer, und etliche große Sträucher wie Escallonia, *Rubus odoratus* und die rotbeerige Callicarpa unterbrechen das Farbenspiel mit großen grünen Blöcken, außer in ihrer kurzen Blütezeit. Hier stehen mehr Sträucher als in der Violetten Rabatte, weil die Bepflanzung dem heftigen Ansturm der Abwinde vom Turm standhalten muß.

Obwohl diese Randbeete voll interessanter Pflanzen und genauso erstklassig gepflegt sind, ist es die spektakulärere Violette Rabatte, die die Besucher fesselt, sobald sie den Hof betreten, und sie mit ihren farblichen Kontrapunkten, Akkorden und Carillons magnetisch anzieht. Dieses Ungleichgewicht ist ein wenig ärgerlich. Die Turmrabatten sind weder ganz genauso wie die Violette Rabatte noch völlig anders. Wenn sie jedoch der Violetten Rabatte in Farbgehalt und Vielfalt angeglichen würden, müßte der Besucher befürchten, daß die schattige Akeleirabatte am Eingang zum Rosengarten an Buntheit und Intensität hinter den anderen zurückbliebe.

Gleich südlich des Turms wachsen abermals »Geranium«-Rosen, Nachfolger der von Vita hier gepflanzten. In diesem südlichen Beetteil hatte Vita Herbstastern gepflanzt, die sich selbst aussäen und wild wachsen durften. Mit der Zeit wurden sie ihr zuwider, und da sie nicht wollte, daß sich die Gärtner damit abgaben, wucherten sie weiter wie Unkraut und schleppten Mehltau ins Beet ein. Erst nach Vitas Tod tilgten die Gärtner die Sämlinge aus und ließen im ganzen Garten nur die besten Astern stehen. Die elegante *A. turbinellus* ist eine der dankbarsten, die mit zarten Blüten in dunkler Malvenfarbe und mehltaufreien Blättern am Durchgang zu Delos wächst.

Die nach Osten blickende Wand des Eingangsbereichs ist von diversen Kletterpflanzen berankt. Einige wie *Magnolia grandiflora* und die leuchtend rote *Chaenomeles × superba* »Knap Hill Scarlet« an der Bibliothekstür sind gebräuchlich, andere wie *Lonicera splendida* und die prachtvollere männliche Form von *Ribes laurifolium* eher ungewöhnlich. Empfindlichere Vertreter wie *Solanum crispum* »Glasnevin«, Ceanothus und Hoheria sind gelegentlich ganz zurückgeschnitten worden oder in kalten Wintern eingegangen, wenn die Morgensonne die gefrorenen Zweige so rasch taut, daß Zellen und Rinde reißen. Selbst die relativ winterharte Rose »Mermaid« starb 1985

DER OBERE HOF

hier. Nach diesem strengsten Winter der jüngeren Zeit wurden die nackten Mauern schnell mit Maurandien und Glockenreben bedeckt.

Die Rose »Allen Chandler« verwundert hier vielleicht: ihre feuerroten, lockeren Blüten dürften kaum nach Vitas Geschmack gewesen sein; aber sie ist sehr dankbar und macht sich vor den Ziegeln viel besser als viele gedecktere und feinere Sorten. Eine andere hervorragende Rose, »Blossomtime«, ein Geschenk von Hilda Murrell, wächst in der Südwestecke des Hofes. Pam und Sibylle halten sie für unterschätzt. Ihre geviertelten Blüten passen gut zu den alten Sorten; sie blüht zweimal und ist gegen Mehltau resistent.

In der schattigen, nach Norden liegenden Rabatte des Hofes können vor allem Mauerpflanzen gut zur Geltung kommen. Hier wuchsen früher Morellokirschen, die aber mehrere Jahre nicht geschnitten wurden; 1959 überragten sie die Mauer schon um einiges. Ihre Blüten, die Vita mochte, wurden alljährlich von Vögeln abgefressen, und bei ihrer Größe half auch kein Schneiden mehr. Mehrere Sträucher *Viburnum plicatum* wurden zwischen die Kirschen gesetzt, und als sie die Mauer bedeckten, wurden die Kirschen entfernt. Die ganze Mauer wurde instabil und mußte 1971 vom National Trust neu gebaut werden. Die Schneeballsträucher und andere Mauerpflanzen wurden losgemacht und die Mauer abgerissen und neu gesetzt, mit zwei Strebepfeilern auf der Rosengartenseite und den alten Ziegeln als Außenverkleidung. Wenige Besucher bemerkten einen Unterschied, nur ein paar Aufmerksamere meinten, die Mauer sei wohl neu ausgefugt worden. Die Schneebälle starben 1994 an Altersschwäche; ihr Beetabschnitt wurde mit Dazomet sterilisiert, dann kamen neue Schneebälle hinein.

Vor den Mauersträuchern liegt eine Rabatte mit langspornigen Akeleien in vielen Farben, die für die Mauersträucher den Untergrund bilden sollen. Dieser seit Vitas Zeit kaum veränderte Fleck ist einer der ganz wenigen in Sissinghurst, wo man sich wenig mit anderen Pflanzen um einen frühen oder späten Flor bemüht. Die Akeleien bleiben von Frühling bis Herbst belaubt, so daß sich kaum etwas dazwischenpflanzen läßt, nur Schneeglanz als Frühlingsblüher. Er ist allerdings durch die schattige Lage der Rabatte immer spät dran, so daß er noch blüht, wenn der Garten für die Besucher geöffnet wird. Zu den Akeleien gehören McKana-Hybriden und andere Sämlinge aus dem ganzen Garten, die ausgewogene Farbmischung vermeidet ein Übermaß an Blau. Die Gärtner haben das zur eisernen Pforte führende Pflaster hier verbreitert, um die abgetretenen Stellen im Rasen vor der Pforte zu beseitigen.

❧

Die Randbegrenzung der Violetten Rabatte war ursprünglich einfach eine Plattenreihe, zu schmal als Weg, so daß der Rasen daneben zertreten wurde. Die Gärtner legten eine weitere Reihe Platten dazu, doch die Besucherzahlen stiegen, und das Gras nutzte sich abermals ab. Pflaster und Rasen waren damals nicht ganz höhengleich und durch eine häßliche 15 cm breite Rinne

getrennt, die ständiges Kantenschneiden und Jäten erforderte. Die Rinne gab die Schrittsetzung vom Pflaster zum Rasen vor, wo ein abgetretener Streifen entstand. Als 1971 die Wege und Ränder neu belegt wurden, hob man drei Viertel der Nord- und der Südseite des Rasens an, so daß er minimal höher war als die Steine und der Mäher über die Kante fahren konnte. Die Rinne wurde verfüllt und die Yorksteineinfassung auf ihre heutige Breite gebracht und an der Bibliothekstür ausgerichtet. Dadurch wurde das Westende der Rabatte deutlich tiefer, was großzügigere Gruppengrößen und einen langsameren Anstieg der Gruppen nach hinten hin ermöglichte.

Die mit solch einfachen Maßnahmen erreichte optische Verbesserung und Arbeitsersparnis war enorm, und die Abnutzung wurde auf ein erträgliches Maß reduziert. Die Rasenflächen werden wöchentlich kontrolliert, und kritische Stellen werden abgesperrt und mit kleinen Plaggen aus strapazierfähigem Gras (Mommersteeg MM50 und MM14 gemischt) ausgebessert. Diese »Haartransplantate« werden in der Pflanzschule in Formplatten angezogen und verbinden sich rasch und unauffällig mit dem vorhandenen Gras. Die in der südlichen Turmrabatte an Stangen hochgeführte *Clematis* »Alice Fisk« zieht regelmäßig staunende Scharen an, wodurch eine kahl werdende Fläche entsteht (die Gärtner sagen »Staunstelle« dazu), die genauso behandelt wird.

Zur Zeit wird der Rasen hier und im Unteren Hof mit dem Walzenmäher Ransomes Matador (Schnittbreite 60 cm) gemäht. Da jedoch alle diese Flächen viel betreten werden und der Boden sich eher als anderswo verdichtet, soll er durch ein leichteres Modell ersetzt werden. Bei mildem Wetter Anfang Frühling, wenn der Rasen relativ feucht ist, wird das Gras manchmal mit dem Sichelmäher gestutzt, um Bodenverdichtung zu vermeiden. Da der Rasen nicht ganz rechteckig ist, wird er zur Kaschierung der Unregelmäßigkeit einmal die Woche auf 2 cm diagonal geschnitten. Das mag man in einem Privatgarten für sehr kurz halten, aber wenn der Rasen der starken Abnutzung standhalten soll, muß es sein. Jeder Streifen hat doppelte Mäherbreite, damit die Streifen im Verhältnis zur Gesamtfläche nicht zu schmal sind.

Troy Smith, der für den Rasen in beiden Höfen zuständig ist, würde lieber zweimal die Woche mähen, vor allem im späten Frühling, wenn das gedüngte Gras schneller wächst. Jedoch das volle Programm läßt keinen Raum für solche Perfektionsansprüche: Mittwochs wird gemäht, den Rest der Woche sind Kantenschneiden und andere Ausputzarbeiten dran, damit der ganze Garten am Wochenende tipptopp ist. Mit dem Little-Wonder-Kantenschneider sind alle Kanten im Hof in nur fünf Minuten erledigt. Troy schimpft über solche Geräte und findet sie alle laut und unhandlich, doch er gibt zu, daß dieser ganz passabel ist und daß es damit viel schneller und leichter geht als von Hand. Der Rasen wird im Herbst vertikutiert, um angesammelten Filz zu entfernen, und dabei, wie periodisch das ganze Jahr über, auch mit einem Sisis Auto Turfman zur besseren Durchlüftung und Entwässerung des Bodens aerifiziert.

30 DER OBERE HOF

Die Frühlingsdüngemittel haben mit den Jahren gewechselt. In letzter Zeit haben die Gärtner mit Vorratsdüngern experimentiert, doch damit am Grabengang eine schlechte Erfahrung gemacht: Unter den vielen Besucherfüßen platzte das Granulat auf und verätzte das bereits geschädigte Gras. Da es laut einer Bodenanalyse an Stickstoff nicht fehlt, vermeidet man stickstoffreiche Dünger, die eher die groben Gräser begünstigen, und düngt im Herbst ausschließlich mit Kaliumsulfat.

Vita war von selektiven Herbiziden fasziniert und gebrauchte sie mit Wonne. Im Juni 1954 schrieb sie:

»Das ganze Unkraut im Rasen ringelt sich. Löwenzahn, Wegerich und Gänseblümchenblätter haben sich alle hochgebogen wie kleine Hände, die sich zum letzten verzweifelten Gebet himmelwärts heben. In wenigen Wochen, hoffe ich herzlos, werden sie alle verschwunden und von einer

Die Südostecke mit (links) Clematis montana *var.* sericea *und (rechts) den gestaffelten Zweigen von zwei* Viburnum plicatum *»Lanarth«. Vier Monate später waren beide Schneebälle tot; in solchen Fällen verdächtigt man meistens den Hallimasch, doch kann auch Altersschwäche schuld sein. Das Randbeet mit langspornigen Akeleien ist so schlicht wie bezaubernd.*

makellosen Rasendecke ersetzt sein, für die man durchaus keine vier Jahrhunderte braucht, wie Besucher aus Übersee fälschlich meinen ... Statt einsam und schlecht gelaunt auf allen vieren herumzukrabbeln, mit ersten Hexenschußsymptomen und einem Schäufelchen oder kaputten Küchenmesser, kann man jetzt gemütlich auf und ab promenieren und aus einer Gießkanne selektiven Tod verteilen, während man sich mit Freunden unterhält, die zum Tee gekommen sind.«

DER OBERE HOF 31

OBEN Chaenomeles »Knap Hill« an der Bibliothekstür. Die Gießkanne steht einsatzbereit vor dem Wasserhahn, daneben ein Tuff Viola riviniana Purpurea-Gruppe.

LINKS *Die scharlachrote Rose »Allen Chandler« wächst beiderseits des Eingangs. Rechts davon* Ceanothus *»Percy Picton«, links motivisch wiederholt von C. »Southmead« neben der Rose »Meg«. In den Töpfen ein Spitzenklon der empfindlichen kanarischen* Pericallis lanata, *eine Mutterpflanze der Floristen-Cinerarie. Links des Bogens die kletternde Teerose »Gloire de Dijon«, hinten an der Ecke die hervorragende moderne öfterblühende »Blossomtime«.*

OBEN RECHTS Osteospermum ecklonis »Prostratum« im Steinbecken, *darunter am Boden Akeleien und ein junges* Abutilon × suntense, *rechts* Erysimum *»Constant Cheer« und die glänzenden Blätter der* Magnolia grandiflora.

UNTEN RECHTS *Eine blaue Aurikel von hervorragender Qualität, von Pam und Sibylle aus Sämlingen ausgewählt. Nach mehreren Jahren hat sie an Kraft verloren, die übliche Folge der immer mehr werdenden Viruskrankheiten, so daß sie 1995 abgesetzt wurde. Sarah will Sämlinge daraus ziehen und die besten Nachkommen auswählen oder den Virus durch Gewebekultur ausrotten.*

DER OBERE HOF 33

Feuriges Abendrot beleuchtet den Eingangsbogen und den Turm dahinter. Durch den Turmbogen erspäht man den Unteren Hof, den Eibengang und den Obstgarten. Der typische Achsenknick (»großartig, aber ständig falschwinklig«, nannte Harold Sissinghurst) kommt daher, daß der Eingangsbau nicht parallel zum Turm liegt. Über dem Bogen sieht man links das Wappen der Sackville-Wests und rechts das der Bakers, die Harold in den 30er Jahren dort anbringen ließ.

In unserer umweltbewußten Zeit stehen wir dieser Selektion des Todes eher skeptisch gegenüber. Zum Glück sind Unkrautpopulationen in der Umgebung und damit Großinvasionen rar; der gelegentlich eindringende Klee wird punktuell mit einem selektiven Wuchsstoffmittel bekämpft. Vitas Begeisterung für selektive Herbizide war kurzfristig, denn schon 1959 wurden sie nicht mehr verwendet, nur noch Natriumchlorat um den Brunnen in Delos, an der äußeren Auffahrt und um die Scheune.

Vita und Harold hatten bei ihrem Einzug in Sissinghurst in den Nebengebäuden etliche steinerne Waschbecken gefunden, vielleicht Relikte der viktorianischen Armenhauswäscherei, aus der auch die Waschkessel stammen, von denen einer noch in der Mitte des Bauerngartens steht. Sie erkannten, daß in den Becken edle Alpen- und Zwiebelpflanzen wachsen konnten, die sonst schlecht in das größere Gartenformat paßten. Im November 1932 sprach Harold mit A.R. Powys über den Plan zur Schaffung eines architektonischen Gartens mit Eibenhecken an der Achse vom Turm zum Wassergraben, der vom Eibengang aus in den Obstgarten ragen sollte. Mit dem Garten verband sich die Vorstellung, eine Reihe von »alpinen Tableaus« mit solchen Pflanzen zu schaffen, wie sie später in die Steinbecken kamen. Powys riet ab, weil er meinte, hohe Hecken würden nicht genug Licht für die Alpenblumen durchlassen und die Anlage würde von außen, vom South Cottage oder Obstgarten aus, unbefriedigend aussehen. Der Plan wurde fallengelassen, und statt dessen wachsen die Alpenblumen heute in den Steinbecken.

Wahrscheinlich ließ sich Vita bei der Pflanzung und Kultur von Alpenblumen in Becken von Will Ingwersen leiten, der mit seinem Vater Walter in Birch Farm auf William Robinsons Gut Gravetye eine Gärtnerei führte, die für ihre Kultur von Alpenblumenensembles in Trögen und Becken berühmt war. Vita war klar, daß nicht alle ihre Leser große Gärten haben konnten, und so pries sie die Vorzüge solcher Miniaturgärten 1949 und 1954 in langen Artikeln und gab darin auch oft Hinweise auf geeignete Pflanzen: Krokus, Iris und Steinbrech scheinen besondere Favoriten gewesen zu sein.

1959 jedoch enthielten die Becken nur noch wenige Krokusse, Zwerg- und Zwiebelschwertlilien. Mit der Neugestaltung des Eingangsbereichs Anfang der 60er Jahre wurden die Becken auf Stützpfeiler umgesetzt und neu bepflanzt, und zwar in dem gleichen einfachen, aber wirkungsvollen Stil wie heute, selten mehr als jeweils ein oder zwei verschiedene Pflanzen. Heute gedeihen Stauden wie *Osteospermum ecklonis*, *Aquilegia glandulosa* und *Euphorbia myrsinites* in der flachen Erde und fühlen sich offenbar völlig zuhause. Ein Langzeitdünger wird dem Kompost zugesetzt, und die Becken werden regelmäßig gegossen; einmal die Woche reicht gewöhnlich aus. Eine im Garten gezüchtete besonders schöne blaue Aurikel füllte eines der Becken, bis ihre Kraft vor kurzem nachließ. Ihren Platz nimmt jetzt im Frühling *Tulipa linifolia* (Gruppe Batalinii) »Bronze Charm« ein, im Sommer folgt die lavendelblaue *Nemesia caerulea* »Percy Bicton«. Die Gärtner ziehen diese weiß-

34 DER OBERE HOF

äugige Nemesie ähnlichen Sorten vor; alle anderen habe gelbe Augen, die zu klein sind und für einen wirksamen Farbkontrast den falschen Ton haben, so daß die Blüten schmuddelig wirken. Auch die *Gazania* »Freddie« mag den beengten Wurzelraum in den Becken und die pralle Sommersonne.

Vor dem Eingang zum Oberen Hof waren die prächtigen bronzenen Bagatelle-Vasen, die Vitas Mutter Lady Sackville gehört hatten, zu Vitas Zeit mit *Portulaca grandiflora* bepflanzt, die Jack Vass nach dem Krieg nach Sissinghurst geholt hatte. In heißen trockenen Sommern machte sich der Portulak gut, aber bei trübem Wetter ging er nicht auf. *Plecostachys serpyllifloria* (syn. *Helichrysum microphyllum*) breitet sich heute im Sommer anmutig über die Vasen, die im Frühling blaue Stiefmütterchen beherbergen.

Die Töpfe, die Vita und Harold am Eingangsweg benutzten, wurden im Winter nicht vor Frost geschützt und zerfielen Mitte der 60er Jahre langsam. 1967 sah Nigel Nicolson vor einer großen Töpferei bei Siena am Straßenrand zufällig ein paar herrliche, mit Girlanden und dem Mediciwappen verzierte Töpfe liegen. Er bestellte 16 Stück für Sissinghurst, wo sie die alten Töpfe am Eingangsweg und im Lindengang ersetzten und farblich hervorragend zu Sissinghursts Ziegeln passen. Pam und Sibylle pflanzten im Sommer Heliotrop hinein, der selten etwas wurde, weil er den Nachmittagsschatten nicht mochte. Mit den Jahren wurde mehrere Alternativen ausprobiert: Tiefblaue Petunien, die schwelgerischste Farbe, wurden manchmal mit *Helichrysum petiolare* »Limelight« kombiniert, hin und wieder nahm man *Tradescantia pallida* »Purpurea«, in jüngster Zeit kam die lebhafte *Pericallis lanata* (syn. *Senecio heritieri*), deren magentarote Blüten von der weißen Mitte und den grauen Blättern abstechen, dazu die über den Rand wallende *Verbena* »Kemerton«. Das Stiefmütterchen »Senator Blue with Blotch« wird zur Frühlingsmitte, wenn die Schutzplanen von den Töpfen herunter sind, als erster Blütenschmuck gepflanzt.

Die Töpfe werden mit einem Torfkompost gefüllt, der groben Kies enthält, dazu einen Vorratsdünger. Torf eignet sich gut für Töpfe und Vasen im Freien, weil er Wasser bindet, so daß sie, genau wie die Becken, selten öfter als einmal die Woche gegossen werden müssen. Für 1995 nahm Sarah weniger Pericallis und führte die kleinblütige hängende *Petunia integrifolia* ein, deren zahlreiche Blüten graziöser sind als die meisten modernen Hybriden.

⁂

Der Obere Hof gibt einen verlockenden Vorgeschmack auf die weiteren Schönheiten des Gartens. Obwohl er eine der bekanntesten Sehenswürdigkeiten des Gartens enthält, die Violette Rabatte, ist die Bepflanzung relativ dezent und versucht nicht, mit der Brillanz des Weißen Gartens oder des Bauerngartens oder der Üppigkeit von Sissinghursts Rosen zu konkurrieren. Von den gärtnerischen Lösungen der Kulturprobleme an diesem heiklen Ort können wir alle viel lernen.

Der Blick durch den Turmbogen über den Unteren Hof wurde 1946 durch die Aufstellung der Dionysosstatue auf der anderen Seite des Grabens zusätzlich betont. Diese Achse und die vom Weißen Garten durch das Rondell zum oberen Ende des Lindengangs laufen sich gegenseitig den Rang ab, wobei die schmale Öffnung im Eibengang in ihrer Schlichtheit fast zu zurückhaltend wirkt. Links sieht man noch einen Topf Hedychium und rechts Plecostachys serpyllifolia *in einer Bagatelle-Vase.*

Der Untere Hof

Der Turm im Licht der Abendsonne, im Vordergrund Macleaya microcarpa.

Seine Lage an der Kreuzung der beiden Hauptachsen macht diesen weitläufigen Raum zum Herz des Gartens. Wunderschöne Pflanzen bekleiden die drei Mauern; Clematis und Rosen demonstrieren die Schnitt- und Erziehungsmethoden, mit denen die besten Ergebnisse erzielt werden. Der Untere Hof (Lower Courtyard) ist nicht auf maximale Farb- oder sonstige Wirkung angelegt: Er ist die »Dekompressionskammer«, in der man sich zwischen den Aufregungen von Sissinghursts Glanzstücken entspannen kann.

Die Rasenflächen müssen den höchsten Standards genügen und die Eiben frisch, dicht und gesund sein, wenn der Kontrast dieses strengen Raumes zu seiner lockeren Bepflanzung eindrucksvoll sein soll. Beim Eibengang sind fast alle Probleme solcher Hecken aufgetreten, und er mußte drastisch geschnitten werden, damit Blickachsen erhalten blieben, der Gang gut begehbar blieb und die Hecken unten nicht verkahlten.

Das erste, was hier angelegt wurde, war 1930 in der südwestlichen Ecke der Löwenteich, der bis auf den Graben das einzige Wasserelement des Gartens ist. Der Rasen wurde im Jahr darauf verlegt. 1932 schlossen Harold und Vita den Unteren Hof vom dahinter liegenden Obstgarten ab, indem sie den Eibengang pflanzten. Die Westseite des Eibengangs wurde in dem Frühjahr gepflanzt, die Ostseite im Herbst darauf. Die Plazierung des Gangs mag einem merkwürdig vorkommen, denn er gibt dem Unteren Hof eine eigentümlich langgezogene Form rechtwinklig zur Achse vom Turm zum Wassergraben und teilt den früheren Hof des Tudorhauses in zwei Hälften. Manche meinen, Harold und Vita hätten besser daran getan, einen mehr oder weniger quadratischen Hof auf dem Grundriß des alten anzulegen. Damit wäre jedoch der sehr pflegeintensive Bereich erheblich vergrößert und ein großes Stück von ihrem geliebten Obstgarten abgezwackt worden.

1932 wurde zudem im größeren nördlichen Teil des Rasens ein Trompetenbaum gepflanzt, der füllend wirkte und Norden und Süden ungefähr gleich groß erscheinen ließ. Im Jahr darauf kamen von Vitas Mutter Lady Sackville zwei Bleiurnen, die zunächst auf die Turmtreppe gestellt und später von zwei Bagatelle-Vasen ersetzt wurden, ebenfalls ein Geschenk von Lady Sackville. Die Urnen stehen jetzt auf der halbkreisförmigen Terrasse des Rosengartens. 1934 wurden Magnolien aus der Gärtnerei Hilliers ins Südostbeet gepflanzt, das bis heute das Magnolienbeet heißt. Der Löwenteich, der das Wasser nicht hielt, wurde 1939 trockengelegt und ist jetzt der Senkgarten. Die Farbkomposition Weiß mit einem Hauch Rosa, die Vita sich dachte, wurde nicht verwirklicht, vielleicht wegen des Krieges. Die bedeutendste Änderung am Hof nach dem Krieg war die Betonung der Turm-Graben-Achse durch die Dionysosstatue, die 1946 am Wassergraben aufgestellt wurde und den perfekten Abschluß für die Hauptblicklinie des Gartens durch den Turmbogen sowie für den Blick den Grabengang entlang bildet.

Die Statue der Bacchantin diente früher als Akzent am Nordende des Eibengangs. Doch als die Statue am Westende des Lindengangs stürzte und zerbrach, wurde als Ersatz die Bacchantin, die gut zum Bacchus unter den Nüssen paßt, dorthin versetzt. Harold kaufte daraufhin für den Eibengang eine weiße Marmorstatue, diese aber wurde einige Jahre später von Nigel gegen die Vase ausgetauscht, die heute dort steht.

❧

Zu der Zeit, als der Eibengang gepflanzt wurde, hatte Harold vor, weitere Heckenabteilungen östlich des Gangs zu schaffen (in seinen Briefen an A.R. Powys als Eibengarten bezeichnet), die eine Gesamtfläche von 12 m² eingenommen hätten. Er hatte sich zwei mögliche Breiten für die Lücke im Gang überlegt, durch die der Blick vom Turm zum Dionysos geht: entweder die ganze Turmbreite oder nur die des Turmbogens, 2,50 m. Powys fand die breitere Öffnung großzügiger, schlug aber »Eibenpfosten« in der Lücke vor, damit die Hecken zusamenhingen und der Eibengarten abgeteilt wäre. Vielleicht dachte Powys an ein ähnliches Arrangement wie am Zedernrasen von Montacute House in Somerset, das 1931 von der Society for the Preservation of Ancient Buildings, deren Sekretär er war, vor dem totalen Ausverkauf gerettet worden war. Harold und Vita entschieden sich für die einfachste Möglichkeit und die geringere Breite. Der Gedanke des Eibengartens wurde anscheinend bald danach aufgegeben, aber wenn Harold diese kleinen Gartenräume angelegt hätte, wäre die schmalere Lücke eine passable Lösung gewesen; im Kontext des Hofes und des dahinter liegenden Obstgartens jedoch wirkt sie recht eng, zumal die Eiben wachsen und den Spalt noch verringern. Die Lücke in der Hecke zwischen dem geplanten Eibengarten und dem Obstgarten sollte bloß 60 cm breit sein, völlig unzureichend für eine wichtige Blickachse. Zu der Zeit gab es dahinter den Abschlußpunkt der Dionysosstatue noch nicht. Dies deutet darauf hin, daß Harold und Vita damals den Blick vom Weißen Garten zum Rosengarten als Hauptachse und die Linie vom Turm zum Wassergraben als minder bedeutend ansahen, weshalb ihnen vielleicht auch die langgestreckte Form des Hofes günstiger erschien.

Durch seine strenge Schlichtheit und Geradlinigkeit steht der Eibengang in völligem Kontrast zu allen anderen Bereichen des Gartens, am eindrucksvollsten, wenn man aus seiner Düsternis in die leuchtende, verschwenderische Schönheit des Weißen Gartens tritt. Er erinnert an dunkle Tunnels in englischen Landschaftsgärten des 18. Jahrhunderts, das Unheimliche ihrer feuchten, tropfenden Schwärze, aus der man erleichtert blinzelnd ins Tageslicht kommt. Tatsächlich ist der Gang dunkel und so unangenehm schmal, daß zwei Leute nicht bequem nebeneinander gehen können. Schon Powys hatte Harold erklärt, er sei kaum breit genug, daß der Grasweg in seinen dunklen Tiefen wachsen könne; auch hatte Harold die Verbreiterung der Hecke mit den Jahren nicht berücksichtigt. Harold hörte nicht auf solche Kritik und erwiderte, man habe ihm gesagt, das Gras würde wachsen, außerdem könne es ruhig absterben, er und Vita wollten den Weg ohnehin irgendwann pflastern, denn »Stein zu Eiben sieht schön aus«.

Der Gang ist unbestreitbar schmal, aber ihn zu verbreitern, hätte andere Probleme geschaffen. An der Westseite hätte ein Ausrücken die bedenkliche Langgestrecktheit des Hofes noch verstärkt, an der Ostseite hätte der Geräteschuppen weichen müssen, oder er hätte störend in den Gang hineingeragt. Man fragt sich trotzdem, ob der Geräteschuppen nicht hätte geopfert und der Eingang zum Rosengarten um vielleicht 30 cm verbreitert werden sollen. So hätte der Gang großzügigere Proportionen erhalten, und die Eiben bekämen mehr Licht.

❧

Das Gras im Eibengang wich bald einem Steinweg, der zuerst kaum halb so breit war wie das heutige Pflaster. Anfang der 60er Jahre hatten die Eiben den Blick zum Dionysos fast verdeckt; die Gärtner schnitten sie auf beiden Seiten zurück und stellten den ursprünglichen Durchblick wieder her.

1969 schließlich waren alle Hecken des Eibengangs so breit, daß kaum mehr ein Durchkommen war. Im Innern starben die Eiben unten ab, und der Hofrasen verlor 1,20 m von seiner Breite und war damit merklich schmaler, als ihm gut tat. Die Gärtner beschlossen, drastische Maßnahmen zu ergreifen: Im März 1969 wurden die Hecken im Gang zurückgeschnitten, ein mutiger Entschluß zu einer damals noch nicht bewährten Radikalkur. Die Hecken wurden auch in der Höhe um 60 cm zurückgenommen, so daß mehr Licht in den Gang fiel und die Eiben zum Neuaustrieb anregte. Es gab Befürchtungen, die Hecken würden das nicht verkraften, aber sie sprachen sofort auf die Behandlung an.

Dies alles wäre nicht möglich gewesen, wenn man im Jahr davor nicht großzügig gedüngt und die Drainage am Gang verbessert hätte; denn wenn die Eiben nicht ganz gesund sind, können sie ungleichmäßig nachwachsen. Anfangs ließ man kurze Äste am Hauptstamm stehen; sie trieben nicht aus und mußten ganz entfernt werden, was den Gärtnern klarmachte, daß die

OBEN Ceanothus × veitchianus *als Rahmenelement des Blicks vom Rosengarten in den Eibengang. Lichtstreifen, die Passagen vom Obstgarten zum Unteren Hof und zum Weißen Garten markieren, laden den Besucher zum Betreten ein.*

OBEN RECHTS *Von Vita gepflanzte* Macleaya microcarpa *und* Alstroemeria-ligtu-*Hybriden im Senkgarten harmonieren mit dem Tudor-Mauerwerk.*

Regeneration vom Stamm ausging und nicht von den Seitensprossen. Zur Erleichterung aller bildeten die Hecken rasch neue Triebe.

Die Gärtner fanden den Blick von der Turmtreppe auf die Hecken so wichtig, daß sie ihn durch die Heckenerneuerung nur so kurz wie möglich beeinträchtigen wollten. Es dauerte sechs Jahre, bis die Hecken dicht genug waren, um außen zurückgeschnitten zu werden. Schuld an dieser ungewöhnlich langen Frist waren der Schatten und die Trockenheit durch den großen Trompetenbaum am Nordende des Gangs und die Obstbäume im Osten, verbunden mit schlechter Entwässerung. Der Trompetenbaum, unter dem Harold oft saß und las, starb, bevor die Erneuerung der Hecken abgeschlossen war, so daß sie außen schneller buschig wurden als vorher innen.

Durch die im Gang gewonnene zusätzliche Breite konnte auch der Steinweg verbreitert werden. Die Neubelegung bot auch Gelegenheit, einige störende Unebenheiten auszugleichen und eine 30 cm hohe Stufe zu beseitigen, ein Hindernis für Schubkarren, ein Ärgernis für Besucher und ein Makel an der schönen Schlichtheit des Gangs. Damit erhielt der Gang die gleiche stetige, leichte Neigung wie der Bauerngarten, der Untere Hof und der Weiße Garten und war nicht mehr durch eine lästige Stufe von ihnen getrennt. Jetzt wo das Pflaster auf ganzer Länge und Breite des Gangs eben ist, können die Gärtner die Hecken mit geometrischer Präzision schneiden, indem sie eine fest auf dem Weg stehende Holzlehre anlegen. Mit dieser Lehre erhalten die Wände eine geringfügige Neigung, während alle Durchlässe vollkommen senkrecht werden.

Der Nachteil von Hecken, die dicker und höher sind, als sie sein sollen, liegt nicht nur in der Auswirkung auf Proportionen und Struktur des Gartens. Zusätzliche 60 cm Höhe und 1,20 m Breite verdoppeln auch die Schneidearbeit, denn der obere Teil ist immer am schwierigsten. Außerdem reißt eine breite Hecke leichter bei starkem Schneefall auf oder verformt sich. Obwohl die Gärtner versuchen, vom jährlichen Zuwachs jedesmal soviel wie möglich wegzuschneiden, werden die Hecken mit jedem Jahr unweigerlich ein bißchen breiter.

Nach Ansicht von Pam und Sibylle müßte man in einem knapp dimensionierten Garten wie Sissinghurst die Eiben wahrscheinlich etwa alle 30 Jahre radikal zurückschneiden, um seine Proportionen zu erhalten. Im allgemeinen reagieren Eiben überall, wo sie winterhart sind, gut auf einen strengen Rückschnitt. Doch Nordwesteuropa ist eine Ausnahme: Weil das Holz hier im Sommer nicht immer genug Saft ziehen kann, um neue Triebe zu bilden, kann sich ein Teil der Bäume nicht regenerieren. Selbst im nur 300 km nördlich von Sissinghurst gelegenen Yorkshire würden wohl bis zu 50 Prozent der Eiben bei solcher Behandlung eingehen. Weil Eiben schlechte Bedingungen im trockenen Schatten vertragen, meint man manchmal, auch Eibenhecken könnten dort gedeihen. Damit ist das Scheitern vorprogrammiert: Bei Nährstoffmangel, Trockenheit, schlechter Drainage oder zuviel Schatten werden sie zwangsläufig mottenzerfressen aussehen und nicht das schöne intensive Grün zeigen, das sie als Umrahmung für Blumen so geeignet macht. Gute Drainage und jährliche Düngung sind unabdingbar.

Anfang der 70er Jahre wurden im Unteren Hof Abflüsse durch den Obstgarten zum Wassergraben gelegt. Sie halfen das Regenwasser ableiten, das manchmal vom Oberen Hof über die Turmtreppe geströmt kam, und verbesserten die Gesundheit der Eiben. Der neue Trompetenbaum wurde umgeweht, und die daraufhin gepflanzte Mehlbeere ging ein.

Obwohl in die Mauer hinter dem Magnolienbeet Schieferplatten eingesetzt wurden, um Wurzeln vom Eindringen zwischen die Fugen abzuhalten, findet im Frühling karminroter Schöterich darüber noch Wurzelhalt, im

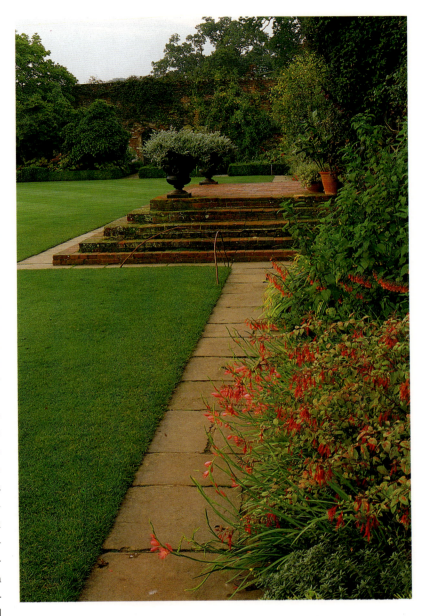

Schizostylis coccinea »Sunrise«, die im Frühherbst blüht, bevor der Garten für die Öffentlichkeit schließt, mit Fuchsia magellanica »Variegata« und Phygelius, alle drei passend im Ton zum Mauerwerk und den Terrakottatöpfen. Die silberblättrige Plecostachys serpyllifolia *wächst in den Bagatelle-Vasen auf der Treppe.*

DER UNTERE HOF 39

Der Untere Hof hat zwar keine einheitliche Farbgebung, aber hier und da sind die Farbtöne auf die maßgeblichen Pflanzen abgestimmt. Bevor sie zurückgeschnitten wurde, war die Buchshecke um das Magnolienbeet so wuchtig, daß sie das Beet zum großen Teil einnahm und auf den Rest dunkle Schatten warf. Nachdem man die Hecke zurückgenommen und ihr wieder die gehörigen Proportionen gegeben hatte, wählte man die Bepflanzung passend zur Magnolia liliiflora *»Nigra«, deren rosa Blüten mit weinroter Außenseite aus aufrechten Knospen aufgehen wie Kerzen am Weihnachtsbaum. Schwaden der Barnhaven-Rasse der* Primula sieboldii *in Rosa und Karminrot mischen sich mit den dunkelrosa Hängeblüten des Tränenden Herzens. Über dem Eingang zum Rosengarten bedecken lockere Girlanden der* Clematis × vedrariensis *die Mauer – kein Leichtes für eine Kletterpflanze, die wie ihre Mutterpflanze* C. montana *gern dichte und unförmige Haufen bildet, in denen die individuelle Schönheit der Blüten in der schieren Masse untergeht.*

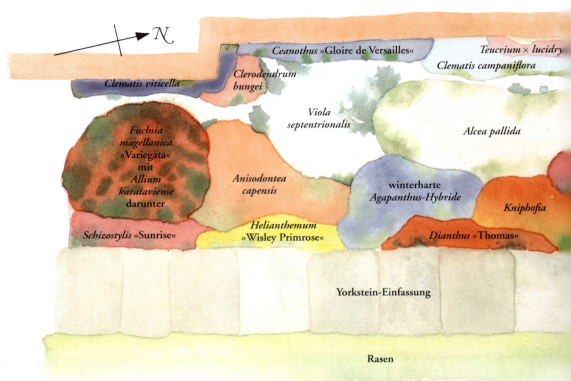

Sommer gefolgt von *Lophospermum scandens* mit seinen Ranken voll weinroter Trompeten. Die Gärtner hatten ihn in Töpfen im Treibhaus gezogen und wollten ihn dazu bringen, an Stangen hochzuklettern, doch er mochte nicht. Als er über den Tisch hängen durfte, bekam er einen ganzen Schwall von Trieben. Mit gewohnter Präzision fanden die Gärtner vielleicht den einzigen Platz im Garten, wo er nach Blütenfarbe und Wuchs ideal hinpaßt.

Die Gärtner schufen ein Frühlingskolorit mit den Rosatönen von Primeln und Magnolien, für die im Sommer wärmere Töne kamen. Einmal versuchte man es mit *Primula pulverulenta* und *Meconopsis grandis*, aber die Bedingungen sagten ihnen nicht zu. Zur darauf folgenden Komposition gehörten die enzianblaue *Salvia patens*, die rahmgelbe *Kniphofia* »Little Maid« und die scharlachrote *Lobelia* × *speciosa*, wozu die zinnoberrote *Crocosmia* »Lucifer« einen Laubkontrast setzte. Der Bleitrog wurde zum Frühling mit *Dicentra spectabilis* bepflanzt, gefolgt von Fuchsien (erst »Margaret«, in jüngerer Zeit die dunkelblättrige Triphylla-Sorte »Thalia«). Heute dominieren im Frühling die Gelbgrüntöne der Wolfsmilch und der dolchblättrigen *Iris pseudacorus* »Variegata«, im Trog wächst *Coronilla valentina* subsp. *glauca*.

Pam und Sibylle hatten ihre Schnittechnik für *Clematis montana* und ihre Verwandten aus Burford House, John Treasures Garten in Worcestershire, wo *C.m.* var. *rubens* eine Balustrade bedeckte und jedes Jahr gleich nach der Blüte zurückgeschnitten wurde, damit sie ihre stützende Unterlage nicht völlig überwucherte. In Sissinghurst wurde *C.m.* »Picton's Variety«, die eine Zeitlang an einer Rankpyramide wuchs, ähnlich gestutzt, ohne unkontrollierbar groß zu werden. Solche Clematis blühen an den Vorjahrstrieben und müssen gleich nach der Blüte geschnitten werden, um neue Triebe zu bilden. Bei beengten Verhältnissen ist jährliches Schneiden unabdingbar, auf größeren Mauerflächen jedoch reicht ein Eingriff alle zwei oder drei Jahre aus, um zu verhindern, daß sie zu dicht werden. Es ist wichtig, an der Basis der Pflanze einige Blütentriebe zu behalten, damit sie möglichst überall erblüht.

Die meisten anderen Clematis im Hof sind Viticella-, Texensis- oder Jackmanii-Hybriden, die im Spätherbst stark zurückgeschnitten und im Frühling und Frühsommer, wenn sie wachsen, über die Mauer verteilt und festgebunden werden. Die Gärtner nehmen papierüberzogene Drähtchen, die benutzungsfreundlicher sind als Bindfaden, den sie oben auf der Leiter kappen müßten. Das Risiko, die zarten jungen Triebe zu brechen, ist geringer als beim Hantieren mit Bindfaden, und das unauffällige stumpfe Grün der Drähtchen ist ein weiterer Vorteil. Die winzigen vanilleduftenden Blüten der *Clematis* × *triternata* »Rubromarginata« sorgen für Abwechslung, während andere Sorten wie *C. campaniflora* vom Oberen Hof über die Mauer wallen.

Die Mauer beherbergt ein großes Sortiment Rosen, die unterschiedlich geschnitten und erzogen werden wollen. Wie auch sonst in Sissinghurst verhindern es die vielen Routinearbeiten im Garten, Kletterrosen im Spätsommer nach der Blüte zu schneiden; sie müssen warten, bis der Garten zur Herbstmitte schließt. Dann kommen auch die Climbing-Rosen dran, nicht erst im Frühling, wie sonst üblich; die Beetarbeit kann erst beginnen, wenn Arbeiten mit der Leiter getan und frei hängende Rosentriebe befestigt sind,

42 DER UNTERE HOF

GEGENÜBER *Alcea pallida hellt den im Plan dargestellten Beetteil auf, umgeben von* Clematis viticella, Ceanothus »Gloire de Versailles« *und winterhartem Agapanthus.*

PLAN *In der nach Osten liegenden Rabatte blüht es von Frühling bis Herbst. Der Platz der niedrigeren Arten wie Diascien und Veilchen hinten wird später von Mauerpflanzen eingenommen. Teucrium wächst im losen Kalkmörtel der Mauer.*

RECHTS *Töpfe mit empfindlichen Pflanzen in Blüte werden aus dem Treibhaus auf die Turmtreppe und an die Bischofspforte gestellt.* Hedychium gardnerianum, *ein Ingwergewächs, würde den Winter im Bauerngarten nicht überstehen, aber macht sich in Töpfen großartig; darunter* Felicia amelloides »Variegata«.

damit der Wind sie nicht beschädigt. Auch ist es gut, mit dem knifflige Erziehen und Anbinden fertig zu sein, bevor im Winter die Finger steif frieren.

An den Mauern werden nur Chinarosen wie *R.* × *odorata* »Mutabilis« im Frühling geschnitten. Mit den Kletterrosen wird unterschiedlich verfahren. Von Rosen wie »Emily Gray« und *R. wichuraiana*, die reichlich neue Ruten bilden, wird das Vorjahrsholz zum Großteil entfernt; die verbleibenden Triebe werden über die Mauer gezogen. Einige Kletterrosen bilden weniger Triebe und ähneln in ihrem Wachstumsverhalten den kletternden Teehybriden, deren Haupttriebe im zweiten Jahr blühen können. Mit Sorten wie »New Dawn«, »Easlea's Golden Rambler« und »Dr. W. van Fleet« kann man daher weniger streng umgehen, indem man die kräftigsten Triebe, die geblüht haben, zwar kürzt, aber nicht ganz wegnimmt.

Die spärlicheren Sprosse der kletternden Teehybriden können ein Problem sein, vor allem bei Sorten wie »Cupid«, die wenige dicke, direkt von der Mauer wegwachsende Triebe bilden. Sie müssen im ersten Jahr, wenn sie noch biegsam sind, an die Mauer gebunden werden. Frisch gepflanzte kletternde Teehybriden werden im ersten Standjahr nicht stark geschnitten, die Gärtner warten lieber mindestens zwei gute neue Triebe ab, bevor sie das alte Holz entfernen. Indem man die starken Sprosse bogig aufbindet, fördert man durch die horizontalere Position die Bildung blühender Seitentriebe. Jahr für Jahr werden die Sprosse niedriger gezogen, so daß stets die jüngsten Triebe oben und in der Mitte ihres Mauerabschnitts, die ältesten dagegen unten sind. Wie im Rosengarten wird ein Teil des alten Holzes entfernt, um den Neudurchtrieb von der Basis zu erzwingen und ein gutes und erneuerbares Gerüst zu bekommen.

Andere Mauerpflanzen brauchen andere Behandlung. *Ceanothus* × *delileanus* »Gloire de Versailles« hat lange Triebe, die im Herbst gekürzt werden; alle blühenden Triebe werden im Frühjahr zurückgeschnitten, und das Gerüst wird an die Mauer gebunden; früheres Schneiden kann zum Absterben führen. Auch *Vitex negundo* wird im Frühjahr zurückgeschnitten. Reizvoll an *Celastrus orbiculatus* sind seine buttergelbe Herbstfarbe und seine Fruchtkapseln, die beim Aufplatzen rote Samen zeigen; er wird im frühen Winter so gestutzt, daß etwas frucht- und blütentragendes älteres Holz stehenbleibt. Gewöhnlich bildet diese Art männliche und weibliche Blüten an verschiedenen Pflanzen; zum Glück ist die in Sissinghurst hermaphroditisch und kann daher selbständig fruchten.

Die nach Osten liegende lange Rabatte beiderseits des Turms leidet fast genauso sehr unter Windturbulenzen wie ihr Gegenstück im Oberen Hof auf der anderen Seite der Mauer. Außer in seltenen Fällen jedoch, wenn ein Frühlingsnordost junge Triebe verkümmern läßt, ist dies die geschützteste Rabatte im Garten und der Ort für Pflanzen von unsicherer Winterhärte. Vor den überwiegend frostempfindlichen Sträuchern wachsen einige der außergewöhnlichsten Pflanzen des Gartens, seltene Arten oder Ausleseformen, die nahe Betrachtung verdienen und den Regenschatten der Mauer gut vertragen können. Die meisten liegen im gleichen Farbbereich von Rot oder Rosa bis Blau, den man im Rosengarten findet.

Hier sind nur noch wenige Pflanzen aus Vitas Zeit; viele gingen 1962 in dem kalten Winter nach ihrem Tod ein. Eine große *Hoheria lyalli* am Südende der Rabatte ist eine Überlebende und beschirmt mehrere ungewöhnliche Roscoeen und ein erstaunliches *Allium schubertii,* dessen Zwiebel zwar winterhart ist, aber dessen Blätter und sternförmige dunkelrosa Blüten durch späten Frost verkümmern können. Ebenfalls südlich des Turms wächst die stachelblütige *Cynara baetica* subsp. *maroccana* (syn. *C. hystrix*), eine Artischockenart, deren großer Distelkopf von langen, scharfen violetten Deckblättern umgeben ist. Diese Pflanze mag die nassen englischen Winter nicht und wird gelegentlich von den Gärtnern aus den Samen erneuert, die sie nur in heißen trockenen Sommern produziert. An der Mauer dahinter hängt ein weißer Bausch *Convolvulus cneorum;* vorher in der Rabatte wuchs er zu kräftig, bekam stumpfgraue statt wie normal seidige Silberblätter und starb stets in der winterlichen Naßkälte ab, doch unter den mageren Bedingungen der Mauer werden seine Triebe frostfest und übersteht er das rauheste Wetter. Bemerkenswert unter den Zwiebelpflanzen der Rabatte ist die südafrikanische Spezies *Eucomis.* Die helle gelbgrüne *E. pallidiflora* wurde erst, wie häufig in britischen Gärten, mit der viel selteneren, höheren und empfindlicheren *E. pole-evansii* verwechselt. Die purpurn angehauchten Formen von *E. comosa* sind eine Auswahl von selbst aus Samen gezogenen Pflanzen.

Der Eingang zum Weißen Garten wird die Bischofspforte genannt, nach der Marmorgedenktafel für drei Bischöfe, die Harold und Vita 1914 in Konstantinopel kauften. Der zwischen ihr und der nach Osten blickenden Mauer liegende Beetteil, den die Gärtner nach einem Disneyfilm »die lebende Wüste« getauft haben, ist der sonnigste Fleck des Gartens. Zu Vitas Zeit war er weitgehend von einem großen *Malus* »Eleyi« überschattet, der vom Oberen Hof herüberragte, und von einer ansehnlichen Myrte ausgefüllt, die im kalten Winter 1962-63 starb. Vorn wuchsen früher Mittagsblumen, die aber nur in sonnigen Sommern gediehen. Die Gärtner beschlossen, die Erde zu sterilisieren, mit Kies die Entwässerung zu verbessern und den Platz für empfindliche, besonders Zwiebelpflanzen zu reservieren, die es gern heiß und trocken mögen. Hier gibt es auffällig gefleckte Tigridien, *Cypella herbertii, Nerine bowdenii,* die seidenblättrige *Oxalis obtusa* und die kleine Silberdistel *Carlina acaulis* subsp. *simplex* (syn. *C.a. caulescens*). Der besonders prächtige Korallenstrauch (*Erythrina crista-galli*) wird im Winter mit Farnkraut zuge-

OBEN, VON LINKS NACH RECHTS Eucomis pallidiflora *mit* Lilium speciosum; Roscoea cautleyoides *»Kew Beauty«;* Lophospermum scandens.

MITTE Allium schubertii *wächst unter* Hoheria lyallii; Puya alpestris.

UNTEN Cynara baetica *subsp.* maroccana; Erythrina crista-galli; Clematis *»Etoile Rose« mit der Rose »New Dawn«.*

deckt und im Frühling nach Entfernen des Farnkrauts geschnitten. Über der Pforte wächst die ungefüllte Teehybride »Irish Elegance«, die noch aus Vitas Zeit stammt. Die Gärtner führen ihre Langlebigkeit auf den strengen Schnitt zurück, den sie bekommt, damit sie nicht die Bischofstafel verdeckt. Der Teil der Rabatte östlich der Pforte war früher vom Trompetenbaum überschattet und hauptsächlich von der Winterblüte (*Chimonanthis praecox*) eingenommen, die Vita in der Blütezeit täglich pflückte. Da sie das restliche Jahr über reizlos ist, wurde sie nach Vitas Tod ersetzt. Die tief korallenrote Rose »Comtesse du Cayla« wurde aus dem Beet am Geräteschuppen versetzt, wo Vita sie mit »Masquerade« und *Rosa × odorata* »Mutabilis« kombiniert hatte. Eine besonders schöne Form der immergrünen *Carpenteria californica* des Züchters Jack Elliott bedeckt die Wand dahinter. Obwohl sie in Kent einigermaßen winterhart ist und hier schon das härteste Wetter überlebt hat, können kalte Winter ihr Laub angreifen, so daß sie einzugehen scheint. Am Fuß des Turms kommt der graublättrige *Convolvulus althaeoides* subsp. *tenuissimus* jedes Jahr durchs Pflaster und überzieht sich mit reichen altrosa Blüten. In die bronzenen Bagatelle-Vasen auf der Turmtreppe kam eine Zeitlang im Frühjahr wie Sommer *Artemisia schmidtiana* »Nana«, aber die Besucher fanden ihr seidiges Silberlaub unwiderstehlich und befingerten sie zu Tode. Hier hat man die graugrüne *Acaena affinis* gepflanzt, dazu *Campanula isophylla* »Mayi«, hübsch, aber allzu zart, wie sich herausstellte. Auch *Plecostachys serpyllifolia* (syn. *Helichrysum microphyllum*) ist neuerdings vertreten.

Töpfe mit kostbaren und empfindlichen Pflanzen werden, wenn sie blühen, aus den Treibhäusern geholt und auf die Turmtreppe oder an die Bischofspforte gestellt. Die bemerkenswerteste ist vielleicht die chilenische Ananasverwandte *Puya alpestris,* aus Samen gezogen, die Clarence Elliott in den 20er Jahren sammelte. Ihre außergewöhnlichen pfauengrünen Blüten triefen von Nektar und locken damit im Freien Kolibris zur Bestäubung an. Die Pflanzen blühen nur alle zwei oder drei Jahre, weshalb wenigstens zwei gehalten werden, aus deren Samen man nach der Blüte neue zieht.

❧

Im Unteren Hof kreuzen sich die Achsen des Gartens, und mit seinen interessanten und schönen Pflanzen ist er eine erholsame Pause auf dem Rundgang durch den Garten. Die verstärkte Bedeutung der Achse östlich des Turms seit Aufstellung der Dionysosstatue hat sich allerdings nicht in seiner Gestaltung niedergeschlagen, so daß seine langgestreckte Form rechtwinklig zur neuen Achse nicht mehr ganz harmonisch wirkt. Wir vermuten, daß Harold das gestört und daß er ein solches Problem gern mit einem Kunstgriff à la Lutyens gelöst hätte. Aber Vita wäre dagegen gewesen, die Einfachheit des Gesamtgartens durch einen architektonischen Trick zu beeinträchtigen. Jeder Mangel, den wir sehen, muß gegen den Gewinn abgewogen werden: die reine und schlichte Schönheit, in der die Kraft des Gartens liegt.

DER UNTERE HOF 45

Der Rosengarten

Von links nach rechts: die Moschata-Hybride »Felicia« von Pemberton; die seltene Bourbonrose »Mme. Lauriol de Barny« als Busch, der ihre flachen Blüten zur Geltung bringt (Vita meinte, ihre Namensgeberin »gehörte zur haute cocotterie *von Paris«); die Remontantrose »Baron Girod de l'Ain«; Rosa nutkana »Plena«, eine große, einfache Strauchrose.*

Am meisten von allen Blumen Sissinghursts fesselten Vitas Phantasie die Rosen mit ihren prunkvollen oder zarten Farben, ihrem Samt- oder Seideeindruck, ihrem betörenden Duft und ihrer Blütenpracht im Frühsommer, Vitas liebster Zeit im Jahr. Die Wissenschaft und Kunst, alte Rosen und Moschata-Hybriden zu schneiden und zu erziehen, hat in Sissinghurst mit den Jahren eine vorbildliche Höhe erreicht. Das gleiche gilt für die Begleitpflanzen, die die Rosen ergänzen und die Blütezeit verlängern sollen. An der Struktur des Rosengartens, seinen Wegen und Hecken, werden laufend Verfeinerungen vorgenommen, um sowohl seine Proportionen zu verbessern als auch zu gewährleisten, daß er die hohen Besucherzahlen verkraftet.

Harold und Vita lebten schon einige Zeit in Sissinghurst, bevor der Rosengarten angelegt wurde, nachdem er 1932-37 als Küchengarten gedient hatte. 1932 zäunten Harold und Vita ihn ein und pflanzten das Eibenrondell mit Hilfe Nigel Nicolsons, der Stock und Schnur hielt, mit denen der Umkreis gezogen wurde. Mit diesem wichtigen Transept der Hauptquerachse vom Weißen Garten zum Anfang des Lindengangs sollte vielleicht die wichtigste Route durch den Garten vor so etwas Prosaischem wie Erbsen und Kartoffeln abgeschirmt werden. Heute macht das Rondell den Rosengarten auf dieser Route zum Großteil nicht einsehbar und teilt ihn praktisch in zwei Hälften von anheimelnder Größe und mit jener Abgeschlossenheit, die Harold und Vita so schätzten.

Harolds Tagebuch hält zum 29. September 1933 weitere Entwicklungen fest: »Mittelweg im Küchengarten vermessen, Gwen [Harolds Schwester] hilft mir. Zuletzt weigert sich Vita, bei unserem Entschluß zu bleiben und die elenden Bäumchen zu beseitigen, die meiner Anlage im Weg stehen. Das romantische Temperament wie üblich als Hemmschuh des klassischen.«

Der damals grasbewachsene Mittelweg bekam Buchseinfassungen und Querwege. Der Weg östlich davon wurde mit einem römischen Altar abgeschlossen; er sollte – wieder mit Nigels Hilfe – in eine Linie mit dem Eibengang gebracht werden, aber diesmal lagen Nigels Bambusstab und Schnur beträchtlich daneben. Dieser Fehler scheint Harolds Vorliebe für perfekte Geometrie nicht angefochten zu haben, doch womöglich fiel er erst auf, als die Hecken gewachsen waren. Vielleicht erkannte Harold auch das Gute daran: Eine ganz gerade Linie wäre bedenklich schief zur Achse des Rosengartens verlaufen und hätte diese Hälfte in vier merkwürdig geformte und ungleich große Beete zerschnitten.

1934 wurde der Architekt A.R. Powys mit Plänen für eine Mauer am Westende beauftragt, die im Jahr darauf gebaut wurde. Auch sie, nach ihrem Erbauer Powys-Mauer genannt, hat ihre Tücken: Sie schneidet die Gartenachse nicht ganz im rechten Winkel (wenn auch die Abweichung kaum merklich ist) und hat als Aufsatz Pflanztröge, die vermutlich für Hängepflanzen gedacht waren. Niemand scheint die Schwierigkeiten des Gießens und Unkrautjätens auf einer Mauer bedacht zu haben, auch den Winterfrost nicht, der die Erde gefrieren und die gemauerten Tröge brechen ließ. Obwohl Powys mit großer Umsicht Ziegel aussuchte, die mit schon vorhandenen alten Mauern harmonierten, ist die Ausfugung schwer und unschön, wenn auch heute zum Glück weitgehend von Kletterpflanzen verdeckt.

1937 war Vitas Sammlung alter und neuer Rosen für den Pfarrhausgarten zu groß geworden. Das Gemüse wurde aus dem Küchengarten ausquartiert, dafür kamen Rosen hinein. Endlich hatten sie Platz, sich in fetter, gut kultivierter Erde zu voller und reichblühender Reife zu entfalten. Es ist viel über Vitas Rosen geschrieben worden, nicht zuletzt von Vita selbst. Hier sei

nur angemerkt, daß sie wesentlich für Sissinghursts Pflanzstil und typisch für seine Opulenz, Feinheit und Romantik sind.

Die Bepflanzung des Rosengartens unterscheidet sich sehr von der aller anderen Teile des Gartens und ist wahrscheinlich am typischsten für Vitas Stil. Sie ist episodisch, ganz anders als im Bauerngarten, Weißen Garten oder der Violetten Rabatte, wo Farben und Formen zu einem symphonischen Ganzen verbunden sind. Die einzigen Laubkontraste in dem weichen Gesamtbild setzen die Schwertlilien. Es gibt fast gar keine »Akzentpflanzen« wie Pampasgras (das Vita verabscheute), Phormium oder Yucca. Eine noch aus Vitas Zeit stammende Yucca ist tief in einer Ecke der Langen Rabatte versteckt, wo sie kaum als Kontrast dient; die Neuerwerbung *Yucca filamentosa* »Variegata« ist zwar bewundernswert, aber als Schlußpunkt an einer Beetecke untypisch hell und aufdringlich.

Von Zeit zu Zeit schrieb Vita etwas über den Wert kontrastierenden Blattwerks im Garten. Das entsprach nicht unbedingt ihrer eigenen Auffassung, denn im Rosengarten hat sie eine solche Bepflanzung offenbar nicht praktiziert, obwohl sie im Weißen Garten, wo das Spiel der Blütenfarben wegfällt, die Notwendigkeit von mehr Form einsah. Zweifellos gab sie damit die Meinungen anderer Gärtner wieder, die sie bewunderte, etwa von Margery Fish, und empfahl Pflanzstile nach dem möglichen Geschmack ihrer Leser. Das bedeutet nicht, daß sie solche Stile selbst zu übernehmen gedachte. Sie scheint »die empfehlenswerteste Wolfsmilch«, wie sie *Euphorbia characias* subsp. *wulfenii* »Lambrook Gold« nannte, nicht selbst verwendet zu haben. Sie kam erst nach Vitas Zeit in die Lange Rabatte, ist aber inzwischen fest mit der Tradition von Sissinghurst verwachsen und gedeiht unglaublicherweise in der Mauer unter einem der Fenster.

Vita verspürte anscheinend kein Bedürfnis nach mehr Struktur, als Harolds klare, einfache Anlage sie gab. Sie äußerte sich nie unzufrieden über die wolkigen, schwellenden Rosenmassen, die hier vorherrschen. Daß die Bepflanzung so unstrukturiert war, war kein Mißgeschick, sondern Absicht. Noch heute ist dieses Merkmal des Rosengartens ganz deutlich und sollte, um seiner Individualität willen, erhalten bleiben. Sicher mag nicht jeder den Stil: »zu schwammig« oder »zu weich« ist mitunter zu hören. Auch hätten viele Gärtner statt der subtilen oder schwelgerischen Farben hier lieber etwas mit mehr Pfiff. Aber allen gefallen zu wollen, wäre der sichere Weg zum gesichtslosen Mittelmaß. Es gereicht den Gärtnern zur Ehre, daß sie Vitas Stil seit über 30 Jahren bewahrt haben.

Mitte dieses Jahrhunderts war Vita eine der einflußreichsten Stimmen, die zu den alten Rosen rieten. In ihrer gärtnerischen Anfangszeit ließ sie sich von E.A. Bunyard leiten, dem vielleicht bedeutendsten Fürsprecher alter Rosen zu einer Zeit, als diese fast ganz vergessen waren. Auch andere Rosenzüchter sollte man nicht übersehen, denn die am wenigsten darüber schrieben, wirkten doch im stillen, gaben Wissen und Pflanzen weiter und förderten die Liebe zu Rosen und ihrer Geschichte: Lawrence Johnston, the Honorable Robert James, Maud Messel, Arthur Tysilio Johnson, Sir Frederick Stern, Nancy Lindsay, Sacherevell Sitwell, Constance Spry, Hilda Murrell, James Mitchell und Graham Stuart Thomas wären zu nennen. Constance Spry, deren Geschmack dem Vitas sehr ähnlich war, besuchte Sissinghurst häufig. Hilda Murrell schenkte Rosen aus ihrer Gärtnerei in Shrewsbury. Graham Thomas fiel die Aufgabe zu, alle Rosen zu erfassen, die sich in britischen Gärten gehalten hatten, und die umfassendsten Sammelwerke über sie seit viktorianischer Zeit zu veröffentlichen.

DER ROSENGARTEN 47

Nie brachte Vita ihre Liebe zu alten Rosen beredter zum Ausdruck als 1955 in ihrem Vorwort zu Graham Thomas' Buch *The Old Shrub Roses:* »Mr. Thomas ließ mir unerwartet die geheimnisvolle Dämmeratmosphäre eines orientalischen Bazars wieder erstehen, wo Teppiche aus Isfahan, Buchara und Samarkand in ihren matten, aber prunkvollen Farben und ihrer Fülle zu unserem langsamen Genuß entrollt wurden. Sie waren üppig wie eine geöffnete Feige, weich wie ein reifer Pfirsich, gesprenkelt wie eine Aprikose, korallenrot wie ein Granatapfel, flaumig wie eine Weintraube. Daran erinnern mich die alten Rosen ... Wie recht Mr. Thomas hat, wenn er sagt, sie hätten ›allen Reiz, den Gefühl, Geschichte, Botanik oder Assoziationen ihnen verleihen können‹ ... Man muß die Vorstellung loswerden, Rosen dürften nur bestimmte gewohnte Farben haben, und die minder vertrauten Purpur- und Lilatöne begrüßen, ebenso die streifigen, schuppigen, gesprenkelten Variationen, die an die altniederländischen Blumenbilder erinnern; ja man muß ihnen mit vorurteilsfreien Augen und einer Nase begegnen, die den wahren Duft einer sonnengewärmten Rose zu schätzen weiß. Sie haben einen großen Fehler, und Mr. Thomas verschweigt ihn nicht: Ihre Blütezeit ist auf einen herrlichen Sommermonat beschränkt. Ich persönlich finde, sie sind es mehr als wert.«

Der Garten war schließlich so übervoll mit Rosen, daß weniger dankbare Sorten, die erkrankten oder überalterten, ab 1959 nicht mehr ersetzt wurden. Heute stehen die Rosen nicht mehr so dicht, damit man ihre individuelle Schönheit besser würdigen kann. Doch die meisten von Vitas Rosen sind noch da und nur wenige Sorten dazugekommen, so daß ihre Sammlung das am wenigsten veränderte Element von Sissinghursts Bepflanzung und ein Zeugnis ihres Geschmacks ist. Vita hätte sicher viele der seit ihrer Zeit gezüchteten Rosen geschätzt, vielleicht besonders David Austins Englische Rosen, die die Blütenformen aller historischen Rosen besitzen, diese aber an Krankheitsresistenz, Wuchskraft und Farbenvielfalt übertreffen. Sie würden in Sissinghurst wahrscheinlich genauso – und zudem länger – schön wirken. Ein solcher Schritt würde jedoch den Charakter von Vitas Bepflanzung viel gründlicher verändern als der Austausch der einen oder anderen Staude, Tulpe oder Bodenbedeckung.

Mit wenigen Ausnahmen gehören die Sorten im Rosengarten zu drei Grundtypen. Zuerst kommen die alten Rosen, die Gallica-, Damascena-, Centifolia-, Alba-, Bourbon-, Moos- und Remontantrosen, edle Karminviolettöne, seidige Rosés und extravagante Streifen, oft mit ihren Namen das Andenken vornehmerer Zeiten beschwörend. Vita liebte schwere Violettöne mit samtigem Glanz, »Cardinal de Richelieu«, »Hippolyte«, »Nuits de Young« und den moderneren »Zigeunerknaben«, und stellte sie zusammen, um ihren Prunk zu betonen. Von der Gallicarose »Tuscany« schrieb sie: »Velvet Rose. Die Samtrose. Was für eine Wortverbindung! Man erstickt fast in ihren weichen Tiefen, als versinke man in einem Bett aus Rosenblüten, idealerweise aller Dornen ledig.« Diese Farben und die Rosés bestimmen – neben den Amethysttönen des Zierlauchs – den Rosengarten bis heute.

Die Moschata-Hybriden, überwiegend von Joseph Pemberton zwischen 1913 und seinem Tod 1926 gezüchtet, kommen den alten Rosen an Bedeutung fast gleich. Sie sind Kreuzungen zwischen Polyantharosen (von *Rosa multiflora* stammend) oder Polyantha-Hybriden und Remontantrosen, Tee-

GANZ LINKS UND LINKS *Dünnere Kletterrosen und einige Bourbonrosen bilden reichlich blühende Seitentriebe, wenn sie spiralig um aufrechte Stützen geführt werden. Die untersten Ranken stärkerer Strauchrosen können mit Hilfe von Bögen in Kuppelform erzogen werden.*

SEITE 48-49 *Blick auf die Pforte zum Oberen Hof. Die buschige Moosrose »Nuits de Young«, eine von Vitas geliebten alten Rosen, treibt aus den eigenen Wurzeln eine Gruppe Schösse und muß gelegentlich eingeschränkt werden. Sorgfältig geschnitten und erzogen entfaltet die Moschata-Hybride »Vanity« reiche Blütenpracht. Am Weg das amethystfarbene* Allium cernum *»Hidcote« und die rosa* Phuopsis stylosa, *dahinter Rosa Mundi vor schönem Feigenlaubhintergrund.*

hybriden und anderen Abkömmlingen von Chinarosen. Trotz ihres Namens haben sie den Duft, auf den Pemberton offenbar aus war, hauptsächlich von *R. multiflora* geerbt und nicht von der Moschusrose; farblich gibt es die sanften Gelb- und Aprikosentöne der Noiseterosen ebenso wie zarte Rosés und den Karminhauch von »Vanity«. Viele Gärtner erkannten die Bedeutung und Verwendbarkeit dieser Sorten nicht, als sie neu waren. Graham Thomas schreibt dazu: »Die wenigen hervorragenden Schwäne wurden von den Gänsen erdrückt, zudem von der öffentlichen Meinung, die immer noch ganz verrückt nach Teehybriden und Zwerg-Polyanthas war; auch wurde die Leistung später von der Poulsen-Gruppe etwas in den Schatten gestellt.« Vita erkannte ihren Wert und setzte sich in ihren Artikeln im *Observer* für Moschata-Hybriden ein, bevor sie allgemeinen Zuspruch fanden; damit muß sie viele Tausend Gärtner, wie mich auch, verlockt haben, sie auszuprobieren. Seltsamerweise stellte Vita nicht deutlicher heraus, daß sie mehrmals blühen und die meisten bei richtigem Schnitt auch im Herbst schön kommen.

Es gibt auch eine kleine Schar von Teehybriden und Floribundarosen, die man wegen ihrer exquisiten Form und Farbe nimmt. Die ungefüllte aprikosenfarbene »Mrs. Oakley Fisher« gehört dazu, ein besonderer Liebling Vitas. Die Gärtner kombinieren sie mit indigoblauen Blumen wie der duftigen Lupine »Blue Jacket«, eine Farbmischung, die schon in Harolds und Vitas früherem Garten in Long Barn auffiel. Die Lupine, die beste aus einem Haufen Sämlinge, wird heute alle paar Jahre aus Stecklingen vermehrt. Das Zurückschneiden der Eiben- und Buchshecken gab den Gärtnern Platz, mit *Geranium wallichianum* »Buxton's Variety«, *Kniphofia thomsonii* var. *snowdenii* und *Thalictrum rochebruneanum* die Farbgestaltung weiterzuentwickeln. Die Teehybride »Ellen Willmott«, farblich »Mrs. Oakley Fisher« ähnlich, war ursprünglich auch dabei, aber wächst heute in der Südrabatte des Rosengartens. Andere Buschrosen sind etwa »August Seebauer« und die aus dem Weißen Garten versetzte ungefüllte »White Wings«. Obwohl Vita nichts gegen neue, ja selbst knallige Sorten hatte, wird ihr klargewesen sein, daß die meisten in ihrer Blütenform oder Buntheit ganz und gar modern waren. Sie mit den klassischen Rosen zu mischen, hätte dem Rosengarten seine Feinheit und Romantik genommen, die Fähigkeit, die Freuden der Gärten des vorigen Jahrhunderts heraufzubeschwören.

Dennoch sollte man nicht vergessen, daß Vita im Beet am Geräteschuppen eine beträchtliche Anzahl von »Masquerade« pflanzte. Diese Floribunda wird heute wegen ihrer lauten Farbe, ihrer dürftigen Blütenform und ihrem uneleganten Wuchs allgemein verachtet. Da ihr Gelb im Verblühen über Orange und Rot in ein fleckiges tiefes Lachsrot übergeht, fiel sie bei ihrer Einführung 1949 durch ihre frappierenden Chamäleonfarben auf, deren Wert im Kreis der Sonnenuntergangsfarben des nahen Bauerngartens Vita erkannte. Anders als der Rosengarten lehnt sich dieser Bereich wenig an ältere Bepflanzungen an, so daß die modernen Sorten völlig angemessen waren. Auch Graham Thomas ist »Masquerade« nicht ganz abgeneigt und schätzt ihren zweiten Flor, der farblich mit herbstlichen Tönen harmoniert.

Zugegeben, die alten Rosen sind nicht jedermanns Sache. Allzu oft kommen auf eine perfekte Blüte drei oder vier häßliche, die welk sind oder Grauschimmel haben. Ihr Laub ist uninteressant, ihr Wuchs unschön, bestenfalls amorph; ohne vorbildlichen Schnitt kann es sein, daß sie nur wenige, kurzlebige Blüten bekommen. Rosenzüchter und Romantiker wie Vita ignorieren diese Fehler und sehen nur die makellosen Blüten. Doch wenn Bedingungen, Schnitt und Erziehung perfekt sind, können die Nachteile der alten Rosen weitgehend überwunden werden.

❧

Man kann alle Rosen zur Bildung blühender Seitentriebe anregen, indem man ihre Triebe so horizontal wie möglich anbindet. In Sissinghurst erreicht man das durch zwei Methoden: Entweder die Triebe werden spiralig um drei oder vier aufrechte Stangen erzogen oder über Kuppeln aus Zweigen, die mit kräftigen gebogenen Haselruten verankert sind. Durch diese beiden Grundformen erhält die Bepflanzung mehr Struktur und Einheitlichkeit.

Jack Vass führte die Verwendung von Haselruten aus Cliveden ein, wo er vorher gearbeitet hatte. Seine Nachfolgerinnen haben die Methode später sehr verfeinert. Als Pam und Sibylle 1959 anfingen, wurde nur eine Sorte, die Remontantrose »Ulrich Brunner fils«, auf diese Weise erzogen, während die meisten Rosen an aufrechten Stangen wuchsen.

Als Vita in einem Zeitungsartikel diese Methode erwähnte, beschrieb sie im Grunde das traditionelle Niederbinden der Remontantrosen zur Schaffung eines flachen Beetes. Der niedrige reifenförmige Busch, der dabei herauskam, überzeugte sie nicht sehr; er erinnere sie an einen Hummertopf, sagte sie und klagte, wenn Jack Vass mit Schneiden und Binden fertig sei, sehe der Rosengarten aus wie ein Fischereihafen. Pam und Sibylle formten mit der abgewandelten Technik dichter bekleidete Büsche unterschiedlicher Höhe. Die Rosen vorn in den Beeten wurden kuppelförmig erzogen, so daß die hinteren besser sichtbar und die Formen im Verhältnis zueinander ausgewogener wurden.

Die Gärtner hatten Mühe, geeignete Haselreiser für die Bögen aufzutreiben, bis eigens zu diesem Zweck ein Haselwäldchen gepflanzt wurde. Doch auch dort wachsen die geraden, unverzweigten, 2 bis 3 m langen Stangen, die für diese Methode ideal sind, nur an den schattigeren Stellen. Die Enden der Stange werden mit einer Hippe angespitzt und das dickere Ende durch Biegen geschmeidiger gemacht, bis das ganze Reis sich zu einem perfekten Bogen krümmen läßt. Die beiden Bogenenden werden senkrecht fest in den Boden gerammt.

Zum Befestigen der Rosen an die Stangen oder Bögen wickelt man ein grünes Bindegarn einmal um den Trieb und zweimal um die Stange, damit

DER ROSENGARTEN 51

der Knoten nicht rutscht. Die Knoten können ziemlich fest sein, weil sie nur wenige Jahre halten und die Rosentriebe in der Zeit nur geringfügig dikker werden. Ursprünglich wurde jeder Rosensproß an einen eigenen Bogen gebunden, aber heute werden viel weniger Bögen genommen und die Kuppeln aus den Rosensprossen selbst gebaut. Weil im Innern neue Triebe wachsen, sollte die Kuppel oben relativ locker sein, damit Licht hineinkommt. Die Kuppeln sind unterschiedlich hoch, wobei die Gärtner lieber die Rosen mit sich neigenden Köpfen wie »Mme. Lauriol de Barny« höher ziehen, damit man die Blüten besser sieht.

Bei der Hocherziehung werden drei oder vier Kastanienstangen in einer Dreiecks- oder Rautenform in den Boden gesteckt, die mit der Spitze, nicht mit der Seite zum nächsten Weg zeigt. Die Höhe der Stangen und der Abstand zwischen ihnen richtet sich nach der Sorte und der gewünschten Form. Außer starkwüchsigen Sorten wie »Ispahan« und »Königin von Dänemark« werden auch recht kleine Kulturformen wie *Rosa gallica* »Versicolor« hochgebunden. Die Buschrosen und ein paar der Strauchsorten (»Leda«, »Nuits de Young«, *R. gallica* var. *officinalis*) sind so klein, daß sie keine Stützen brauchen.

Die Bögen werden jedes Jahr ausgetauscht, aber die aufrechten Stangen nicht immer; wenn sie einen kräftigen Tritt aushalten, bleiben sie auf ein weiteres Jahr stehen. Manchmal reicht es, eine einzelne Stange zu ersetzen, und nur alle zwei oder drei Jahre müssen die Rosen losgebunden und alle Stützen gewechselt werden. Die Rosen werden deshalb nicht gerade aufgebunden, mit einem Büschel oben am Schluß, weil das nicht die Bildung blühender Seitentriebe am ganzen Strauch fördern würde. Statt dessen werden die Sprosse in Spiralen um die Stützen geführt und gelegentlich einer oder zwei zur Abdeckung obendrüber. Rosen mit reichlichen späten Trieben wie »Magenta« und die Moschata-Hybride »Pax« muß man eventuell vor der zweiten Blüte im Herbst anbinden.

Das Stützen, Schneiden und Neuerziehen muß im frühen Winter beendet sein; dann kann die durch das Herumgehen beim Schneiden verdichtete Erde gelockert und ohne störende freie Rosentriebe mit dem Pflanzen begonnen werden. Das widerspricht der herkömmlichen Annahme, frühes Schneiden führe zu saftigen jungen Trieben, die Frostschäden bekommen könnten; damit hatten die Gärtner nie Probleme. Alles tote und schwache alte Holz und die spindligen Jungtriebe werden abgeschnitten und die übrigen Sprosse eingekürzt. Anders als die Strauchrosen werden Teehybriden und Chinarosen meistens im Frühling geschnitten, da besonders die Chinarosen nicht so winterhart sind. Die Gärtner bemühen sich stets um ein Gleichgewicht zwischen der Bildung von blühendem Holz und verjüngenden Trieben und schneiden dazu einen Teil des alten Holzes am Fuß weg. Dadurch sind viele der von Vita vor fast 60 Jahren gepflanzten Rosen immer noch kräftig und reichblühend. Sorten wie z.B. »Zéphirine Drouhin« treiben eine solche Vielzahl neuer Ruten, daß fast alle Vorjahrstriebe weggeschnitten werden können.

Trotz der Erfolge mit dem Verjüngungsschnitt geht ab und zu ein alter Busch verloren und muß ersetzt werden. Die Gärtner achten darauf, den neuen nicht an denselben Platz zu setzen, und stellen zwei oder drei Nachbargruppen um, ohne jedoch die Beziehungen zwischen den Pflanzen zu verändern. Dennoch müssen sie manchmal zur Vermeidung von Umpflanzerkrankungen den Boden, in den Rosen kommen sollen, mit Dazomet sterilisieren. Dieses Präparat darf nur von Berufsgärtnern angewendet werden; der Laie muß statt dessen die alte Erde mindestens zwei Spaten tief (45 cm) durch neue ersetzen, in der keine Rosen gewachsen sind.

ॐ

Als Pam und Sibylle in Sissinghurst anfingen, wurden die Rosen nicht gemulcht. Vita kaufte ein paar Säcke Hopfentreber und war entsetzt, als die Gärtner sie alle unter den Rosenkuppeln verbrauchten, vielleicht weil sie den Mulch nicht sah und deshalb meinte, er tue keine Wirkung. Aber gerade hier, wo der Boden am ausgemergeltsten und das Unkraut am schlechtesten zu erreichen war, nützte er am meisten. Die Gärtner sahen den Nutzen im verbesserten Wurzelwerk der Rosen, das früher spärlich und holzig gewesen war, während sich jetzt der humusreiche Oberboden mit einer Masse neuer Wurzelfasern füllte. Mit den Jahren wurde mehr Mulch verwendet. Der Hopfentreber war nicht ideal, denn er war farblich zu hell, wurde zu leicht von Vögeln verstreut und verknappte und verteuerte sich später. Einige Jahre lang wurde hochklassiger abgelagerter Rindenhäcksel genommem, den Sarah Cook in Gehölzen immer noch benutzt, aber zwischen einer traditionellen Misch- oder Staudenbepflanzung in einem historischen Rahmen unangebracht findet. In diesen Bereichen nehmen die Gärtner heute im Garten bereiteten Kompost. Gedüngt werden die Rosen mit einer Mischung aus zwei Teilen Kieserit und einem Teil Kali, auf keinen Fall erhalten sie zuviel Stickstoff. Dieser Dünger und der Mulch verbessern ihre Wuchskraft, Krankheitsresistenz und Blühbereitschaft außerordentlich.

In einem Garten, wo Rosen so im Vordergrund stehen, dürfen sie nicht durch Mehltau verunstaltet werden oder durch Rost oder Sternrußtau die

Blick zum Durchgang in den Oberen Hof. Rosa »Adam Messerich« entfaltet im Frühsommer herrlichen Flor und blüht danach noch öfter. Aufgrund ihrer komplizierten Abstammung wird sie von manchen nicht wie üblich als Bourbonrose, sondern als Strauchrose klassifiziert. Sie bietet sich zur Hocherziehung an Stangen an. Das leuchtende Geranium psilostemon harmoniert mit ihrem Rosarot, während die schwefelgelbe Achillea »Anthea« kontrastiert. Die Strobilanthen (unter der Geranie) tragen von Spätsommer bis Herbst blauviolette Blüten. Dahinter schimmert das riesige Federgras Stipa gigantea.

52 DER ROSENGARTEN

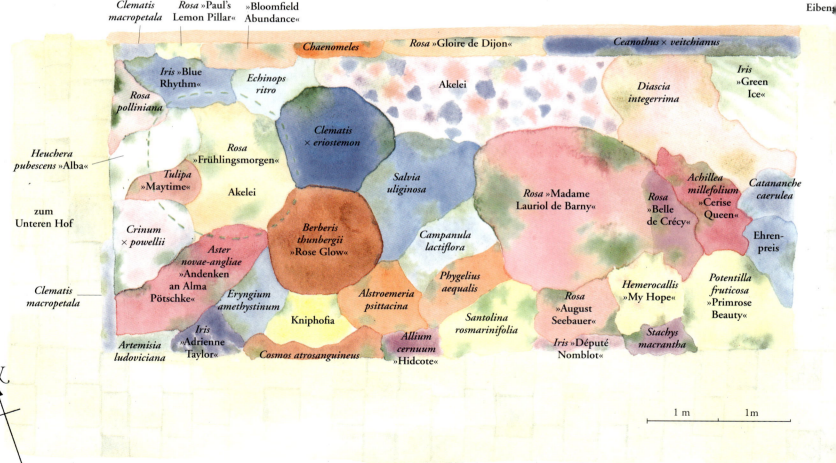

54 DER ROSENGARTEN

VON LINKS NACH RECHTS
»Alice Hindley« ist einer von mehreren Bartfäden im Rosengarten, die den Flor über den Sommer bis in den Herbst ausdehnen. In der Langen Rabatte reibt sich Allium christophii *an der Bourbonrose »Prince Charles«. An der Mauer mit Westaspekt neben der Bank wird die Jackmanii-Clematis »Mme. Grangé« von horizontalen Drähten gehalten. Blüten der* Clematis »Perle d'Azur« *und Blätter der* Vitis vinifera »Purpurea« *drapieren sich mit gewohnter Eleganz an die Powys-Mauer. Im Herbst werden die seidigen Wuschelköpfe von* Pennisetum villosum *leicht braunstichig, dazu der Lavendelton von* Caryopteris × clandonensis.

PLAN *Sehr unterschiedlich große Gruppen kennzeichnen diese Bepflanzung: Kleinere Pflanzen wie Diascia, Phlox und Akelei wachsen hinten im Beet als Füller zwischen Rosen und Mauerpflanzen. Wie viele der alten Rosen im Garten werden auch »Mme. Lauriol de Barny« und »La Ville de Bruxelles« in Dreiergruppen gepflanzt und wirken so voller und großzügiger, wobei die drei manchmal auch zu einem einzigen Busch verbunden werden.*

DER ROSENGARTEN 55

Blätter verlieren. Das einzige wirksame Abwehrmittel gegen solche Krankheiten, für die Sissinghursts geschützte Gartenräume eine gute Brutstätte sind, sind sparsam eingesetzte Pestizide. Gegen Pilzbefall wird gewöhnlich alle 14 Tage mit periodisch wechselnden Mitteln gespritzt, damit die Erreger nicht resistent werden. 1994 war ein schwieriges Jahr, weil es im späten Frühjahr fast täglich regnete, man nicht spritzen konnte und daher ernste Probleme mit Sternrußtau bekam.

❧

Auch in der Wahl der Stauden, die die Räume zwischen den Rosen füllen, drückt sich Vitas Pflanzstil aus. Ein paar Gattungen, Lilien etwa, geben den Ton an. 1948 wählte Harold sie als Kontrast zu den dunklen Hecken des Rondells, neben dem reichlich verwendeten *Lilium regale* auch *LL. auratum, martagon* und *lancifolium* (syn. *tigrinum*). Die Lilien verlängerten nach der Glanzzeit der Rosen und vor der magersten Zeit dieses Gartens seinen Flor um ein paar kostbare Hochsommerwochen. »Der August«, klagte Vita, »ist hier immer ein schlechter Monat – im September und Oktober wird es wieder besser.«

Als Jack Vass 1957 ging, kam für ihn Ronald Platt, ein bedeutender Lilienfachmann. Eine seiner selbstgezüchteten Sorten, »Red Max«, war von der Royal Horticultural Society prämiert worden, und auf der Lilienschau der Gesellschaft im Juli 1959 stellte er *LL. nepalense* und *lankongense* aus Sissinghurst aus. Wie Vita zog auch Platt gern Lilien in Töpfen, und diese kamen während seiner Zeit in Sissinghurst besonders zu Ehren, doch als er ging, waren die Lilien aus allen Beeten des Rosengartens verschwunden. Die Gärtner haben mit den Jahren viele Lilien nachgepflanzt, doch die meisten Sorten waren nach zwei oder drei Jahren am Ende, von wenigen Ausnahmen wie der aprikosenfarbenen »Attila« abgesehen.

Einen auffallenden Kontrast zur dunklen Eibe des Rondells bildeten mindestens seit den 50er Jahren auch helle, hohe Steppenkerzen, die jedoch nicht mehr gedeihen, wahrscheinlich, meint Sarah Cook, wegen Bodenmüdigkeit. Sie kauft deshalb jedes Jahr fünf große Wurzeln, damit für ein eindrucksvolles Schauspiel immer genug da sind.

Harold und Vita liebten beide Pfingstrosen, auch wenn sie ursprünglich nicht zur Bepflanzung des Rosengartens gehörten. Ein Beet mit etlichen Sorten *Paeonia lactiflora* im Obstgarten wollte nicht geraten, wohl wegen des hohen Grundwasserspiegels und des sauren Bodens. Vita bat Pam und Sibylle, sie in das Beet südwestlich des Rondells umzusetzen, wo einige noch heute gedeihen. Vita hatte auch verschiedene Baumpäonien in Delos, eine schillernde Mischung aus Lachs- und Karminrot, Braunrot und Rosé. Die Gärtner setzten eine leuchtende rosa Sorte in den Rosengarten, wo sie alljährlich neben der Statue am Ostende der Gartenachse eine kurze Glanzzeit genießt. Wie die alten Rosen muß sie geschnitten werden, damit sie nicht hoch aufschießt, sondern neu von der Basis austreibt und gesund und blühfreudig bleibt. Man muß sie an Stöcke binden, um das Gewicht der Blüten zu stützen und im Winter Schneeschaden abzuwenden.

Die Iris war von Anfang an eine wichtige Begleitpflanze der Rosen. Im Juni 1949 schrieb Vita über sie:

»Ich bin keine blinde Anhängerin der ›verbesserten‹ modernen Blumen … Doch müssen die Russell-Lupinen und die Schwertlilien ausgenommen werden. Jeder kennt und pflanzt Lupinen, aber nicht jeder hat wohl die außerordentliche Pracht der Iris erkannt. Da ihre Blütezeit in den Juni fällt, möchte ich heute an ihre Schönheit und ihre vielen Vorzüge erinnern. Ihre Schönheit ist unbestritten. Kein noch so weich fallender Samt, oder sagen wir, höchstens ein solcher Samt kann sich mit ihr messen. Und was will man mehr von einer Blume sagen? Sie erinnert an Samt, Stiefmütterchen, Wein – alles was man will, das Struktur und Farbe besitzt.«

Von 1959 an vermehrten die Gärtner die Palette der Irissorten mit einigen rahmgelben, um die Bepflanzung lebendiger zu machen. Auch Alan Blooms blaß schwefelgelbe *Achillea* »Anthea« ist zu diesem Zweck dazugekommen, ferner Schwertlilien wie »Benton Nigel« von Sir Cedric Morris und einige der hervorragenden halbhohen Sorten von John Taylor. Einige ältere Kulturformen werden wegen ihres Blütenreichtums und Dufts geschätzt, darunter die von Harold eingeführte »Shannopin« in Braunrot und hellem Bernsteingelb und die duftige malvenfarbene »London Pride«. Die Gruppen müssen selten völlig neu gepflanzt werden und bleiben durch regelmäßige Entfernung der erschöpften älteren Teile des Rhizoms kräftig. Weil Schwertlilien meistens vorn im Beet gepflanzt werden, wo die Blütenstengel leicht abzuknicken sind, muß man jede mit einem gespaltenen Bambusstab stützen. Auch andere Sorten wie die blaue *I. setosa* sind vertreten.

Überbleibsel aus Harolds und Vitas Zeit sind außerdem rosa und weiße Japan-Anemonen, beliebt wegen ihrer späten Blüten, Nelken und *Alchemilla mollis*, deren Grüngelb einen aparten Kontrast zu rosa und violetten Rosen bildet. Die Amethysttöne des Zierlauchs spielen heute eine größere Rolle als zu Harolds und Vitas Zeit, als es nur *Allium cernuum* und *A. christophii* gab, und ihre Farben harmonieren perfekt mit den Rosen. Letzteres empfahl sich den Gärtnern zu häufigerer Verwendung, als einmal zufällig ein Samenköpfchen unter die Anemonen fiel. Die Allium-Sämlinge gediehen, und da das junge Laub der Anemonen die sterbenden Allium-Blätter verbarg, erwies sich die Kombination als ideal und wird bei der Neupflanzung von Anemonen bewußt hergestellt, auch wenn sich der Zierlauch zu dicht aussäen kann und hin und wieder reduziert werden muß. *Allium aflatunense* als Zusatz zur späten Frühlingsblüte hat sich bestens bewährt, auch wenn seine hohen Blätter nicht so leicht zu verbergen sind;

Der Blick nach Westen die Lange Rabatte entlang zur schönsten Blütezeit des Rosengartens: Allium cernuum *»Hidcote« und* Eryngium giganteum *füllen den Platz zwischen den Rosen;* Rosa nutkana *»Plena« verbirgt die Rabatte dahinter und regt damit die Neugier an; ihre überhängenden Ranken schützen* Viola cornuta *in Mauve und Weiß vor vorbeigehenden Füßen, so daß sie sich vorschieben und die Wegkante weicher machen kann. Wenn man große Pflanzen wie diese Rose und die gegenüber vorne ins Beet pflanzt, gibt das dem Garten ein reicheres und großzügigeres Erscheinungsbild. Zwei hohe Madonnenlilien im Vordergrund sind die einzigen Überlebenden einer größeren Gruppe; die Basisblätter der Lilie, die mit ihrem Aufblühen absterben, sind von den rundherum wachsenden Pflanzen verborgen. Vita liebte Madonnenlilien, aber sie wollten bei ihr nicht recht gedeihen. Ein Vorhang aus hübschem Feigenlaub an der Mauer hinten bildet einen einfachen, aber wirksamen Hintergrund für die unzähligen Blumen.*

GEGENÜBER OBEN *Im Beet südwestlich des Rondells leuchten die Trauben von* Digitalis purpurea *f.* albiflora *und* D.p. *»Sutton's Apricot« vor* Sambucus nigra *»Guincho Purple« und der rahmweißen Moschata-Hybride »Pax«. Diese glückliche Verbindung, eine Idee der Gärtner, ist völlig im Geiste von Vitas Bepflanzung.*

GEGENÜBER UNTEN *Nordöstlich des Rondells schimmern die weißen Fahnen der süß duftenden Lupine »Blue Jacket« zwischen den dunkelvioletten Schiffchen. Die Blüten der einfachen aprikosenfarbenen Teehybride »Mrs. Oakley Fisher« entfalten sich aus eleganten Knospen und geben einen perfekten Kontrast.*

OBEN LINKS *Abermals im Beet nordöstlich des Rondells harmoniert* Lilium *»Attila«, eine der beständigsten Sorten, mit der Rose »Mrs. Oakley Fisher« dahinter, deren erste Blüte fast vorbei ist.* Arctotis *»Apricot« wird unter Glas überwintert, um im späten Frühling als Nachfolgerin der Stiefmütterchen ausgepflanzt zu werden.*

OBEN RECHTS *»Shannopin«, von Harold angeschafft, ist eine von vielen Schwertlilien, die man traditionell als Kontrast zu Rosen nimmt. Diese alte Sorte hat anmutige Hängeblätter, die allerdings bei vielen modernen Hybriden fehlen. Die gespaltenen Bambusstäbe sind kaum zu erkennen.*

DER ROSENGARTEN 59

wenn man keine großblättrigen Pflanzen wie Funkien zum Überdecken hat, muß das Laub bei Beginn der Blüte entfernt werden.

Vielleicht die magischste Pflanzenzusammenstellung im Rosengarten ist jüngeren Datums. Seit den 60er Jahren werden Besucher mit Fingerhut ans andere Ende des Gartens gelockt, aber die Kombination von weißen und aprikosengelben Sorten mit den rötlich angehauchten Blüten und dunkelbronzenen Blättern des Holunders *Sambucus nigra* »Guincho Purple« ist relativ neu. Pam und Sibylle förderten mit ihrem Schnitt seine Blatt-, nicht die Blütenbildung, aber Sarah schneidet jedes Jahr ein Drittel der Triebe aus und erhält damit ein gutes Laubwerk, aber auch eine reiche Blüte am zwei- oder dreijährigen Holz. Die Fingerhüte sind insofern schwierig, als ihre Nachfolger für die Spätsommerblüte gepflanzt sein müssen, bevor sie ausgeblüht haben. Pam und Sibylle ließen zwischen den Fingerhüten genügend Abstand, um enzianblaue *Salvia cacaliifolia* und silbernes *Helichrysum petiolare* dazwischenzupflanzen. Sarah hat sich für mehr Effekt entschieden. Sie pflanzt so viele Fingerhüte, daß kein Zwischenraum bleibt, aber nimmt alle sofort heraus, wenn ihr Höhepunkt vorbei ist, und ersetzt sie durch Silber und Saphir.

Vita und Harold hatten sich offenbar damit abgefunden, daß es hier nach der Rosenzeit nicht mehr viel zu sehen gab. In einem Garten nur für die Familie und wenige Besucher war ein solcher Defätismus verzeihlich, zumal es in Harolds und Vitas Zeit, als es noch keine Pflanzeneinkaufsführer gab, nicht leicht war, die raren erstklassigen Sorten zu finden. Pam und Sibylle hingegen wollten erklärtermaßen die Besucher erfreuen, die in der Mehrzahl im Spätsommer kamen, wenn der Rosengarten öde aussah. Obwohl sie darauf achteten, den Charakter jedes Bereichs zu bewahren, suchten sie ständig nach geeigneten schönen Sorten, von denen sie jedes Jahr ein paar ausprobierten und die besten in den festen Bestand aufnahmen. Storchschnabel, Katzenminze und Glockenblumen erwiesen sich alle als wertvolle und harmonische Rosenbegleiter. Vor allem aber gewannen von den 60er Jahren an bedingt winterharte Stauden wie Salvien ihrer langen Blüte und prächtigen Wirkung wegen immer mehr Bedeutung. Auch ein paar Einjährige wie *Nicotiana* »Lime Green« bieten sich wegen ihres späten Flors an.

Zu den winterharten Stauden kamen Agapanthus-Sorten wie »Loch Hope« und »Ardernei Hybrid« dazu, und völlige neue Hybriden wie *Geranium × riversleaianum* »Mavis Simpson« mit rosa Seidenblüten gelangten bald nach ihrer Züchtung hierher. Die Gärtner teilten Vitas Vorurteil gegen Herbstastern nicht, denn in den späten 50er und frühen 60er Jahren wurden viele exzellente neue Sorten von *Aster novi-belgii* eingeführt, die sich durch ihre späte Blüte empfehlen und zum Teil noch immer in Sissinghurst

wachsen, vor allem die kleineren. An anderen Arten kamen etwa *Aster × frikartii* und der lebhaft karminrote *Aster novae-angliae* »Andenken an Alma Pötschke« dazu. Blüten des letzteren verkümmern jedoch mitunter, wenn sie aufgehen. Schuld daran kann Wassermangel oder die Weichhautmilbe sein, ein häufiger Asternschädling, der Blütenmißbildungen bewirkt.

Wie die Astern eignen sich auch Herbstzeitlose wie *Colchicum byzantinum*, *C. speciosum* und *C.* »Conquest« dafür, die Blütezeit in den Herbst hinein auszudehnen. Sie sind allerdings nicht unproblematisch: Blattlos, wie sie sind, können ihre dichten Blütensträuße auf kahlem Boden unschön und nackt aussehen, vor allem wenn sie von Schnecken angefressen oder mit Erde bespritzt sind. Um das zu verhindern, kann man sie durch Bodendecker wie Günsel oder, wie am Fuß der Powys-Mauer, durch die untersten Blätter der *Vitis vinifera* »Purpurea« hindurchwachsen lassen. Eine andere nacktblühende Zwiebelpflanze, *Amaryllis belladonna*, wollte in der Rabatte am Fuß der Mauer nicht gedeihen, weil die Zwiebeln in ihrem Schatten nicht die Sommerhitze bekommen, die sie für eine schöne Blüte brauchen.

Bei einigen von Vitas Sträuchern wie Dipelta, Kolkwitzia und verschiedenen Deutzien fraßen Vögel regelmäßig die Knospen ab, so daß sie mit der Zeit ausgetauscht werden mußten. Ein guter Ersatz waren etwa Strauchmalven (*Lavatera* »Rosea« und *L.* »Barnsley«) und *Buddleja davidii* »Dartmoor«.

GEGENÜBER *Im Erstfrühling schiebt sich* Scilla siberica *durch die Randbepflanzung mit* Waldsteinia ternata. *Zwei Bleiurnen flankieren die Lutyens-Bank im Bogen der Powys-Mauer. An der Mauer sieht man das Gerüst der Weintriebe, die Clematis wurden hier fast bis zum Boden zurückgeschnitten.*

OBEN *Vom Rondell aus gesehen wird die* Clematis »Perle d'Azur« *beim Verblühen der Rosen zum Prunkstück des Rosengartens. Giebel und Schornsteine des Gutshauses lugen über die Mauer. Es enttäuscht vielleicht, daß die Urnen von Rosen verdeckt werden, doch wenn man diese zurückdrängen würde, wäre der Eindruck des Überschwangs dahin, den Vita so liebte.*

Die Buddleja bekommt riesige Blütenrispen von bis zu 30 cm Länge, durch deren Gewicht der Strauch auseinanderfallen kann, vor allem nach Regen. Starkes Zurückschneiden bis auf etwa 30 cm jedes Frühjahr aktiviert die kräftigsten Triebe, die später, nach ungefähr zwei Dritteln ihres Wachstums, zur gegenseitigen Stützung aneinander gebunden werden.

Zu Vitas Zeit hatte der Rosengarten viel mehr kleine Bäume, von denen zwölf in der Mitte in einer Reihe stehende *Malus × purpurea* »Eleyi« wohl am unbefriedigendsten waren. In den 60er Jahren waren sie überaltert und kränklich geworden, zudem beeinträchtigte ihr Schatten die Rosen. Es gab

DER ROSENGARTEN 61

Nach Osten zu wird der Mittelweg durch die Ziegeleinfassung anheimelnder, während die fernen Pappeln willkommene Akzente setzen. Junge Felsenbirnen lugen zwischen den Rosen hervor, aber haben noch nicht die erforderliche Höhe. Haselruten dienen als vorübergehende Absperrung zum Schutz des abgetretenen Grases vor der Statue.

zwei große *Prunus × subhirtella* »Autumnalis« im Beet an der südwestlichen Ecke des Gartens, die die Pflanzen an der Powys-Mauer beschatteten, eine große Paulownie südwestlich des Rondells und je ein Paar Pappeln und Zypressen als Abschluß der Achse vom Weißen Garten. Die Pappeln hatte Harold als Stecklinge in seinem Kulturbeutel aus Fez mitgebracht. So attraktiv sie in jungen Jahren gewesen sein mögen, gaben so viele ältere Bäume den Rosen doch wenig Raum zu Entfaltung. Als die Bäume nach und nach an natürlichen Ursachen starben, wurden sie nicht betrauert. »Jedesmal erkannten wir wieder den Wert des Lichts«, erklärte Pam Schwerdt. »Sobald etwas abtritt, macht sich etwas anderes breit und sagt: ›Wunderbar!‹«

Dennoch brauchte man kleine Bäume, die dem Garten Höhe und Fülle verliehen. Auf Graham Thomas' Anregung hin wurden die Zieräpfel durch etliche *Prunus* »Okumiyako« ersetzt, die aber wie so viele von Vitas Sträuchern eingingen, weil die Vögel Blüten und Schößlinge abfraßen. Drei Paare *Sorbus cashmiriana* kamen als nächste, aber bekamen Baumkrebs, zum Teil wohl wegen des hohen Grundwasserspiegels im ganzen Garten. Sarah Cook hat entlang der Achse des Rosengartens *Amelanchier lamarckii* gepflanzt, deren lockerer Blütenhimmel die Rosen darunter eigentlich nicht stören dürfte, doch die ebenfalls den Vögeln ausgeliefert sein werden.

Wenn Vita ihren Garten als »ein Durcheinander von Rosen und Geißblatt, Feigen und Wein« beschreibt, dann zeigt das, wie wichtig ihr großzügig bepflanzte Mauern waren. Sie liebte Feigen wegen ihres Mittelmeerflairs und ihrer köstlichen Früchte, aber da die Wurzeln sich ungehindert ausdehnen durften, wuchsen sie stark und fruchteten wenig. Die vier Feigenbäume der Langen Rabatte (ein Geschenk Lady Sackvilles nach ihrem Umzug von Streatham nach Brighton) überragten die Mauer bei weitem und füllten den direkt am Haus gelegenen Teil ganz aus. Vita meinte, es müsse etwas geschehen. Um ihr das Gemetzel zu ersparen, warteten die Gärtner mit dem Schneiden, bis sie und Harold auf eine Kreuzfahrt gegangen waren. Nach einer Woche Sägen lag der Rosengarten voller Feigenäste. Die übrigen geschmeidigen jungen Triebe wurden an die Mauer gebunden, wo sie einen schönen Blättervorhang bildeten und viel mehr Platz in der Rabatte ließen.

Obwohl Feigen den Frost in Kent meist aushalten, machte ihnen der Winter von 1985 den Garaus. Die Spitzen der Triebe nehmen mehr Schaden, wenn sie dicht an die Mauer gebunden sind, deshalb werden neue Triebe bis Mitte Frühling weder beschnitten noch angebunden. Nach Erfahrung der Gärtner geht es anderen empfindlichen Mauerpflanzen wie *Solanum crispum* ähnlich, so daß auch sie erst dann geschnitten und erzogen werden.

Zu Vitas Zeit enthielt der Rosengarten keine anderen Clematissorten als eine *C.* »Jackmannii«, die in einem der Beete an Stangen wuchs, und eine große *C. montana* var. *rubens* an der Mauer der Langen Rabatte, über die von der anderen Seite *C. montana* var. *wilsonii* geklettert kam. Nach Pams und Sibylles Ansicht waren Clematis Mitte des Jahrhunderts bei den Gärtnern schlechter angesehen und die besten Sorten schwerer zu finden. Trotz ihrer Beliebtheit in der viktorianischen Zeit fanden sie im frühen 20. Jahrhundert nur in William Robinsons Gärtner Ernest Markham einen bedeutenden Fürsprecher; Christopher Lloyd war noch nicht auf den Plan getreten.

Die Gärtner, die ihren Wert als Spätblüher erkannten, pflanzten weitere Sorten an die Mauern (*CC.* »Comtesse de Bouchad«, »Xerxes«, »Etoile Rose« und »Etoile Violette«) und ließen einige an Pyramiden ranken (*CC.* × *eriostemon*, »Ville de Lyon« und »Victoria«). *C.* × *eriostemon* ist nicht selbstkletternd und muß oft angebunden werden. »Ville de Lyon« und »Victoria« wurden jeweils an ihrer Pyramide erzogen, aber durften auf die Rosen daneben übergreifen. Diese Verbindung war jedoch nicht unkompliziert, denn die Clematis schlangen sich um Rosensprosse, die beim Köpfen welker Blüten entfernt werden mußten. Doch die spektakulärste Clematisbepflanzung im ganzen Garten sind fünf »Perle d'Azur« am Bogen der Powys-Mauer.

Als 1969 das Bodenniveau im Bogen um 15 cm angehoben wurde, nutzten die Gärtner die Gelegenheit, die heruntergekommenen Spalierobstbäume an der Mauer zu ersetzen, und zwar durch *Parthenocissus henryana* als Hintergrund zur Bank, je einen Ceanothus symmetrisch beiderseits des Bogens und eine *Vitis* »Brant« auf der Schattenseite, mit einem Purpurblättrigen Wein gegenüber auf der Sonnenseite. Der Ceanothus wollte im Schatten nicht gedeihen, und »Brant« entfaltete nicht ihre jährliche herbstliche Farbenpracht. Die Gärtner nahmen beide heraus und setzten dafür *Clematis* »Perle d'Azur« an den Mittelteil der Mauer, wo sie in Verbindung mit dem Wein zur herrlichen Krönung des Rosengartens geworden sind. Die Clematis werden jedes Jahr im Spätherbst kräftig zurückgeschnitten und im Mai und Juni ungefähr alle zehn Tage über die Mauer geführt und festgebunden.

Die Weine werden zur gleichen Zeit wie die Clematis gekürzt, gemäß der Regel von Beatrix Havergal aus Waterperry »bis zur besten Knospe von unten«, vor Weihnachten; später würden die Wunden bluten und den Wein schwächen. Der Wilde Wein *Parthenocissus henryana* stellt viel weniger Ansprüche und wird nicht zurückgeschnitten, sondern nur ausgeglichen.

Seit ihren Arbeitsantritt 1959 haben Pam und Sibylle viele bedeutende Veränderungen vorgenommen und damit langsam, aber sicher das Gesicht des Rosengartens verschönert. Mit vielen neuen Pflanzen wurde die Saison

Allium aflatunense beiderseits des Weges zur Pflanzschule; Töpfe mit der alten Pelargonie »Lord Bute« stehen neben und hinter der Pforte. Sie ist eine der wenigen Edelpelargonien, die in Südengland gut im Freiland gezogen werden können.

ohne Unterbrechung vom Frühlingsende bis zur Herbstmitte ausgedehnt; Graswege, die den vielen tausend Füßen nicht mehr standhielten, wurden mit Ziegeln oder Yorkstein belegt, fast sämtliche Hecken wurden erneuert.

Zu Harolds und Vitas Zeit war die einzige Oberfläche mit Belag im Rosengarten der Yorksteinweg vor der Langen Rabatte. Die Ost-West-Achse und die Querwege hatten Rasendecken, die in den 60er Jahren im Schatten der Bäume und Hecken kaum mehr wuchsen und von den Besuchern abgetreten waren; die immer breiter werdenden Hecken konzentrierten den Schaden. Zweimal wurde versucht, den Rasen nach der Schließung zum Jahresende wiederherzustellen, aber ohne Erfolg: Als der Garten wieder öffnete, hielt das neue Gras der Abnutzung nicht stand. Außerdem zerstörte die unverhältnismäßige Breite der Buchshecken und des Eibenrondells Harolds klassische Proportionen; breite Hecken verengten die Ausblicke und die Gänge, verschmälerten die Beete und überschatteten und bedrängten die Rosen und anderen Pflanzen. Drastische Maßnahmen waren geboten.

DER ROSENGARTEN 63

1967, kurz nach der Übernahme durch den National Trust, begann die Neuanlage der Hecken. Die Buchshecken waren in einem unschönen Winkel gepflanzt und hatten außen stark zugelegt, so daß die Mitte zu schwach war, um nach dem Rückschnitt nachzuwachsen. Nach einem Jahr waren alle durch Pflanzen ersetzt, die man aus 1962 genommenen Stecklingen gezogen hatte, zuerst in der östlichen, dann in der westlichen Hälfte.

1976 wurde die Rondellhecke außen zurückgeschnitten. Bis 1981 war sie so weit nachgewachsen, daß die Innenseite drankommen konnte; in der Höhe wurde sie um 23 cm unter dem Normalmaß zurückgenommen. So wurde ein breiter Streifen um den zentralen Rasen frei, so daß im Frühjahr 1981 ein Ziegelrand von 75 cm für die Fußgänger gelegt werden konnte, der die Abnutzung des Rasens auf ein erträgliches Maß verringerte. Die Eiben waren nicht vollkommen im Kreis gepflanzt worden und hatten in den ersten Jahren zu rasch in die Höhe schießen dürfen und deshalb keinen richtigen Leitast ausgebildet. Es dauerte einige Zeit, bis man mit dem Schnitt der neuen Triebe Unregelmäßigkeiten verbergen und völlige Symmetrie herstellen konnte. An den Fuß der Eiben wurde Eichenfarn (*Gymnocarpium dryopteris*) und graugrün gestreiftes *Ornithogalum nutans* gepflanzt, eine dezent schöne Verbindung, die nicht von der klassischen Einfachheit des Rondells ablenkt.

Durch die Neupflanzung der Buchshecken wurden die Wege in ihrer vollen Breite wieder freigelegt und das abfallende Niveau an Ziegelstufen kenntlich. 1968-69 wurde die Westhälfte des Rosengartens gepflastert: Auf die Querwege kamen in die Mitte alte Pflasterziegel in einem griechischen Bandmuster, mit hochkant gestellten Läufern an den Rändern. Ein solcher Aufwand wäre ohne Unterstützung des Trust kaum möglich gewesen, zumal die meisten anderen Wege im Garten neu belegt werden mußten. Daß die neuen Wege und Hecken sich fast unmerklich einfügten, bewies im folgenden Frühjahr zur stillen Belustigung der Gärtner das Urteil der ersten Besucherin: »Ich habe diese Wege schon immer gemocht.« Den Hauptweg des Rosengartens fand man auf der Westseite zu breit, um nur mit Ziegelbelag ansprechend auszusehen, und pflasterte ihn daher mit Yorkplatten und hochkant gestellten Ziegeln am Rand. Yorkstein allein hätte monoton und zu breit gewirkt, und nur Ziegel hätten den Breitenunterschied zwischen dem Weg hier und auf der Ostseite hinter dem Rondell noch betont. Mehrere Jahre später wurde der östliche Querweg gepflastert. Der Grasbelag des Achsenweges wurde in dieser Gartenhälfte wenig betreten und konnte gelassen werden, nur wo der Querweg ihn kreuzte, mußte man leider pflastern.

Die Erde, die für das Pflaster abgetragen werden mußte, ließ sich zum Niveauausgleich andernorts im Garten verwenden, vor allem für die durch den Bogen der Powys-Mauer geschaffene kleine Terrasse. Der Rasen dort war 15 cm niedriger als die Mauereinfassung gewesen; einmal auf gleiche Höhe gebracht, wuchs er besser und wurde sowohl schöner als auch mähfreundlicher. Weiter vereinfacht wurde das Mähen, indem man die Stell-

fläche der Lutyens-Bank pflasterte, die dort den Schlußakzent setzt. Als die alte Bank aus Lady Sackvilles Brightoner Garten ausgetauscht werden mußte, ölte und beizte man die neue nicht, damit sie schön silbrig ergraute. Die Bänke im Garten sind alle nicht geölt, weil das Holz dadurch klebrig wird und eine schwärzliche Farbe annimmt, die zum Blickefangen schlecht taugt.

Auch um andere Hecken mußte man sich kümmern. Die hohe, breite Stechpalmenhecke am Südrand des Gartens ließ in ihrem Schatten nicht viel gedeihen. Die Fliedersträucher hier, die Vita als Schößlinge aus Hidcote geholt hatte, standen zu dicht und schattig, wurden regelmäßig von Vögeln geplündert und blühten kaum. Die Gärtner schnitten die Stechpalmenhecke zurück und nahmen einen Teil heraus, so daß der Blick auf die große Eiche und die Landschaft dahinter frei wurde. Damit zog man Besucher an diesen Rand des Gartens, so daß es woanders weniger Gedränge gab und man um die Eiche eine Bank aufstellen konnte. Nahebei pflanzte man Prestoniae-Fliederhybriden, deren elegante späte Blütenrispen von den Vögeln verschont bleiben, aber nicht den Duft des gewöhnlichen Flieders haben. Das Beet hinter der Eiche wurde mit einem ganzen Schwung *Symphoricarpos × chenaultii* gesäumt, einer hübschen Schneebeere, deren frisches grünes Laub einen schönen Übergang zu den fernen Wäldern und Feldern bildet.

Mit der Entfernung der Feldhecke im Bauerngarten entstand hinter der Bank am Ostende der Langen Rabatte eine Lücke, die mit Eiben bepflanzt wurde. Als diese höher wurden, entstand eine Debatte darüber, ob ein Durchblick in den Bauerngarten bleiben sollte. Die bei einer breiteren Öffnung herüberleuchtenden Farben hätten sich mit denen im Rosengarten gebissen; auf der anderen Heckenseite wären die Rosen mit den Sonnenuntergangsfarben ähnlich in Konflikt geraten. Graham Thomas schlug ein Guckloch in der Hecke vor, durch das man vom Rosengarten aus nur gelbe Azaleen und Glockenhyazinthen sehen würde; die Gärtner pflanzten *Crambe cordifolia* gleichsam als weißen Schleier, auf den man vom Bauerngarten aus blickte. Dies schien ein kluger Kompromiß zu sein, mit dem das Ende des Weges an der Langen Rabatte einen stärkeren Akzent bekam als die Lutyens-Bank und der Besucher in den Bauerngarten gelockt wurde.

Nigel Nicolson war anderer Meinung, was das Guckloch betraf. Er überlegte, ob es seinen Eltern gefallen hätte, und fand, es beeinträchtige die »Aufeinanderfolge von Abgeschiedenheiten«, die sie so liebten, und verringere die Überraschung beim Betreten des Bauerngartens. Vita und Harold hätten nicht von einem Garten in den nächsten gucken mögen, ein solches Arrangement wäre ihnen zu raffiniert gewesen. Ihr Geschmack muß immer respektiert werden, denn dies ist ihr Garten und muß es immer bleiben – und deshalb läßt man jetzt das Guckloch von Eibentrieben zuwachsen.

Der Garten schließt Mitte Oktober, 14 Tage eher als viele andere Gärten des National Trust, so daß mehr Zeit für die Herbst- und Winterarbeiten bleibt. Winterharte Kletterpflanzen an den Mauern werden zuerst geschnit-

64 DER ROSENGARTEN

ten, geführt und angebunden, damit bei der weiteren Bepflanzung kein Verkehr von Füßen und Leitern mehr stört. Dann kommen die bedingt winterharten Pflanzen heraus – so haben die Gärtner Stehfläche zwischen den kostbaren Pflanzen. Das Stützen, Schneiden und Anbinden der Strauchrosen ist die nächste Aufgabe, die mit etwas Glück zur Jahreswende abgeschlossen ist.

Die Pflege des Rosengartens ist sehr arbeitsintensiv. Wo man neu pflanzt, wird tüchtig umgegraben. Beim Durcharbeiten der Beete ist häufiges Betreten nicht zu vermeiden, wodurch sich die feinen Partikel von Sissinghursts Erde leicht verdichten; der Boden muß hinterher mit einer Gabel gelockert werden. Gut verrotteter Kompost wird zum Mulchen benutzt. Der Humus vom Mulch verbessert die Bodenstruktur, verringert Verdichtungsprobleme und sorgt mit für mineralische Nährstoffe. Die Gärtner setzen alle Pflanzen ein, die vor dem Frühling mehrere Monate zum Eingewöhnen brauchen, und häufig sind diese in der Pflanzschule angezogen wurden. Die Rosengartenbeete bilden die weitaus größte bepflanzte Fläche des Gartens.

Im Frühling wird in alle Beete ein ausgewogener Volldünger ausgebracht, dessen Zusammensetzung sich ab und zu ändert, damit der Boden nicht einseitig überversorgt wird. Trotzdem gibt es immer wieder Anzeichen von Manganvergiftung, eine häufige, wenn auch oft nicht erkannte Gefahr in sauren Böden oder solchen, die etwa durch Kali reich an metallischen Ionen sind. Sissinghursts Böden haben so unterschiedliche pH-Werte (von sehr sauer bis stark alkalisch in Bereichen, wo Kalkmörtel von den Mauern hinzukommt), daß eine einheitliche Düngung sehr problematisch wäre.

☙

Nirgends ist der Charakter von Vitas Bepflanzung deutlicher als im Rosengarten, der nichts von seiner Üppigkeit und den Farben, die sie liebte, verloren hat. Seit ihrem Tod sind viele Begleitpflanzen hinzugekommen, so daß er vor und nach der Rosenblüte fast so bezaubernd ist wie währenddessen. Dank der Bemühungen des National Trust und der Gärtner ist Harolds strenge Geometrie wiedergewonnen und das Wesen des Gartens deutlich herausgearbeitet worden. So können wir alle nach knapp 60 Jahren Harolds und Vitas Vision in nahezu perfektem Zustand bewundern.

Zur Frühlingsbepflanzung braucht man für eindrucksvolle Korrespondenzen zwischen den Pflanzen große Gruppen in mehreren Farben. Am Eingang zum Rosengarten vom Unteren Hof aus beginnen die Tulpen »Clara Butt« und »Maytime«, Stiefmütterchen, Clematis alpina *»Ruby« und* Berberis thunbergii *»Rose Glow« mit der von Frühling bis Herbst durchgehaltenen Farbgestaltung der Langen Rabatte. Silbrige* Artemisia ludoviciana *mildert die Wegkante.*

Am Eingang zum Rosengarten kaschiert das runde Ende des Lindengangs den schiefen Achsenstoß. Die Säule der Bacchantin ist auf Ziegel gestellt worden, damit die Statue imposanter wirkt und vom Weißen Garten aus in voller Höhe zu sehen ist. Die Enden der Eibenhecken sind vollkommen vertikal.

Der Lindengang

Der Lindengang (Lime Walk) ist der einzige von Sissinghursts Gartenräumen, den Harold allein bepflanzt hat – »mein Lebenswerk« nannte er ihn. Er blüht als erster Hauptbereich des Gartens, doch seine feste, einfache Architektur erfreut auch dann noch, wenn die Zwiebeln ausgeblüht haben.

Harold erkannte 1932, daß sein Plan einer einzigen großen Achse durch den Rosengarten (damals der Küchengarten), den Bauerngarten und den Nußgarten durch das Gelände selbst vereitelt wurde. Enttäuscht von der Tatsache, daß eine solche Achse nicht zur bestehenden Ordnung paßte und den Bauerngarten schräg durchschnitten hätte, schrieb er, eben dies sei »so lästig an Sissinghurst. Es ist großartig, aber ständig falschwinklig.«

Seine Lösung bestand aus einer Achse, die außerhalb des Rosen- wie des Bauerngartens verlief und sich schnurgerade in den Nußbaumreihen fortsetzte. 1936 wurde eine Spalierallee mit Holländischen Linden gepflanzt und der Weg dazwischen mit Betonplatten in rötlichen, grünlichen und gelblichen Tönen gepflastert, die später verblichen und natursteinähnlicher wurden. Die Linde war keine ideale Wahl: Sie bekommt viele unschöne Schößlinge, vor allem unten, deren regelmäßige Entfernung viel Arbeit macht. Im Sommer war darunter alles mit schwärzlichem Schimmel überzogen, der auf dem von der Lindenblattlaus ausgeschiedenen süßen Honigtau wächst.

Wie weit Harolds Lebenswerk beim Ausbruch des Zweiten Weltkriegs gediehen war, weiß man nicht. In den Kriegsjahren, in denen die Gärtner in der Armee dienten und Harolds parlamentarische Pflichten riefen, ging es bergab. Als Harold mit Kriegsende seinen Parlamentssitz verlor, beschloß er, sich darauf zu konzentrieren, die Bepflanzung des Gangs zu verbessern. In Merkbüchern, die er von 1946 bis 1962 führte, trug er die Pflanzen auf beiden Seiten ein und hielt fest, was gelungen war, was nicht und was in den nächsten Monaten zum besseren Gelingen zu tun war. Auch das Problem, daß die Zwiebeln zur Pflanzzeit nicht sichtbar sind, war damit gelöst. Da keine Schildchen benutzt wurden, wäre es ohne genauen Plan und eine detaillierte Aufstellung der zu leistenden Arbeit fast unmöglich gewesen, Lücken zu schließen, Farbabstimmungen zu korrigieren, zu dichte Gruppen umzusetzen und Pflanzen zu reduzieren, die zu groß geworden waren.

Die Merkbücher sind ein anrührendes Dokument, das Triumphe und Niederlagen gleichermaßen verzeichnet und Veränderungen der Bepflanzung zeigt.

»12 Anemomen Blue Bonnet gepflanzt. Aber nicht gekommen!!«

»Ziemlich langweiliger Abschnitt – beleben.«

»Nichts für Scharbockskraut. Ausgraben & neu pflanzen mit Primeln.«

»Die Tulpen haben die falsche Farbe – austauschen.«

»Die alte Geschichte – Primeln in Mengen, aber winzig und blütenlos.«

»Sehr schlechter Abschnitt. Völlig umgraben & mit gelben Osterglocken füllen. (Keine Tulpen).« [Darunter die spätere Notiz: »Neu gemacht & 100 Bandoeng-Tulpen gepflanzt.«]

Von Vitas Einfluß ist wenig zu merken, allerdings gibt es einen Eintrag mit der Überschrift »Große Erinnerung für 1955«:

»Mar [Lady Sackvilles Name für Vita] sagt, & zwar zu Recht, daß die St. Bavo [Anemonen] weitgehend über den schraffierten Teil ausgedehnt werden müssen, wo jetzt gemeine Anemonen sind.«

Den Anemonen, von Harold im Tausend bestellt und später von Pam und Sibylle gepflanzt, kam die wichtige Aufgabe zu, mit ihrem Rot die ungefähr gleichen Mengen Blau und Gelb aufzuwiegen. Aufgelockert durch Weiß und Creme waren die Primärfarben gegenüber Purpur-, Malven- und Orangetönen immer vorherrschend. Für das Rot sorgen heute Tulpen und Cowichan-Primeln, doch man vermißt den Charme und die Mittelmeerassoziationen der einfacheren Anemonen wie *A. × fulgens* und *A. pavonina* var. *ocellata*.

❧

In den ersten Jahrzehnten des Gangs dienten Sträucher wie Forsythien, Ginster und Rugosarosen dazu, hinten in den Rabatten Masse zu geben. Als Pam und Sibylle 1959 in Sissinghurst anfingen, waren nur noch *Cytisus × praecox* und *Prunus tenella* übrig. Der kurzlebige Ginster wurde nicht ersetzt, als er einging, und auffälligere *Prunus tenella* »Fire Hill« kamen für die unscheinbarere Art und blieben die einzigen Sträucher. Es ist schwer zu sagen, ob Harold die Sträucher verschwinden lassen wollte, doch ohne sie hat man einen schönen freien Blick über die ganze Rabatte. Das hat den Vorteil, daß die einfache Architektur des Gangs mit ihrer rhythmischen Wiederholung von Lindenstämmen und Terrakottatöpfen betont wird.

Harold nahm benannte Primeln wie »Wanda«, »Guinevere« und »E.R. Janes«, ferner einige der gefüllten Sorten, die er genauso wie Vita mochte. Einige kamen von ihrem Nachbar »Cherry« Collingwood Ingram, vielleicht auch die immer noch vorhandene »Ingram's Blue«. Die meisten Primeln hatten kein grelles orangegelbes Auge; auch Pam und Sibylle mieden solche Sorten und nahmen lieber solche, die leicht aus dem Samen zu ziehen waren wie die Cowichan-Hybriden mit ihren samtigen Blüten und dunklen Blättern.

Harold hielt *Narcissus* »Beryl«, eine der ersten Cyclamineus-Hybriden, für eine große Kostbarkeit und hielt fest, sie solle für 1956 gepflanzt werden. Die sahneweiße »Thalia« war noch eine der wenigen zwergwüchsigen Hybriden, die er bekommen konnte, wenn auch Arten wie *NN. asturiensis, bulbocodium* und *triandrus* viel benutzt und oft aufgefüllt wurden. Vita liebte auch kleinblütige Narzissen wie »Charity May« und »Jenny«, die ihr der Züchter Cyril Coleman geschenkt hatte, der »Cyclamineus-König«. Sie wurden als Zimmerpflanzen in Töpfen gezogen und kamen erst nach Harolds Tod in den Gang. Pam und Sibylle pflanzten auch die frühblühenden Cyclamineus-Hybriden »Peeping Tom« und »February Gold«, obwohl beide meist schon vor den ersten Besuchern im Frühling anfingen zu blühen.

Trompetennarzissen gab es von Anfang an reichlich. Zugegeben, im Vergleich zu anderen großblütigen Sorten wirken solche wie »Fortune« oder »Carlton« grob, obwohl sie zweifellos zuverlässig und farbenfroh sind. Das hielt Vita nicht davon ab, sie im April 1953 in ihrer Kolumne im *Observer* zu loben. »Mrs. R.O. Backhouse«, die erste populäre Sorte mit rosa Trompeten, wurde von ihr 1951 als sehr gut bezeichnet, und zur ursprünglichen Bepflanzung gehörten auch einige altmodische Gefüllte wie *N. poeticus* »Plenus« und *N. × odorus* »Double Campernelle«.

Harold scheint von den alten Floristenblumen angetan gewesen zu sein, für die sich Bekannte wie Sacherevell Sitwell und Wilfrid Blunt nach langer Vernachlässigung einsetzten. Aurikeln gehörten dazu und waren stets im Gang vertreten. Gestreifte Tulpen wie »James Wild«, »Habit de Noce«, »Absalom« und Rembrandt-Varietäten wuchsen laut Merkbüchern in Töpfen, drei Dutzend in jedem. Sie müssen ein erstaunliches Schauspiel geboten haben, zumal es heute schwer wäre, genug von diesen Sorten zu finden, um auch nur je einen Topf damit zu füllen. Die altniederländischen Blumenbilder waren zweifellos ein Einfluß. Die meisten ihrer Blumen waren im Garten zu finden: Mohn, Rosen, Schöterich, Tulpen, Narzissen, Anemonen und viele andere. In ihrem Gedicht *The Garden* schrieb Vita von der »aberwitzig vollgepackten« Leinwand des Niederländers und von Tulpen, die bezauberten »Van Huysum und den kauzigen Breughel, / Und Rachel Ruysch, so fein, so mußevoll, / Daß nur zwei Bilder sieben Jahre brauchten«.

Ab 1960 enthalten die Merkbücher weniger Analysen und Einträge über benötigte Pflanzen. Offensichtlich versah Harold sein Lebenswerk nicht mehr so gewissenhaft, denn bei vielen der skizzierten Abschnitte steht nur »ziemlich dünn« oder »unschöne Lücke« daneben und kein Hinweis, was zur Behebung des Mangels zu tun sei. In den 50er Jahren waren viele der kurzlebigeren Pflanzen wie Anemonen, Tulpen und Primeln verschwunden, andere Kostbarkeiten waren auf ein oder zwei Zwiebeln geschrumpft. Alpenpflanzen wie Arabis, Enzian, Zwerg-Iris, Phlox und schöne Kulturformen von Pulsatilla, die alle regelmäßiger Neupflanzung oder sonstiger Spezialpflege bedürfen, waren verschwunden.

DER LINDENGANG 67

Zu den spätesten Tulpen gehört die langblühende »Red Shine«, die mit weißen Vergißmeinnicht im Topf ganz rechts zu sehen ist. Die Lindenspieße treiben früh Blätter; würde man die jährlichen Jungtriebe bis auf die Stummel zurückschneiden, kämen die Blätter erst, wenn die Blumen verblüht wären. Euphorbia polychroma »Major« ist jetzt die beherrschende Pflanze des Gangs, zu der E. characias subsp. wulfenii in den hohen Töpfen an beiden Enden ein farbliches Echo bildet. Die Mitte des Gangs ist mit abständig gesetzten Yorksteinplatten in wechselnden Größen gepflastert. Harolds Betonplatten mit ihren heute verwitterten Farben sind vom Hauptweg, den sie früher deckten, an die Seiten umgelegt worden. Die Hainbuchen für die Hecken wurden in der Pflanzschule zur vollen Höhe gezogen und erst dann ausgepflanzt. Die Hecken schließen an beiden hinteren Enden mit einer Wiederkehr ab, ein Vorschlag von Graham Thomas, um den Gang einzufassen und vom Nußgarten dahinter zu trennen. Von einer der Wiederkehren ist ganz am Ende rechts ein wenig zu sehen. Sie wurden am Westende des Gangs nicht wiederholt, wo sie die schief aufeinanderstoßenden Achsen betont und das Apsisbeet, einen integralen Bestandteil des Ganzen, vom Korpus des Gangs abgespalten hätten.

DER LINDENGANG 69

In ihren ersten Jahren in Sissinghurst hielten sich Pam und Sibylle mit Veränderungen an einem Gartenteil zurück, der so sehr Harold gehörte, und sahen nur darauf, daß alles tipptopp war und die spärlichsten Pflanzen mehr wurden. Harolds Gärtner Sidney Neve jätete jede Woche zwei Tage im Lindengang Unkraut. Mulchen war untersagt, und weil mit dem Unkraut auch Erde weggenommen wurde, lagen die Zwiebeln bald entblößt da.

Nach Harolds Tod 1968 wurden größere Veränderungen vorgenommen. Die Hainbuchenhecken, die inzwischen die Rabatten zu schmalen Streifen zusammengedrückt hatten, wurden auf die Hauptäste zurückgeschnitten; die Töpfe, die im Schatten der honigtautriefenden Linden gestanden hatten, wurden auf Anregung von Graham Thomas an die Rabatten gestellt, wo sie besser zur Geltung kamen und schöner blühten. In einer gründlichen Umpflanzaktion wurden zu dichte oder zu große Gruppen verkleinert, zu kleine vergrößert und die Farben besser abgestimmt, so daß jede Gruppe mit den benachbarten harmonierte, obwohl die Bepflanzung genau wie heute fast jede Farbe des Regenbogens enthielt. Alljährliches Mulchen wurde zur Routine, wodurch viel weniger Unkraut zu jäten war.

Pam und Sibylle dachten sich eine neue Planzmethode für den Gang aus, nach der heute noch verfahren wird. Zwiebeln für neue oder vermehrungsbedürftige Gruppen werden in 9-cm-Töpfe oder 12,5-cm-Schalen gesteckt, in einen offenen Kulturkasten gestellt und 7,5 cm hoch mit Rindenmulch bedeckt. Wenn die Zwiebeln im Gang spitzen, können sie ohne Gefahr ausgepflanzt werden. Durch die Verwendung von Töpfen und Schalen verschiedener Größe mit unterschiedlich vielen Zwiebeln darin (eine bis vier bei größeren, bis zu acht bei kleineren Sorten) läßt sich die Form der Gruppe verändern und mit ungleicher Dichte ein aufgelockerterer Eindruck erzielen.

Mit zunehmendem Alter wurden die Holländischen Linden pflegeaufwendiger. Die Basistriebe, die fast das ganze Beet um jeden Baum einnahmen, verdrängten die Frühlingsblumen und mußten mehrmals im Jahr weggeschnitten werden. Die Lindenstämme hatten eine Neigung bekommen; knorrige Äste wichen stark von der Horizontalen ab. Das Pflaster war gefährlich uneben, die Platten am Rand hatten sich in die Rabatte geschoben und den Pflanzbereich weiter verengt. Die Hainbuchenhecken waren abermals auf Kosten der Rabatten dick geworden. Energische Schritte waren nötig: Pam und Sibylle planten einen Generalangriff auf alle unschönen Aspekte des Gangs. Sie rechneten mit einer chaotischen Zeit, die aber kurz ausfallen würde, wenn man alles auf einmal in Ordnung brachte. Zur Entfernung der Linden würde man das Pflaster abdecken und nach der Neuverlegung die Ränder der Rabatten und die Beete um die Bäume neu bepflanzen müssen. Die Hainbuchenhecken müßten ein zweites Mal zurückgeschnitten werden, wodurch hinten in den Rabatten Platz für weitere Neupflanzungen entstünde.

Als Alternative zur Holländischen Linde fiel die Wahl auf *Tilia × euchlora;* keine Wurzelschößlinge, glänzende Blätter, mäßigeres Austreiben und Resistenz gegen Blattläuse waren die Kriterien. Setzlinge wurden gekauft und für die geplante Anpflanzung 1972 in der Pflanzschule erzogen. Doch das Budget mußte für dringendere Projekte wie Dachreparaturen verwendet werden, so daß bis 1976 keine Mittel verfügbar waren. Die alten Bäume wurden im August entfernt und das neue Pflaster auf eine Stahlbetonbasis gelegt, damit die Baumwurzeln es nicht hochdrückten. An den Seiten ließ man Pflanzgruben für die inzwischen recht großen neuen Linden offen, die im Frühjahr 1977 gesetzt werden sollten; die Gruben gestatteten es auch, in Pflasterlücken entlang der Baumreihen Zwiebeln zu pflanzen. Der Sommer 1977 war sehr trocken, nur wenige Linden überlebten die Umsetzung. Dennoch legten die Gärtner im Herbst unbeirrt entlang der Gruben ein Drainagesystem unters Pflaster und machten sich daran, die Bäume zu ersetzen.

Da jedoch andere Gärten etliche wichtige Alleen mit *Tilia × euchlora* durch bakterielle Schleimflußerkrankungen verloren hatten, riet der Trust, diesmal statt dessen *T. platyphyllos* »Rubra« zu setzen. Sie ist etwas plumper als *T. × euchlora,* aber weniger krankheitsanfällig, allerdings müssen die Gärtner auf Raupen achten, die den ganzen Gang in einigen Tagen entlauben könnten. Man band junge Bäume an aufrechte Pfähle und spannte horizontale Drähte, den untersten 2,20 m hoch, um daran die Etagen der Spaliere zu ziehen. Die äußersten Pfähle wurden vom Nußgarten und vom Rosengarten aus mit Spanndrähten befestigt. Am Anfang wurden im Sommer die Seitenäste und im Winter die Leitäste eingekürzt, um die Ausdehnung zu fördern. Um zur Seitentriebbildung anzuregen, mußte überall, wo ein horizontaler Draht war, etwas eingekerbt werden. Wo Seitenäste von benachbarten Bäumen sich trafen, wurde einer dem anderen seitlich eingespitzt. Für das fertige Astgerüst sahen Pam und Sibylle einen Winter- und einen Sommerschnitt vor, um die Seitenäste zu kräftigen und dem Höhenwachstum der Hauptstämme entgegenzuwirken. Doch nach Sarah Cooks Erfahrung gibt es, wenn man mit dem Schneiden bis Mitte August wartet, gar nicht so viele Johannistriebe und ist kein jährlicher Winterschnitt erforderlich, nur die Spieße muß man gelegentlich reduzieren, damit die Linden nicht zu breit werden.

So viele Zwiebelpflanzen blühen in den Primärfarben, daß man zum Ausgleich eine gute Menge Blumen in Weiß und Creme braucht. Weiße Narzissen, Schachbrettblumen, Buschwindröschen und Erythronium *»White Beauty« erfüllen diesen Zweck, während die stolzen Kaiserkronen kräftige gelbe oder orange Akzente dazwischen setzen. Die kleineren Pflanzen wie Hundszähne und viele blaue Traubenhyazinthen und Blausterne dienen als Hintergrund für höhere Tulpen und Osterglocken und die einzigen noch übrigen Sträucher der Beete, die tiefrosa* Prunus tenella *»Fire Hill«. Gelbrandige Primeln erinnern an die altmodischen Blumen, die Harold mochte, während rosa Glockenhyazinthen und* Primula sieboldii *den Flor in den späten Frühling ausdehnen.*

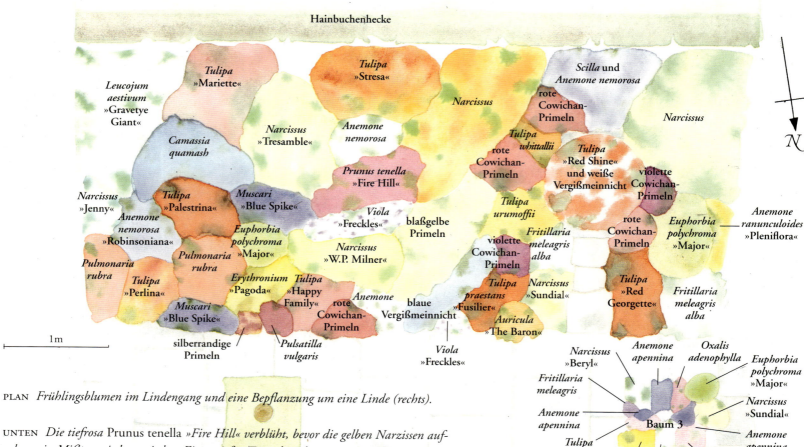

PLAN *Frühlingsblumen im Lindengang und eine Bepflanzung um eine Linde (rechts).*

UNTEN *Die tiefrosa* Prunus tenella *»Fire Hill« verblüht, bevor die gelben Narzissen aufgehen; ein Mißton wird vermieden. Einen tiefen Ton geben die satten Cowichan-Primeln unter den vielen hellen Zwiebelpflanzen.*

RECHTS *Das Füllen eines breiten, offenen Gangs mit Zwiebelpflanzen hat den Nachteil, daß sie so klein sind, eine notwendige Folge ihrer kurzen Wachstumsperiode, in der sie die Frühjahrsfeuchtigkeit vor der Sommerdürre maximal nutzen müssen. Die Linden machen diesen Mangel mit ihrer künstlichen Architektur wett, die diesen beeindruckenden Gartenraum in eine lange Galerie mit Bildern der buntesten Frühlingsblumen gliedert. Ohne die Bäume könnte das breite Yorksteinpflaster monoton wirken. Vom Schatten der Linden gezeichnet, mit glänzender Oberfläche nach einem Frühlingsregen, wird der Weg zu einem wichtigen gestalterischen Element.*

72 DER LINDENGANG

Die Spieße der verflochtenen Linden sind verzweigt genug, um dichte und reichliche Triebe zu bilden. Die horizontalen Äste sind an den Spitzen auf die des Nachbarbaumes gepfropft, was größere Festigkeit verleiht.

Neben den Hauptzielen, das Pflaster sicher und stabil zu machen und die Linden zu ersetzen, wurden weitere Vorteile erreicht: Der Gang, der von einem Buckel nahe des Eingangs zum Bauerngarten nach beiden Enden hin leicht abfiel, wurde auf eine Höhe gebracht; zwei schlecht plazierte Bäume, einer mitten im Durchgang zum Bauerngarten, der andere vor dem Durchgang zum Feld, konnten verschwinden und alle Abstände so reguliert werden, daß kein Lindenstamm einen wichtigen Zugang versperrt; die unterste Astetage der neuen Linden war jetzt reichlich über Kopfhöhe; die Statue der Bacchantin wurde auf einen höheren Sockel gestellt und dadurch eindrucksvoller; und die Hainbuchenhecke auf der Feldseite durfte 30 cm höher werden, um mit der Hecke auf der Bauerngartenseite übereinzustimmen. Die Betonplatten wurden in der ganzen Mitte des Gangs durch strapazierfähigen, schönen Yorkstein ersetzt und kamen an die Außenränder. Graham Thomas schlug Hainbuchenvorsprünge vor, um den Gang am Nußgartenende deutlicher abzuschließen; sie wurden im Küchengarten bis zur endgültigen Höhe gezogen und wirkten sich sofort auf das Gesamtbild aus.

In die Terrakottatöpfe kommen im Frühling Vergißmeinnicht und lilienblütige Tulpen, beliebt wegen ihres kürzeren Wuchses und weniger förmlichen Aussehens. Meistens wird die Tulpe »Red Shine« gepflanzt, deren späte Blüten sich bis zu einem Monat halten, gelegentlich auch die gelbe »West Point«. Tulpenzwiebeln für Töpfe und Beete müssen vor dem Pflanzen gegen das Tulpenfeuer (*Botrytis tulipae*) mit einem Fungizid behandelt werden, manchmal spritzt man auch noch die sich entfaltenden Blätter.

Sommerpflanzen für die Töpfe waren ein Problem: Sie mußten von allen Seiten hübsch aussehen. Pflanzen, die immer zum Licht hin wuchsen, was bei denen auf der Feldseite zur Hecke hin hieß, kamen nicht in Frage. Kapuzinerkresse, Geranien und *Helichrysum petiolare* waren alle Fehlschläge. Anfang der 70er Jahre, bevor sie allgemein als Beetpflanzen benutzt wurden, probierte man mit Erfolg Fleißige Lieschen aus, die gleichmäßig an der Sonnen- wie an der Schattenseite wachsen. Die Größe ist wichtig: »Orange Imp« erwies sich als ideal, und seit ihrem Verschwinden hat sich die Blitz-Serie bewährt. Leider wird sie wohl bald nicht mehr erhältlich sein, und die zwergwüchsigen Sorten, die statt dessen angeboten werden, sind zu klein.

Wenn die Zwiebeln spitzen und man sieht, wo sie sind, werden die Lücken mit neuen Zwiebeln und anderen Pflanzen gefüllt, um im Vorjahr bemerkte Mängel zu beseitigen. Am schönsten sind die Rabatten in den sechs Wochen von Mitte bis Ende Frühling, für deren letzte Phase, bevor die Blumen des Nußgartens übergreifen, Glockenhyazinthen und *Euphorbia polychroma* besonders wertvoll sind. Sarah Cook hofft, daß durch das Einsetzen von Stauden wie Lungenkraut, die nicht mehr von Vögeln abgefressen werden, die Bepflanzung nicht »zu sehr wie ein Zwiebelpflanzenkatalog« wirkt.

Solange die Zwiebeln blühen, ist wöchentliches Kappen des Verblühten und Unkrautrupfen hilfreich; bei gutem Mulch ist die Unkrautbekämpfung leicht, nur muß man die Tulpen manchmal mit Schneckenkorn schützen. Kranke Zwiebeln werden entfernt, solange sie zu sehen sind, und die Maßnahmen fürs nächste Jahr werden überlegt. Unterdessen werden die Fleißigen Lieschen für die Töpfe aus Mitte Frühling gesäten Samen unter Glas angezogen. Dann folgt eine Zeit, in der man das Grün absterben lassen muß.

Sobald die Zwiebeln verblüht sind, werden neue Zwiebeln und andere Pflanzen bestellt, um Lücken zu schließen, Farbabstimmungen zu ändern und Schwächen des alten Flors zu beheben. Osterglocken und Anemonen werden gleich nach Erhalt eingetopft, damit sie nicht austrocknen, Tulpen und andere Zwiebeln erst Mitte Herbst. Die Töpfe werden dann bis zum Auspflanzen im Frühling mit Rindenmulch zugedeckt. Sobald im Frühsommer das Zwiebelgrün abgestorben ist, können die Rabatten geschnitten und geräumt werden; nur Stauden wie Wolfsmilch bleiben stehen. Die Hainbuchenhecken werden gestutzt, die Töpfe mit Fleißigen Lieschen bepflanzt. Der frühe Heckenschnitt hat den Nachteil, daß man später im Jahr noch einmal die Jungtriebe schneiden muß, doch er erlaubt den Besuchern, die exakte Architektur des Gangs zu genießen; der zweite Schnitt ist schnell getan.

Wenn im Sommer der Austrieb der Linden vorbei ist, werden sie geschnitten. Danach gibt es nur noch wenige Sommerarbeiten außer gelegent-

Im Hochsommer werden die neuen Lindentriebe bis auf die Spieße zurückgeschnitten und liegen am Boden, bis sie aufgesammelt werden. Durch große Töpfe mit Impatiens *der Blitz-Serie erhält der Gang ein rhythmisches Farbmuster; ihr Wachstum und Blütenkleid sind an beiden sonnigen Seiten völlig gleich. Die modernen Zwergformen der Fleißigen Lieschen wären zu klein, um hier wirkungsvoll zur Geltung zu kommen.*

lichem, von der Mulchdecke erleichtertem Hacken, mit dem man aufhören muß, wenn im Spätsommer die Blätter der Traubenhyazinthen erscheinen. Wenn der Garten schließt, bekommen die Hecken den zweiten Schnitt, die Stauden werden zurückgeschnitten und die Rabatten mit Knochenmehl bestreut und mit Rindenhäcksel gemulcht.

Manchmal wird ein Beetteil etwa von Narzissenälchen, Viren oder Tulpenfeuer befallen und muß dann im Spätsommer ausgeräumt, mit Dazomet sterilisiert und neu bepflanzt werden. Damit die Dazometdämpfe in die Erde gehen, wird Folie ausgelegt, die man mit Rindenmulch zudeckt, damit es besser aussieht. Im Frühling nimmt man die Folie ab, läßt die Dämpfe entweichen und bepflanzt das Beet, damit keine Saison ohne Flor bleibt.

☙

Es ist schwer zu sagen, was Harold zu seinem »Lebenswerk« inspirierte: Die Art, wie es eine überschwengliche Frühlingsblumenpracht in einen festen architektonischen Rahmen einfügt, ist hochoriginell. Gewiß hatten Gärtner um die Jahrhundertwende genau das gleiche Blumenspektrum benutzt, wie etwa dem Buch *Spring Flowers at Belvoir Castle* von W. H. Divers (1909) zu entnehmen ist, aber in einer formalistischen Beetgestaltung, die Harold und Vita nicht zugesagt hätte. In Gertrude Jekylls Frühlingsgarten in Munstead scheint es Ähnliches gegeben zu haben, und Nigel Nicolson glaubt an einen Einfluß von italienischen Renaissancegemälden wie Botticellis *Primavera*. Direkt vergleichbare Anlagen gibt es jedoch wenige. Die Beete an der Bu-

chenallee im niederländischen Keukenhof, ein Kunterbunt von Zwiebeln in Verbindung mit dem Strukturelement der Bäume, sind zu neu (1949), um Harolds Werk beeinflußt zu haben, und zu alt, um davon beeinflußt worden zu sein. Verwunderlich ist auch, daß im Gegensatz zum Rosengarten, Bauerngarten und Weißen Garten der Lindengang kaum je nachgeahmt wurde, obwohl er tausende von Besuchern erfreut und inspiriert hat. Dies mag daran liegen, daß moderne Gärtner nur ungern für eine einzige Saison pflanzen.

Harolds und Vitas Liebe zu Frühlingsblumen ist leicht zu verstehen. Ihre frische Farbenpracht kündigt nach dem trostlosen Winter die neue Gartensaison an. Der reiche Teppich des Lindengangs – mit Tulpen aus der Türkei, Kaiserkronen aus Persien, *Clematis alpina* aus den Dolomiten, Anemonen vom Mittelmeer – beschwor Orte herauf, die sie liebten, und muß viele glückliche Erinnerungen zurückgebracht haben.

Wahrscheinlich hat kein anderer Bereich des Gartens seit der Zeit der Nicolsons so viele Verbesserungen erfahren. Manche fanden die alten Unzulänglichkeiten des Lindengangs liebenswert. Doch seit Sissinghurst aus einem privatem zu einem öffentlichen Garten geworden ist, besteht die Erwartung der Vollkommenheit. Dieser Konflikt zwischen öffentlich und privat, dilettantisch und professionell, Bewahrung und Erneuerung erschwert Entscheidungen; keine Lösung wird alle zufriedenstellen. Hätten die Veränderungen Harold und Vita gefallen? Harold hätte wahrscheinlich aus ganzem Herzen zugestimmt, Vita könnte Vorbehalte gehabt haben. Vielleicht sollten wir nicht so kleinlich sein. Was zählt, ist das Fortleben des Gartens.

Der Bauerngarten

Vita und Harold hatten beide ihr Schlafzimmer im South Cottage. Hier begann und endete jeder Gartentag in Sissinghurst. Der Name Bauerngarten (Cottage Garden) ist irreführend. Das Spektrum der Pflanzen geht weit über das traditioneller Gärten hinaus, wie etwa Helen Allingham sie gemalt hat. Es gibt empfindliche Exoten, Ingwerlilien, Salvien und Canna und das markante Laub von Kreuzkraut und Germer. Die Blüten sind auf die Sonnenuntergangsfarben Orange, Rot und Gelb beschränkt, gewählter als die übliche bunte Bauernmischung. Der Flor beginnt früh mit Schöterich und Tulpen und endet mit herbstlichen Gold- und Rosttönen und leuchtenden Dahlien.

Harold und Vita nannten den Bauerngarten »unser Privatgärtchen«, die innerste und innigste von Sissinghursts »Abgeschiedenheiten«, wie Harold zu sagen pflegte. Ihm wird oft nachgesagt, die Farbkomposition des Gartens aus Orange, Rot und Gelb erfunden zu haben. Doch in einem Artikel von 1955 nahm Vita diese Ehre für sich in Anspruch. Er sei, schrieb sie,

»… ein Wirrwarr von Blumen, aber alle im Spektrum der Farben, die man in einem Sonnenuntergang finden kann. Ich nannte ihn schon für mich den Sonnenuntergangsgarten, bevor ich überhaupt anfing, ihn anzupflanzen.«

Im selben Artikel nannte Vita ihren Sonnenuntergangsgarten »einen typischen Bauerngarten«. Viele glaubten ihr und meinten, sie sei der Aufforderung des großen Gärtners William Robinson gefolgt, nach traditioneller Bauernart zu pflanzen. Das war reine Phantasie: Es war ebenso sehr ein Bauerngarten, wie Marie-Antoinette eine Bäuerin war. Die sorgfältig arrangierten Farben bewegten sich zumeist im Bereich von Orange bis Scharlachrot, der bei den traditionellen Pflanzen des Bauerngartens eher selten ist. Selbst von einer typischen Gattung wie Akelei oder Iris wurden stets die neuesten und besten Sorten gewählt, die farblich durchaus nicht traditionell und zumeist Neuzüchtungen der letzten Jahrzehnte waren.

Man vergißt leicht, daß langspornige Akeleihybriden erst ungefähr zur Zeit von Harolds und Vitas Trauung 1913 in britischen Gärten auftauchten; Helianthemum-Sorten, im Bauerngarten häufig vorn im Beet zu finden, waren noch relativ selten und erreichten den Gipfel ihrer Beliebtheit erst in den 20er Jahren; Schwertlilien in klaren Gelb-, Bernstein- und Aprikosentönen kamen erst viel später. Solche Pflanzen sind keineswegs altmodisch oder bieder. Zwar waren und sind die Pflanzen bunt gemischt, aber nicht so kunstlos und mechanisch wie im normalen Bauerngarten, dessen Pflanzen im Weißen und im Rosengarten viel zahlreicher vertreten sind.

In letzter Zeit ist die Mischung durch Beigabe markanter belaubter Exoten und empfindlicher Pflanzen noch unbäuerlicher geworden, blüht aber dafür sehr viel reizvoller und länger. In den 50er und 60er Jahren bewiesen einflußreiche Autoren wie Margery Fish und Christopher Lloyd ein zunehmendes Verständnis für den Wert von Laubstrukturen und Blattformen. Hier wie anderswo unternahmen die Gärtner bewußte Anstrengungen, diese Aspekte der Bepflanzung zu verbessern, deren Bedeutung ihnen gerade in Bereichen mit einer beschränkten Auswahl von Blütenfarben einleuchtete. Vita hätte damit sympathisiert; sie selbst bevorzugte zwar weiche Strukturen mit geringer Formbetonung, doch sie referierte in ihren Artikeln die Ansichten ihrer Freundin Margery Fish und erkannte deren Berechtigung.

Margery Fish empfahl Pflanzen wegen ihrer schönen Form, auch wenn sie nicht bunt oder prunkvoll waren. Mit als erste rief sie dazu auf, grünblütige Pflanzen zu ziehen, die Feinheit der winzigsten Farbnuancen zu erkennen und nicht immer die Blütenpracht zu verlangen, die in den 100 Jahren davor die Gärten bestimmt hatte. Unwissentlich legte sie damit vielleicht den Finger auf den Punkt, den Vita an traditionellen Staudenrabatten so unangenehm fand: Nicht die Pflanzen mißfielen ihr, denn fast alle fanden irgendwo in ihrem Garten einen Platz, sondern die Tatsache, daß viele

Vor dem South Cottage im Frühling (links) sorgen Schöterich, Tulpen und Euphorbia griffithii »Dixter« zwischen den sprießenden Blättern für Farbe. Harolds Stuhl steht neben der Tür. Sechs Wochen später (rechts), wenn der Frühling in den Sommer übergeht, kommen Akelei, Iris, Baumlupinen und Wolfsmilch, während die Rose »Mme. Alfred Carrière« verblüht.

amorph waren und allzu oft nur zur Blütenschau ohne Rücksicht auf die Form gepflanzt wurden. En masse gepflanzt sind etwa Goldruten, Mädchenaugen oder Sonnenblumen zu formlos, um zu gefallen. Im Bauerngarten, wo Canna, Gräser, Montbretien und Germer Kontraste setzen, besänftigen sie den Aufruhr so vieler verschiedener Formen und werden ein wesentliches Element der Gesamtgestaltung.

Mehr als in jedem anderen Teil des Gartens werden hier Blattwirkungen eingesetzt. Im Frühling breitet sich ein grüner Teppich niedrig über die Beete, den bunte Schöterich- und Tulpengruppen sprenkeln. Irislanzen, filzige Verbascum-Rosetten, auffällige Kreuzkrautblätter verbinden sich zu einer Decke schöner Formen in sanft abgestuften Grünnuancen. Das Bild verändert sich mit dem Jahreslauf: Im Sommer sind die Beete nicht mehr flach, sondern reich gefüllt und überragt von Königskerzen; im Frühherbst sind manche Teile der reinste Dschungel, mehr Rousseau als Robinson. Man rechnet damit, jeden Augenblick einen reißenden Tiger zwischen den herbstlichen Canna, Dahlien und Miscanthus-Gräsern auftauchen zu sehen.

Eine von Harolds und Vitas ersten Anliegen war es, mit Einfriedungen durch Hecken und Bäumchen Intimität zu schaffen. An der Südwestecke des Gartens stand bereits ein alter Goldregen, und die Süd- und Westseite waren von einer eingewachsenen Feldhecke abgeschlossen. Das Spalier des Lindengangs, das die Feldhecke überragte, gab an der Südseite Sichtschutz.

Mit fünf *Robinia pseudoacacia* um den Sissinghurst Crescent herum wurde der Blick zum Graben eingerahmt; inzwischen sind alle dem Hallimasch oder dem Sturm von 1987 zum Opfer gefallen. *Cercidiphyllum japonicum* ist der einzige kleine Baum an der Südseite des Gartens, der noch übrig ist, doch auch er ist von Pilzen befallen. *Koelreuteria paniculata,* 1964 gepflanzt und wichtig zur Rahmung des Blicks auf den Turm, ist ebenfalls eingegangen. Versuche, solche Verluste mit angeblich krankheitsresistenten Arten wettzumachen, sind meist gescheitert. Der Kampf gegen eine hartnäckige Erkrankungen wie Hallimaschbefall ist oft eines der ärgsten Probleme in alten Gärten; die Gärtner werden in den nächsten Jahren eine neue Generation krankheitsresistenter Bäumchen finden müssen. Der Bereich südlich des Cottage war dicht mit einer Balsampappel, *Abelia triflora, Cytisus battandieri,* drei *Philadelphus coronarius* und dem mediterranen Erdbeerbaum *Arbutus andrachne* bestanden. Der Duft war deutlich ein Hauptgesichtspunkt, aber der dichte Schatten ließ wenig Unterpflanzung zu. Übrig davon ist nur noch der Philadelphus. Obwohl die jetzige Bepflanzung viel verspricht, wird es einige Zeit dauern, bis die Ptelea hier und der Birnbaum im Obstgarten dahinter hoch genug sind, daß der Blick nicht durch den Obstgarten von der wichtigeren Achse zum Wassergraben abgelenkt wird.

Harold und Vita hatten im südlichen Gartenteil winterblühende Sträucher gepflanzt: Eine Zaubernuß, *Hamamelis japonica* »Arborea«, eine der undankbarsten ihrer Gattung, kam beim Sturz eines alten Goldregens um; ein Stachyurus starb an Altersschwäche. Beide hatten viel Platz eingenommen und geblüht, wenn nur wenige es sahen und wurden nicht ersetzt.

Seit den Tagen der Nicolsons hat es zahlreiche Verfeinerungen am Bauerngarten gegeben. Die Feldhecke an der Westseite wurde durch Eiben ersetzt, eine andere an der Südseite entfernt und damit die Hainbuchenhecke des Lindengangs dahinter sichtbar; die Niveaus von Beeten und Wegen wurden korrigiert, so daß störende und gefährliche Stufen verschwanden und man den Blick den Grabengang hinunter eher genießen konnte; Wege wurden neu belegt und geebnet, behielten aber ihre bunte Mischung aus Ziegelbrocken und Stein. Zahllose Besucherfüße verhinderten ohnehin, daß die selbst ausgesäten Blumen, die Vita liebte, auch den Weg eroberten, so daß man seine Steine getrost auf eine undurchdringliche Betonbasis legen konnte.

DER BAUERNGARTEN 77

Es gab keine Rabatte um den Außenrand des Gartens, und der Weg ringsherum war schmal und wegen der überhängenden Feldhecke unbegehbar. Indem man sie beseitigte, den Weg neu pflasterte und eine schmale Rabatte pflanzte, entstand ein bequemer äußerer Weg, von dem aus man schöne Blicke über den ganzen Bauerngarten hatte. Unkräuter wie Weinberglauch wurden entfernt und Stauden wie *Thalictrum flavum* subsp. *glaucum, Sinacalia tangutica* und Inkalilien, die sich ausgebreitet hatten, stark reduziert.

&

Die beiden Buchsbaumbüsche, die am Eingang vom Lindengang Posten stehen, waren ursprünglich in Würfelform geschnitten, doch damit lenkte man nur die Aufmerksamkeit auf den seltsamen Verlauf des Außenweges, der alles andere als parallel zu den Würfelseiten war. Die Gärtner lösten das Problem, indem sie statt dessen Buchsbaumsäulen setzten.

Die hohen Säuleneiben in der Mitte des Bauerngartens, die als senkrechte Akzente in der Art von Zypressen gedacht waren, waren wie die im Oberen Hof viel zu groß geworden und verstellten fast im ganzen Garten den Blick auf den Turm und die Front des Cottage. Sie wegen ihrer schroffen, malerischen Kontur so stehenzulassen, wie sie waren, kam nicht in Frage. Die Nicolsons hatten sie mit Gurten eingeschnürt, doch diese konnten ihr unerbittliches Wachstum nicht mehr bezähmen.

Ende der 60er Jahre beschlossen die Gärtner, unnötiges Holz zu entfernen und sie in der Höhe erheblich zurückzunehmen. Große Äste, auch der Hauptstamm, wurden herausgesägt, und es blieben biegsame große Gerüstäste, die sich in Form binden ließen, und ein Außenkleid jüngerer, weicherer Zweige. Sie alle wurden dann radial mit den Mittelästen verspannt statt ringsherum festgeschnürt; dadurch sehen sie nicht unnatürlich gefesselt aus und können ohne Schädigung der Verschnürung kurz geschnitten werden. Mit den Jahren wurde dafür ein knapper Kilometer Telefonkabel verbraucht, dessen Beschichtung verhindert, daß der Draht ins Holz schneidet. Auf diese Weise hielt man die Eiben als Zentrum des Bauerngartens und Rahmen für den Blick den Grabengang hinunter so schlank und gleichmäßig wie möglich. Man wird sie auch fürderhin ab und zu neu verspannen müssen, damit sie so schlank und beim Schneiden von der Leiter aus erreichbar bleiben. Dennoch dominieren die Eiben den Bauerngarten optisch. Sarah Cook findet, daß ihre extreme Höhe viel zum Charme des Gartens beiträgt. Wären sie ideal dimensioniert geblieben, hätte das den Charakter des Gartens beeinträchtigt, denn perfekte Proportionen können, auch wenn sie theoretisch schöner sind, langweilig wirken. Sarah weist auch darauf hin, daß die Eiben beim Blick aus den Schlafzimmerfenstern des Cottage, wie Harold und Vita ihn hatten, genau die richtige Größe haben.

Hier wie anderswo in Sissinghurst wurden die Pflanzen und ihre Anordnungen im Streben nach Perfektion laufend geändert und neugestaltet. In

GEGENÜBER *Früher Flor von Tulpen, Schöterich und anderen Frühlingsblumen. Bei großen Mengen entsteht zwischen den Gruppen ein Farbenspiel, hier zwischen der braunpurpurnen* Tulipa *»Black Parrot« (hinter* T. *»Georgette«) und* Euphorbia polychroma *»Major« vor dem Schöterich »Vulcan«,* Trollius × cultorum *»Superbus« und Sibirischem Goldlack. Am Cottage wächst der Beetschöterich »Fire King« unter der Rose »Helen Knight« und* Paeonia mlokosewitschii *(rechts). Vita war stolz, sie aus Samen gezogen und so 30 Shilling pro Stück gespart zu haben, den fünffachen Preis gängigerer Sorten.*

OBEN *Die Freuden des Bauerngartens im Frühling erschöpfen sich nicht in den Blüten. Der niedrige Blätterwald mit seiner Vielfalt von Formen und Grünschattierungen ist zu keiner Zeit reizvoller als von Mitte bis Ende Frühling. Im Vordergrund filzige Königskerzen, hellgrüne Montbretienspeere, Fenchel und Wolfsmilch mit Bronzetönen und farnartiger Mohn. Dahinter kommen die grasartigen graugrünen Blätter des Affodils und scharf gefaltetes* Veratrum nigrum. *Im Hintergrund die Rundhecke des Sissinghurst Crescent als Strukturelement und Abschluß.*

DER BAUERNGARTEN 79

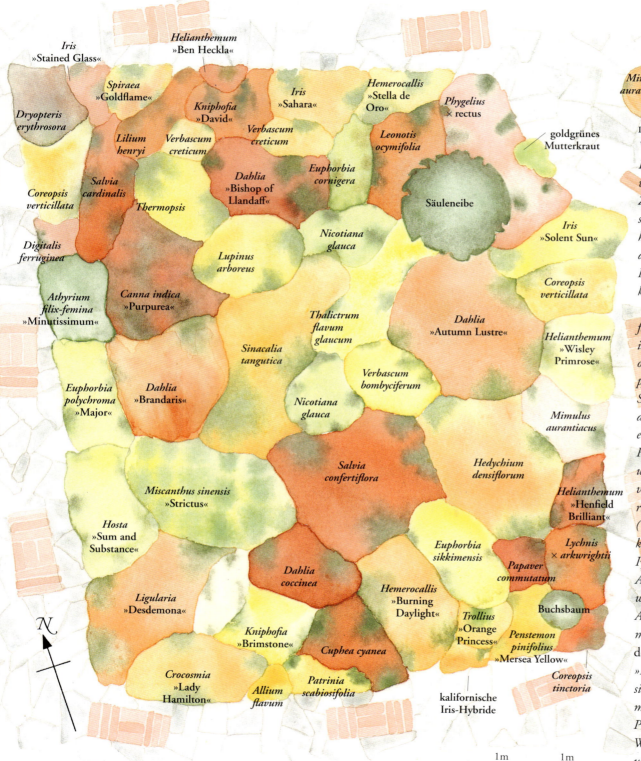

PLAN UND RECHTS *Das südwestliche Viertel des Bauerngartens 1994. Die Blütenfarben hier harmonieren vollkommen mit den Steinen und Ziegeln der Wege und dem Cottage selbst.* Mimulus aurantiacus *sticht hübsch vom Grünspan des Kessels in der Mitte ab, eine erstmals von Harold und Vita verwendete Farbkombination.*

Von Frühling bis Herbst ein farbliches Gleichgewicht zu halten, ist nicht einfach, denn rote und orange Blüten sind unter Gartenpflanzen relativ rar. Die ganze Saison über müssen genug blühen, daß der Kontrapunkt der Farben erhalten bleibt und nicht weite Flächen Grün die Harmonien unterbrechen. Kurzblüher werden vermieden, außer ein paar Einjährigen wie Papaver commutatum *(Vordergrund), die bequem in kleinere, später von den umgebenden Pflanzen ausgefüllte Räume passen. Abwechslung in den Blattformen ist wesentlich: Der im Bild gezeigte Ausschnitt wäre langweilig ohne die markanten Blätter von* Hedychium densiflorum *und* Crocosmia *»Lucifer«. Die Pflanzen vorn im Beet sind meistens niedrig, aber ein paar mittelhohe wie Montbretien und Phygelius kommen an den Rand des Weges, damit der Eindruck der Fülle und Großzügigkeit entsteht.*

80 DER BAUERNGARTEN

den 60er Jahren war das unermüdliche Forschen nach besseren Pflanzen nicht leicht. Die Gärtner arbeiteten samstags; Gärtnereien waren sonntags gewöhnlich geschlossen; es gab keine Gartenzentren, keine *Pflanzeneinkaufsführer* und wenige illustrierte Kataloge. Die Suche nach Katalogen mit neuen Pflanzen und die Beurteilung der Erwerbungen nahmen kein Ende.

❧

Schöterich führten die Gärtner kurz nach Vitas Tod wegen seiner bunten Frühlingsblüten ein. Alljährlich ziehen sie Halbsträucher in der Pflanzschule, wobei sie mit den Jahren eine Qualitätsminderung des Bestands bemerkt haben, die entweder von zuviel Inzucht oder der schlechten Auswahl der Saatguterzeuger kommt. »Ivory White« fehlte es gewöhnlich an Wuchskraft, doch die anderen üblichen Sorten, »Orange Bedder«, »Fire King« und »Primrose Dame«, waren weniger heikel. Im Spätfrühling müssen sie ihren Platz in den sonnigen Beeten am Fuß der Cottage-Mauer den Arctotis-Hybriden »Flame« und »Mahogany« aus dem Treibhaus abtreten.

Auch der orangeflammende Sibirische Goldlack wird gezogen, dessen späterer Flor sich mit dem der Wolfsmilch trifft. Pam und Sibylle finden, man brauche »ein bißchen Buntes, das einen wachhält«, und haben nichts gegen die Farbenpracht – sehr zu Recht, denn nichts deutet darauf hin, daß Vita und Harold solche Farben verpönt hätten. »Apricot«, eine weniger spektakuläre sibirische Sorte, die früher verwendet wurde, ist nicht mehr im Handel.

Schöterich ist seit der Zeit der Nicolsons die Hauptkomponente des frühen Flors geworden, doch auch Tulpen spielen heute eine größere Rolle. Bei Harold und Vita wuchs die *Tulipa* »Couleur Cardinal« in einem Kupferkessel, nicht allein wegen der Fülle und Intensität ihrer Petalen, sondern weil ihre blaugrünen Blätter gut zum Grünspan des Kessels passen. Diesen Kessel, der jetzt in der Mitte des Bauerngartens steht, fand Vita in einer Scheune, die als Waschküche diente, als Sissinghurst ein Armenhaus war. Er wird, wie schon zu ihrer Zeit, gewöhnlich mit *Mimulus aurantiacus* bepflanzt, mitunter zur Abwechslung auch mit schwefelgelbem *Argyranthemum maderense*, das durch seine blaugrünen Blätter auffällt.

Andere Tulpensorten, die den Schöterich ergänzen, sind die ausdauernde »Black Parrot«, deren intensives Purpurbraun sich ebenfalls gut zu Wolfsmilch und Goldsegge fügt. Die gelbgrün gestreifte *Tulipa viridiflora* »Praecox« harmoniert bestens mit *Euphorbia polychroma* »Major« an der Mauer. Die matt orangeroten Blüten von »Dillenburg« machten sich hervorragend neben *Ligularia* »Desdemona« mit ihren rotbronzenen Blättern, vor allem wenn beide im Gegenlicht glühten. An anderen Tulpensorten gibt es hin und wieder die lilienblütige »Aladdin« in gelbgerändertem Zinnoberrot, die rote Triumph »Cassini«, die große und frühe gelbe Darwinhybride »Flower of Spring«, die einfache späte »Yuma« in orangegerändertem Rot, die Parrot »Orange Favorite« und die flammende *Tulipa gesneriana*. Ansonsten jedoch

setzt man im Bauerngarten nur wenige Frühlingszwiebeln ein, um den Lindengang nicht zu übertrumpfen.

Die Irisblüte beginnt mit der des Schöterichs, und zusammen mit Akelei und Wolfsmilch überbrücken die höheren Sorten die »Junilücke«. Die meisten sind Neuzüchtungen nach dem Zweiten Weltkrieg, Geschenke von Züchtern wie Sir Cedric Morris und John Taylor, dessen reingelbe Halbhohe »Curlew« von diesen allen vielleicht die empfehlenswerteste ist. Es gibt auch mehrere kalifornische Hybriden in sanften Farben mit hübsch geäderten Hängeblättern.

1959 war *Euphorbia griffithii* die einzige Wolfsmilch in ganz Sissinghurst. Heute ist sie mit den Gelb-, Orange- und Rottönen ihrer langlebigen Hochblätter ein immer wiederkehrendes Motiv des Bauerngartens, das oft noch durch eine herrliche Herbstfärbung besticht. Hier wachsen *EE. cornigera*, eine nicht wuchernde Form von *cyparissias*, *sikkimensis* (beliebt wegen ihrer Frühlingsblätter), *griffithii* »Dixter«, *palustris*, *polychroma* »Major« und *characias* subsp. *wulfenii* Gruppe Margery Fish, ein Name für Sämlinge von »Lambrook Gold« mit schön aufgetürmten Blütenständen.

Vita zog Akeleien zu einer Zeit, als noch Samen von einfarbigen Rassen langspolniger Hybriden zu bekommen waren. Als diese rar wurden, hoben die Gärtner Samen von den besten Pflanzen auf und zogen sie getrennt, so daß die meisten artrein blieben. Auch Arten wie *Aquilegia formosa* var. *truncata*, *A. skinneri*, *A. canadensis* und *A.* × *longissima* wurden eingeführt. Obwohl man ständig aufpassen muß, daß sie sich nicht kreuzen, eignen sie sich gut dafür, die Lücke zwischen Frühlings- und Sommerflor zu schließen.

❧

Dahlien für den Bauerngarten waren Harolds Entscheidung, und ihre Verwendung wurde beibehalten, damit der Garten im Herbst genauso bunt ist wie im Hochsommer. Im Lauf der Jahre wurde mit zunehmender Sorgfalt eine Anzahl von Sorten mit schönen Blütenfarben oder gutem Laub ausgewählt. Einige kamen von E. C. W. Cooper, dem Züchter der Jescot-Serie, z.B. »Jescot Buttercup«, die immer noch im Garten zu sehen ist, und die prunkvolle schwarzviolette »Jescot Nubia«, die leider wegen Virenbefalls beseitigt werden mußte. Auch die regelmäßig vertretene »Bishop of Llandaff« zeigte gesundheitliche Schwächen und wurde einige Jahre von »John Street« ersetzt, die jedoch nicht die dunklen Blätter des Bischofs hatte. Neuerdings gibt es vom Bischof gesunde Pflanzen aus Gewebekulturen, wodurch er die beliebteste Dahliensorte in britischen Gärten geworden ist – zu Recht, denn seine fein geteilten Blätter und tiefroten Blüten sind phantastisch.

Andere Auslesesorten kamen aus John Crutchfields Gärtnerei in Turner's Hill, Sussex, etwa »Yellow Hammer« und die hellorange »East Court«, beide mit dunklen Blättern und ungefüllten Blüten. »Autumn Lustre« in sattem, aber weichem Orange, die sanft zinnoberrote *D. coccinea*, »David Howard«

mit bronzenen Blättern und orangegoldenen Blüten und die zitronengelbe »Glorie van Heemstede« waren Bereicherungen, die noch heute im Garten wachsen. Die Pflanzen werden frostfrei in der Pflanzschule überwintert und gelegentlich aus Mitte Frühling geschnittenen Stecklingen vermehrt.

Mit bildbestimmend im Sommer sind auch empfindliche Salvienhalbsträucher, die durch scharlach- oder karminroten Blütenschmuck auffallen, wenn auch nicht immer durch ihre Blätter. *S. confertiflora* ist recht hübsch, nur ihr Duft ist nicht jedermanns Geschmack: Manche erinnert er an Roastbeef, andere an verbrannten Gummi. *S. dombeyi* wird wegen ihrer leicht unheimlichen roten Blüten aus hängenden Kelchen mit der Farbe geronnenen Blutes genommen und braucht, weil sie hoch und schwach ist, Stützen und volle Sonne. Die beste ist *S. fulgens*, die früh und lang blüht und milde Winter übersteht.

Lilien hatten von jeher einen Platz im Garten. Die Tigerlilie *Lilium lancifolium* var. *splendens* wurde von Jack Vass eingeführt und machte sich einige Jahre sehr gut, bis ihre Kraft abnahm. Neue Versuche mit ihr stießen auf ähnliche Probleme, ausdauernder sind dagegen die orange Lilien *L. henryi* und *L.* »Enchantment«. Mit letzterer kann ich mich nur schwer anfreunden: Mit ihren steifen Stielen und dichten Trauben knallbunter Blüten fehlt

OBEN *Säuleneiben dominieren den Bauerngarten, wenngleich auch der Turm, hier mit der Fahne der Sackville-Wests beflaggt, stark hereinwirkt. Die Noisetterose »Mme. Alfred Carrière« steht kurz vor der Vollblüte.*

SEITE 84-85 *Daß* Achillea »Coronation Gold«, Kniphofia »David« *und andere mittelgroße Pflanzen am Weg wachsen, nimmt ihm seine Härte und betont die romantische Fülle des Gartens. Ein Stengelchen* Tropaeolum peregrinum *kraxelt die ehrwürdige Eibe hinauf. Diese zufällige, selbst ausgesäte Bepflanzung, die Vita so liebte, stammt in Wirklichkeit von den Gärtnern.*

ihr vielleicht der Charme ihrer meisten Verwandten, auch wenn sie zweifellos üppig ist.

Die flachen Köpfe der Achillea bilden einen deutlichen Kontrast zu allen anderen Blumen im Garten. Vita pflanzte »Gold Plate«, die Gärtner haben über die Jahre mit anderen experimentiert. Die anfängliche »Taygetea« wurde bald durch die überlegene »Moonshine« ersetzt, als diese Anfang der 60er Jahre von Alan Bloom herausgebracht wurde. Wie »Taygetea« hat »Moonshine« den Nachteil, daß sie schwachblühend wird, weil der Stock verholzt, wenn man sie nicht regelmäßig teilt. Eine andere Bloomsche Züchtung,

DER BAUERNGARTEN 83

LINKS OBEN *Leuchtende Königskerzen vor dunklen Eiben, daneben die dunkelrote Floribundarose »Dusky Maiden«.*

LINKS UNTEN Salvia confertiflora, *Sonnenblumen und* Miscanthus sinensus *»Strictus« in einer Bepflanzung à la Rousseau. Der Miscanthus wird gewöhnlich mit »Zebrinus« verwechselt, einer sich ausbreitenden Sorte, die mehr Platz zur Entfaltung ihres bogigen Wuchses braucht; der aufrechte »Strictus« eignet sich für so dichte Verhältnisse viel besser.*

RECHTS, VON LINKS NACH RECHTS:
OBEN Iris *»Curlew«, eine wunderbare halbhohe Hybride von John Taylor, mit Sibirischem Goldlack und Akeleien; wollige Königskerzen und Akeleien;* Kniphofia *»Samuel's Sensation«, eine verläßliche Fackellilie, die von Mitte bis Ende Sommer blüht.*

MITTE Arctotis *»Mahogany«, von Harold eingeführt und regelmäßig in der Rabatte vor dem Cottage vertreten; stocksteife Stengel von* Canna indica *»Purpurea« überragen das auffällige Laub;* Lilium henryi, *hellorange und ausdauernd.*

UNTEN *Die elegante* Crocosmia *»Lady Hamilton« vom Anfang des Jahrhunderts;* Hedychium coccineum *»Tara«, 1972 von Tony Schilling aus Nepal eingeführt und hier absolut winterhart;* Dahlia *»David Howard«, eine der wertvollsten und beliebtesten von den dunkelblättrigen Formen.*

»Anthea«, verspricht Besseres; sie hat die graugrünen Blätter und hellgelben Blüten ihrer Vorgänger, aber muß nicht so oft neugepflanzt werden und bringt einen schönen zweiten Flor hervor, der bis in den Herbst hinein hält.

Wenn im Herbst die alten Königskerzen verblüht sind, werden die neuen ausgepflanzt, die in der Pflanzschule aus Samen gezogen wurden. Sie werden riesengroß und entzünden später vor den düsteren Eiben das reinste Blüten-feuerwerk. Die Verbascum-Arten vermischen sich gern: Wo zwei oder mehr zusammenstehen, gibt es unter ihren Nachkommen auch Kreuzungen. Manchmal sind diese viel besser als ihre Eltern und werden dazu benutzt, Sa-men für die nächste Generation zu produzieren. Im Bauerngarten wachsen zwei Rassen, eine grünblättrige, die die Gärtner selbst aus den Harkness-Hy-briden selektiert haben, und eine weißfilzige, die wahrscheinlich von *V. olym-picum* oder *V. bombyciferum* abstammt, aber im Vergleich zu diesen unge-wöhnliche Weiße, Wuchskraft und eine vielfach verzweigte Blütenkerze be-sitzt. Sie wuchs ursprünglich im Weißen Garten, wo Harold ihr kategorisch sämtliche gelben Blüten abschnitt. Die Gärtner, denen das als Verschwen-dung erschien, fanden, sie sei an ihrem jetzigen Standort besser aufgehoben.

Harold und Vita waren geteilter Meinung, was Kniphofia betraf. 1937 schrieb er in einem Brief an sie: »Abgesehen von den garstigen Fackellilien, für die du eine Schwäche hast, gibt es nicht eine häßliche Blume auf dem ganzen Grund.« *Kniphofia* »Royal Standard« stammt noch aus ihrer Zeit, und die Gärtner haben *KK. triangularis,* »David«, »Samuel's Sensation« und die rein gelbe herbstblühende »Brimstone« hinzugefügt.

Auch Montbretien sind eine wichtige Bereicherung, ihrer auffallenden Blätter ebenso wie ihrer Blüten wegen, vor allem die hervorragenden neue-ren Hybriden wie »Lucifer«, deren gefaltete Blätter von *Crocosmia panicula-ta* stammen. Wie die Montbretien wurden auch Ingwerlilien wie *Hedychium densiflorum* und *H. coccineum* »Tara« sowohl des markanten Laubs wie der Blüten wegen gewählt und tragen zum exotischen Flair der Bepflanzung bei. *Hedychium gardnerianum* war nicht winterhart genug; wenn es den Winter überstand, trieb es zu spät aus. Unter Glas überwintert, wird es heu-te an anderer Stelle im Garten als sehr gefällige Topfpflanze benutzt.

Eine kleine, vom Bauerngarten, Nußgarten und einer Azaleenböschung begrenzte Fläche heißt das Dreieck. Da sie für Waldpflanzen schattig genug und nicht auf die Sonnenuntergangsfarben des Bauerngartens festgelegt ist, kann man hier ungewöhnliche Pflanzen heranziehen, bis man genug hat, um anderswo eine Gruppe zu bilden. Die winterharte purpurrosa Orchidee *Dactylorhiza × grandis* wächst hier so kräftig, daß man mit ihren Nachkom-men große Flächen im Schatten des Nußgartens bevölkert. Der ebenfalls hier wachsende Scheinmohn *Meconopsis betonicifolia* ist mit seiner eisvogel-blauen Farbe anderswo schwer unterzubringen. Laut Sarah Cook dürfte er sich als nicht zuverlässig perennierend erweisen, denn er bevorzugt ein Klima wie an der Westküste Schottlands, wo die Sommer kühler und nasser sind.

Wenn der Garten zur Herbstmitte schließt und die Pflegearbeiten begin-nen, werden als erstes Übergangsbepflanzungen und Pflanzen, die sich aus-säen könnten, rasch entfernt und abgestorbene Staudenteile weggeschnit-ten. Viele der Stauden jedoch sind im späten Winter, wenn ihre Spitzen nicht so saftig sind, viel leichter zu bearbeiten.

Die Dahlien werden herausgenommen, nachdem sie beim ersten Frost schwarz geworden sind. Auch der Schnitt der Kletterpflanzen am Cottage mit der Hochleiter ist im Spätherbst fällig, nach der Schließung des Gartens, aber bevor es kalt wird. Erst wenn diese Arbeit beendet ist, wird der Schöte-rich ins Beet an der Mauer gesetzt. Wollte man ihn vor Beginn der Winterru-he auspflanzen, müßte man ihn regelmäßig gießen, damit er nicht welkt; wenn der Boden nicht zu sehr abgekühlt ist, wird er bis zur Jahreswende gut angewachsen sein. Die Pflanzenstandorte werden von Jahr zu Jahr geändert, um Krankheitserreger zu minimieren, die sich durch jahrelanges Wachstum am selben Ort akkumulieren können. Das Beet hier an der Hauswand je-doch enthält immer Schöterich und muß hin und wieder entseucht werden.

Der Bauerngarten bleibt über Weihnachten liegen, und die Gärtner wenden sich dem Schneiden und Anbinden der Rosen im Rosengarten zu. Wenn sie damit fertig sind, beschneiden sie die hohen Säuleneiben in der Mitte des Bauerngartens.

Im Erstfrühling werden die übrigen Staudengewächse heruntergeschnit-ten und die Beete mit der Gabel durchgearbeitet, um den Boden vor dem Mulchen aufzulockern. Einige Stauden müssen geteilt werden, bevor der Garten wieder aufmacht und die Frühlingsblumen richtig zu blühen anfan-gen. Es gibt keine allgemeine Regel, wie häufig das zu geschehen hat: Pflan-zen wie Goldruten müssen alle zwei, drei Jahre geteilt werden, um andere wie Kreuzkraut und Wachsglocken muß man sich kaum jemals kümmern. Fackellilien werden hin und wieder im Frühling geteilt. Achilleen und eini-ge andere werden durch neue Exemplare aus der Pflanzschule ersetzt, im Sommer manchmal aus Töpfen und gelegentlich Mitte Herbst nach der Blüte. Sobald kein Frühlingsfrost mehr droht, wird der Schöterich heraus-genommen, und Dahlien und andere empfindliche Stauden werden für den Sommer- und Herbstflor gepflanzt.

❦

Der Bauerngarten ist eine Ecke für sich und nur mit dem Grabengang visu-ell verbunden. Andere Bereiche sind durch die Verstrebungen der Blickach-sen so verflochten, daß sie förmlich ineinander übergehen und nur schwer einzeln betrachtet werden können. Durch seine relative Abgeschlossenheit und Heimeligkeit, seine mit dem warmen Backsteinton des Cottage harmo-nierenden Sonnenuntergangsfarben und die Großzügigkeit seiner Bepflan-zung war der Bauerngarten ein Lieblingsaufenthalt von Vita und besonders von Harold, dessen Stuhl immer noch neben der Cottagetür steht.

OBEN *Blick vom Dreieck über den Sissinghurst Crescent auf den Bauerngarten – kühle Waldpflanzen im Kontrast mit warmen Tönen dahinter. Links, hinter* Primula sieboldii, *blaßgelbe Hängeblüten von* Dicentra macrantha; *diese Rarität ist zwar winterhart, aber nimmt oft Schaden durch späten Frost und braucht feuchten Boden. Rechts die blaue* Omphalodes cappadocica.

RECHTS *Ebenfalls im Dreieck wächst* Dactylorhiza × grandis, *eine schöne, kräftige Hybridorchidee, mit dem Schildfarn* Polystichum setiferum.

GANZ RECHTS *Das imposante Eisvogelblau des Scheinmohns* Meconopsis betonicifolia.

DER BAUERNGARTEN 89

Der Nuß-garten

Nirgendwo sonst in Sissinghurst hat sich die Bepflanzung seit Harolds und Vitas Zeit so vollständig geändert wie im Nußgarten (Nuttery). Den bunten Primelteppich aus Polyantha-Hybriden, der in den 50er und 60er Jahren die Besucher erstaunte, gibt es nicht mehr. Dafür wurde eine subtilere und in mancher Hinsicht entzückendere Decke aus Waldpflanzen, Blumen, Farnen und Gräsern geschaffen. Solche Pflanzen, die zur gleichen Zeit wie die Zwiebeln des Lindengangs anfangen, aber am schönsten sind, wenn diese verblühen, halten länger als Primeln. Das vielfältige Ineinander von Blättern, Früchten und weniger Blüten bleibt den ganzen Sommer und Herbst über reizvoll. Schöner kann bodenbedeckende Bepflanzung nicht sein: abwechslungsreich und dem Charakter des Ortes entsprechend, keine endlosen Flächen mit Beinwell, Cotoneaster oder Efeu und zudem pflegeleicht.

Im April 1930 schreibt Harold in sein Tagebuch: »Wir treten plötzlich in den Nußgang, und damit steht es fest.« Ein Lambertsnußgesträuch, wie es für die Landschaft von Kent so typisch ist, besiegelte also ihre Entscheidung, hier zu wohnen und ihren Garten anzulegen. Binnen Monaten verschwanden Unkraut und Gestrüpp. Bald darauf pflanzte Vita Narzissen zwischen die Nüsse, 1932 fügte Harold Fingerhut hinzu, den er in einem alten Kinderwagen aus dem Wald geholt hatte. Im selben Jahr wurde ihm klar, daß die Anordnung der Nußsträucher seinen Plan einer langen Achse vom Rosengarten durch den Nußgarten vereitelte. Das veranlaßte ihn, den Lindengang schräg zum Rosen- und Bauerngarten und in einer Linie mit der mittleren Nußstrauchreihe anzulegen.

Als Harold und Vita im Nußgarten Primeln pflanzten, waren sie wohl von Gertrude Jekylls berühmtem Primrose Garden in Munstead Wood beeinflußt. Nach 1870 sanken die Polyantha-Hybriden stark in der Gunst, die sie in der ersten Hälfte des 19. Jahrhunderts genossen hatten. Nur zwei Grundformen wurden gezogen: die damals raren silber- oder goldrandigen Floristensorten und die häufigeren roten. Gertrude Jekyll begann mit ihrer Polyanthazüchtung (»Doldenprimeln« nannte sie sie) um 1875; als Mutterpflanzen nahm sie die alte Kultursorte »Golden Plover« und eine weiße Polyantha aus einem Bauerngarten. Sie versuchte, die Varietäten zu klassifizieren, aber gab es auf, als sie 60 verschiedene Klassen hatte, von denen keine die Bezeichnung golden verdiente. Ihre Entscheidung, rein weiße oder gelbe Rassen zu züchten, war ein Bruch mit der Tradition. Doch in ihrem Buch *Wood and Garden* (1899) gab sie zu, daß die kurz davor verbesserte rote Züchtung von Anthony Waterer und Sorten mit einem kontrastierenden dunklen Auge in Gärtnereien beliebter waren als ihre. Als sie 1932 starb, waren ihr Primrose Garden und Munstead-Primeln so berühmt, daß man kaum an die Pflanzen denken konnte, ohne an Munstead und Gertrude Jekylls Ausführungen über sie in mehreren Büchern zu denken. So schrieb sie:

»Die Hasel kommt mir immer wie eine gütige Amme der Primeln vor. In den Gehölzen wachsen sie zusammen, und die schönsten Primelpflanzen wachsen häufig dicht an den Haselstock geschmiegt.«

Die Polyantha-Hybriden in Munstead müssen im lichten Schatten der Eichen, Kastanien und Haseln sehr frisch und freundlich gewirkt haben. Doch als Vita im Spätsommer 1917 Gertrude Jekylls Garten besuchte, kann sie nur Blätter gesehen haben.

Harold und Vita wollten ein breiteres Farbspektrum haben als Gertrude Jekyll, und schon 1938 war der Boden unter den Nußsträuchern ein einziger Teppich. Doch als der Krieg anfing, hatten sie keine Arbeitskräfte für die erforderliche regelmäßige Neupflanzung und Bodenverbesserung, so daß die Primeln vom Unkraut verdrängt wurden. Als Jack Vass 1946 zurückkehrte, war die Sanierung des Nußgartens eine seiner ersten Prioritäten. Harold, der den Teppich als »die schönste Bepflanzung auf der ganzen Welt« bezeichnete, war entschlossen, ihn wiederherzustellen. Ein paar Jahre

Frühblühende Buschwindröschen zwischen Goldenem Flattergras und weißen Glockenhyazinthen (links). Wenn die Glockenhyazinthen aufgehen, werden die Buschwindröschen unter den anderen Pflanzen bald nicht mehr zu sehen sein. Eine Woche später (rechts) sind die Glockenhyazinthen aufgeblüht, und der bronze angehauchte Perlfarn Onoclea sensibilis *entrollt sich gerade. Die beiden Pflanzen wachsen friedlich beieinander, doch in Kürze wird der Farn über den Glockenhyazinthen ein Dach bilden.*

lang prangte der Nußgarten im herrlichsten Frühlingsflor, aber als Pam und Sibylle anfingen, war deutlich, daß nicht alles zum Besten stand. Die ersten Symptome von Bodenmüdigkeit waren zu erkennen, außerdem waren die Pacific-Hybriden, die Vita damals hatte, nicht zuverlässig winterhart. Sie wurden durch die Munstead-Hybriden ersetzt, zu denen noch flammende, braunorange, rote und rotbraune Töne hinzukamen, um einen Eindruck von Üppigkeit zu erwecken. Doch die Gesundheit der Primeln verschlechterte sich dermaßen, daß nur wenige übrigblieben. Vita behandelte das Problem im Herbst 1960 in einem Artikel im *Observer*.

☙

Die Gärtner ließen sich nicht entmutigen. Nach Vitas Tod 1962 nahmen sie die Bodenverbesserung in Angriff. Mit dem Herbizid Paraquat, das Ende der 60er Jahre auf den Markt kam, konnten sie die aggressivere heimische Unterart des Scharbockskrauts (*Ranunculus ficaria* subsp. *bulbilifer*) vertilgen, die die Primeln erdrückt hatte. Alljährlich räumten sie eine der vier Gassen des Nußgartens aus und ließen sie eine volle Saison liegen, in der sie das Scharbockskraut vernichteten. Inzwischen erlaubte das Gartenbudget die Anschaffung von organischen Stoffen (ursprünglich Hopfentreber) und Kies in größeren Mengen; viele Tonnen wurden in den dichtverwurzelten Lehm eingearbeitet. Daraufhin konnte man eine riesige Menge im Garten gezogener neuer Polyantha-Pflanzen setzen. Ein paar Jahre lang dankten die Primeln den gewaltigen Arbeits- und Humusaufwand mit wunderbaren Blühleistungen. Doch Anfang der 70er Jahre waren sie auch mit perfekter Kultur nicht zu bewegen, weiter zu gedeihen.

Zur Feststellung der Ursache wurden Pflanzen nach Wisley geschickt, wo man mehrere Pilzerkrankungen feststellte, darunter Braunfäule (*Thielaviopsis basicola*) und Rote Wurzelfäule (*Phytophthora fragariae*). Die Spezialisten dort erklärten den Gärtnern, was diese bereits wußten, nämlich daß man Primeln nicht unbegrenzt in denselben Boden pflanzen könne. Zudem hatten die Vögel eine Vorliebe für Primelblüten entwickelt und auf einer Fläche, die für einen Schutz mit Baumwollsäckchen viel zu groß war, sämtliche Blüten abgefressen. Das neue Bodenentseuchungsmittel Dazomet schien gegen Pilzerkrankungen zu helfen, aber es vernichtete mit den Pilzen zugleich die Nußsträucher. 1974 mußten sich die Gärtner schließlich damit abfinden, daß hier keine Primeln mehr wachsen würden und sie die Bepflanzung neugestalten mußten.

Die neue Konzeption, Grün-Gelb mit Blau und Weiß, wurde 1975 umgesetzt, erleichtert dadurch, daß der Boden nach dem Verschwinden der Primeln leer war. Für gelbgrüne Töne sorgten *Euphorbia amygdaloides* var. *robbiae*, *Milium effusum* »Aureum« und das zweijährige *Smyrnium perfoliatum*. In Blau waren *Omphalodes cappadocica* und Vergißmeinnicht; letztere wurden als Lückenfüller benutzt, denn eine so große Fläche in einer einzigen Saison mit Stauden zu bedecken, hätte sowohl die Arbeitskraft als auch das Budget überstrapaziert. Die weiße Form der Glockenhyazinthe, Waldmeister, *Cardamine raphanifolia* und *Epimedium × youngianum* »Niveum« lockerten das Schema auf, zu dem andere Epimedium-Arten schöne, langlebige Blätter beitrugen. Das Schaumkraut machte sich eine Zeitlang großartig, bis Ringeltauben auf den Geschmack kamen und es alljährlich völlig abfraßen; es mußte weichen.

Germer und Farne wie Onoclea und Matteuccia sorgten für Laubkontraste, während einheimische Pflanzen wie *Viola riviniana*, V.r. Gruppe Purpurea (lange fälschlich als *V. labradorica* identifiziert) und die mit Laubkompost aus dem Wald geholte *Anemone nemorosa* sich zur Abrundung des Teppichs dazwischen einnisten durften. Trillium von der Azaleenböschung schien sich hier wohlzufühlen und wurde langsam durch Teilung

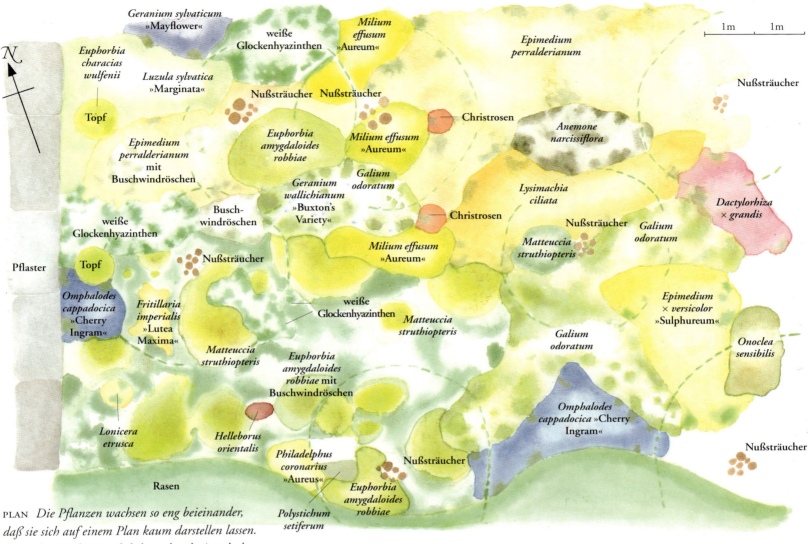

PLAN *Die Pflanzen wachsen so eng beieinander, daß sie sich auf einem Plan kaum darstellen lassen. Angegeben ist die jeweils beherrschende Art, doch überall breiten sich auch andere Pflanzen aus.*

RECHTS *Zweijähriges* Smyrnium perfoliatum *mit dem Trichterfarn* Matteuccia struthiopteris, *noch zwei Pflanzen, die in einer einfachen, aber reizvollen Verbindung gut miteinander auskommen.*

GEGENÜBER *Die blaß lavendelblaue* Anemone nemorosa »Robinsoniana« *breitet sich oben zwischen weißen Glockenhyazinthen und* Geranium Sylvaticum »Mayflower« *aus, unten sind Buschwindröschen, Hohe Schlüsselblumen und* Viola riviniana *Purpurea-Gruppe mit den Spitzen von* Polygonatum odoratum »Variegata« *zu sehen.*

Mit Euphorbia characias *subsp.* wulfenii *bepflanzte Terrakottatöpfe am Ende des Lindengangs kennzeichnen den Anfang des Nußgartens. Der steinern von seiner Säule blickende junge Gott steht auf einer Linie, die hinter ihm zur Eichenbank des Kräutergartens führt. Ein Millefleurs-Teppich, der an Botticellis* Primavera *oder an Burne-Jones erinnert, ist aus tausend Wildblumen und Waldpflanzen, teils einheimisch, teils nicht, gewebt. Ihre Mischung sieht aus wie ein Werk der Natur. Wilde Buschwindröschen, Waldmeister, Hainveilchen, Schlüsselblumen und Primeln drängeln sich mit Goldenem Flattergras, weißen Glockenhyazinthen, Trillium, Elfenblumen und der Mandelwolfsmilch* Euphorbia amygdaloides *var.* robbiae.

Die Bepflanzung ist am gelungensten in Verbindungen von zwei oder drei Pflanzen, die ähnlich schnell wachsen, gut miteinander auskommen und sich schön ergänzen. Mischungen wie Onoclea sensibilis *mit* Smyrnium perfoliatum, *weiße Glockenhyazinthen mit Flattergras oder* Epimedium × youngianum *»Niveum« mit Anemonen sind keine glücklichen Zufälle, sondern genau durchdachte und geschickt umgesetzte Kunststücke der Gärtner.*

Wesentlich ist auch das jährliche Schneiden und Auslichten der Nußsträucher. Ihr Laubdach sollte einen lichten, keinen vollen Schatten geben, und die wichtige Mittelachse muß von abstehenden Zweigen freibleiben.

DER NUSSGARTEN 95

Lathraea clandestina

Trillium sessile

Buschwindröschen und Epimedium × youngianum »Niveum«

zu ansehnlichen Gruppen vermehrt. Auch die Erdbeere *Fragaria × ananassa* »Variegata« mit weißgefleckten Blättern wurde dazugepflanzt.

Die Bepflanzung war nicht immer so glücklich: *Eomecon chionantha* wucherte unkontrollierbar, auch wenn ihre graugrünen Blätter und weißen Blüten sehr hübsch waren. Auch die Matte von *Geranium procurrens*, die wie ein Fluß zwischen den Nußsträuchern hindurchlaufen sollte, erwies sich als Aggressor, der an jedem seiner weitreichenden Ausläufer Wurzeln schlug und den ganzen Gang zu überschwemmen drohte. Graham Thomas hatte von *Smilacina stellata* und *Maianthemum bifolium* Ähnliches befürchtet, doch sie stellten sich als fügsamer heraus, ihre Gruppen blieben im Rahmen der weiten Fläche unter den Nüssen. Die weiße Türkenbundlilie, die man als Sommerblüher gewählt hatte, mochte den trockenen Standort nicht und ging ein; *Tiarella cordifolia* wurde von Dickmaulrüßlern vernichtet. Die Gärtner beschlossen, sich nicht mit Problempflanzen herumzuschlagen; es gab genug andere, die auch ohne besondere Pflege, häufige Teilung oder Verkleinerung der Gruppen nicht erdrückend oder kränklich werden würden. Die Bepflanzung mußte viel weniger arbeitsintensiv sein als die Primeln.

Wie es ihre Art ist, gedieh *Euphorbia amygdaloides* var. *robbiae* einige Jahre, bis sie dort starb, wo man sie hinpflanzte und anderswo kam. Diese Gewohnheit macht sie als Bodendecker heikel, ist aber im Nußgarten kein Problem, weil jeder freigewordene Raum bald von anderen Waldpflanzen gefüllt wird und ihre hübschen dunkelgrünen Blattrosetten mit den auffallenden zitronengrünen Blütenköpfchen gern gesehen sind, egal wo sie kommen.

Viele, die Sissinghurst Ende der 70er Jahre im Frühling besuchten, wunderten sich, daß die Primeln weg waren, und wollten den Grund für diese ihrer Meinung nach unverzeihliche Veränderung wissen. Ich vermisse die Primeln nicht, auch wenn sie sicher ein *coup de théâtre* waren. Eine geschlossene Decke mit grellen, kräftigen Farben wirkt am Rand des Gartens unter halbwilden Nußsträuchern zu gezwungen und unnatürlich, erinnert zu sehr an Parkbeete. Auch glaube ich nicht, daß die ruhigere romantische Bepflanzung von heute mit ihrem subtilen Spiel unaufdringlich hübscher Blätter und Blüten Vita mißfallen hätte. Sarah Cook versteht nicht, wie Vita die Primeln hatte mögen können, und hält die jetzige Bepflanzung für viel ansprechender. Außerdem bietet sie manche Augenweide, wenn die meisten Frühlingsblumen dahin sind und der ganze Garten relativ blütenarm ist.

Vielleicht die faszinierendste Pflanze des Nußgartens ist die parasitische Schuppenwurz *Lathraea clandestina*. Ende der 60er Jahre besuchten Pam und Sibylle im Frühling Guincho, Vera Mackies Garten bei Belfast. Hier sahen sie eine große Decke magentaroter Blüten unter ihrer Wirtspflanze *Salix gracilistyla* »Melanostachys«, einer Weide mit schwarzen Kätzchen, die auch zu der Zeit blühte. Pam und Sibylle beschlossen, diese Verbindung in Sissinghurst nachzuschaffen. Beide Pflanzen wurden bestellt, aber nur die Lathraea kam und wurde an eine Pappel im Fliederbeet am Rand des Rosengartens gepflanzt. Als die Weide schließlich kam, wollte die Lathraea nicht auf ihren Wurzeln wachsen, und die beiden wollten auch nicht gleichzeitig blühen. Als die Schuppenwurz an der Pappel Samen bekam, wurden einige im Nußgarten ausgestreut, um auf den Nußstrauchwurzeln zu wachsen, und nach drei Jahren erschienen die eigenartigen Blüten.

Am auffallendsten unter den Frühsommerblumen ist die Orchidee *Dactylorhiza × grandis*. Ihr einziger Fehler in Sibylles Augen ist die Rasanz, mit der sich ihre magentaroten Blüten vermehren und regelrecht ordinär werden, wenn man ihre Stengelknollen nicht regelmäßig abkneift. Der Herbst

Rheum palmatum »*Atrosanguineum*«

Veratrum album

Xanthorhiza simplicissima

bringt Blüten z.B. von *Crocus speciosus* und Herbstzeitlosen und kräftige Blattfarben von *Xanthorhiza simplicissima* und *Euonymus alatus* var. *apterus* am Ostende des Weges.

Hin und wieder werden neue Pflanzen in den Nußgarten gesetzt, doch nicht mit dem Ziel, eine reiche Auswahl der schönsten Waldpflanzen zu schaffen, weil die Bepflanzung mit zu vielen Sorten buntscheckig aussehen und ihren Reiz verlieren würde. Sarah füllt mit *Lysimachia ciliata* (der einfachen grünblättrigen Form, nicht dem rötlichen »Firecracker«) einen von *Euphorbia amygdaloides* var. *robbiae* gelassenen Freiraum und hat auch eine Gruppe mit Uvularia gebildet, einem Liliengewächs, das die botanische Lücke zwischen Trillium und Smilacina schließt und gut zu beiden paßt.

☙

Wenn in einem Bereich das Gleichgewicht gestört ist oder die Pflanzen leiden, weil sie zu dicht stehen, begegnet Sarah dem so, daß sie Stauden großflächig umpflanzt. Kostbare Waldpflanzen, die sich langsam ausbreiten, wie Orchideen und Trillium werden periodisch geteilt und zu großen Matten gruppiert, wie man sie in wenigen anderen britischen Gärten antrifft. Der Versuchung, mit solchen Schätzen zu aasen und sie so dicht und zahlreich zu setzen, daß sie den Raum und das Gleichgewicht der übrigen Bepflanzung beeinträchtigen, muß widerstanden werden. Sarah weiß, daß ein solches Arrangement kaum merklich leidet, wenn man nichts daran macht, und Umpflanzungen deswegen gern hintangestellt werden, und dennoch darf man nicht endlos damit warten. Hin und wieder schränkt sie die aggressiveren Pflanzen ein. Farne, Hainveilchen und Anemonen werden manchmal ausgegraben, wenn sie über ihr Gebiet hinauswuchern, und Pflanzen, die sich

selbst aussäen, muß man daran hindern, zu dicht zu werden. Im Fall von *Smyrnium perfoliatum* werden alle Pflanzen bis auf eine vor der Aussaat herausgenommen und müssen später die Sämlinge ausgedünnt werden, damit die Pflanzen groß werden und länger blühen. *Milium effusum* »Aureum« kann ebenfalls zur Gefahr werden, wenn es sich zu großzügig aussäen darf. Von den Glockenhyazinthen dürfen nur die weißblütigen Sämlinge bleiben, während die gewöhnlichen blauen unterhalb der gelben Azaleenböschung des Grabengangs bevorzugt werden, wo sie einen guten Kontrast bilden.

Seit den frühen 60er Jahren wird der Nußgarten jährlich gemulcht, ursprünglich mit Hopfentreber, aber mittlerweile, seit der Hopfen knapp und teuer geworden ist, mit zerkleinerter Rinde. Die wahrscheinlich um 1900 gepflanzten Nußsträucher sind Lambertsnüsse (*Corylus maxima*), die kräftiger sind als die gewöhnlichen Haseln (*Corylus avellana*) und anders als diese lange, die Nüsse einschließende Fruchthüllen haben. Während die Nußsträucher auf der Azaleenböschung eine starkwüchsigere Sorte sind, sind die meisten hier »Kentish Cob«. Der Name »Lambertsnuß« hat Anlaß zu Auseinandersetzungen gegeben: Nach der Überlieferung wurde sie um 1830 von einem Mr. Lambert aus dem nahen Goudhurst gezüchtet. Jedoch der große viktorianische Obstexperte Dr. Hogg schrieb 1884, ihre Einführung in Kent sei neueren Datums, und erstmals der Horticultural Society vorgeführt habe sie 1812 Aylmer Bourke Lambert aus Wiltshire.

Der tiefe Schatten unter dem dichten Laubdach der Nußsträucher war eine der Ursachen für den Niedergang der Primeln gewesen. Nach ihrer Ersetzung wurde das Laubdach gelichtet, indem man jede zweite Strauchreihe ganz herausriß und in den verbleibenden Reihen jeden zweiten Strauch. Die Nußsträucher, die an der Südseite des Nußgartens im Gras wuchsen, waren

LINKS *Der Dionysos vom Ostende des Nußgartens aus gesehen.* Viburnum plicatum *und Azaleen bekommen herbstliche Töne, während* Euonymus alatus *var.* apterus *flammend scharlachrot wird.*

RECHTS *Ruhigere Farben im Innern des Nußgartens. Die Nußblätter haben schon gelbe und bräunliche Stellen, doch der Schildfarn* Polystichum setiferum *im Vordergrund zeigt noch ein frisches Grün. Die Hainbuchenhecke im Hintergrund wird den ganzen Winter über ihre zimtfarbenen Blätter behalten.*

vor Pam und Sibylle auf 1,70 m Höhe geschnitten worden, wodurch sie unangenehm gestutzt aussahen. Die beiden führten den Brauch ein, jeden Winter sämtlichen Sträuchern alles ungesunde alte Holz herauszuschneiden, um sie zum kräftigen Neuaustrieb anzuregen. Die aufrechteren und stärkeren der malerisch geschwungenen alten Äste wurden gelassen, so daß die beherrschende Spitzbogenform der Reihen erhalten blieb und Besucher zwischen den im Gras wachsenden Nußsträuchern einhergehen konnten. Ungefähr zur gleichen Zeit wurden anstelle der Feldhecke Hainbuchen gepflanzt.

Stockausschlag ist bei Lambertsnüssen immer ein Problem, besonders nach einem starken Rückschnitt, denn sie schießen viel stärker aus, als zur Erhaltung des Strauchaufbaus nötig wäre. Alle überflüssigen Schößlinge müssen alljährlich mühsam beseitigt werden, damit die wenigen kräftigen, die bleiben dürfen, sich gut entwickeln können. Beim Schneiden ist man auf ein gesundes Verhältnis der alten Äste zu den jüngeren aus, die ihren Platz einnehmen. Auf die Einführung dieser Methode folgte jedoch eine Reihe von ungünstigen Jahren mit entweder spätem Frost, der neue Blätter und Triebe erfrieren ließ, oder sengender Hitze, und Mitte der 80er Jahre war klar, daß zu wenig Verjüngungstriebe gebildet wurden. Infolgedessen spendete das Laubdach der Nußsträucher den Pflanzen darunter zunächst wenig Schatten, so daß sie schier vertrockneten. Doch trotz der Spärlichkeit der Äste entschieden Pam und Sibylle, das strenge Zurückschneiden müsse fortgesetzt werden, wenn man auf Dauer gesunde junge Triebe haben wolle.

❧

Erst in den letzten paar Jahren ist das Blätterdach für die Waldpflanzen darunter dicht genug geworden und ist das ausgewogene Verhältnis von alten und jungen Ästen endlich erreicht worden. Die schlecht geschnittenen Sträucher an der Südseite des Nußgartens haben ihr verstümmeltes Aussehen verloren, und ihr Wuchs ist jetzt genauso hoch und elegant geschwungen wie der der anderen.

Das naturnahe Nebeneinander der Waldgewächse macht die jetzige Bepflanzung vielleicht zur zwanglosesten überhaupt im Garten. Die Kunst der Gärtner ist kaum zu sehen, obwohl ohne sie das Gleichgewicht ebenso wie die Schönheit verlorengingen. Ein solcher reizvoller und romantischer Teppich ist voll und ganz in der Tradition von Sissinghurst. Er beweist, daß der Geist eines Gartens nicht mit seinen Schöpfern sterben muß.

DER NUSSGARTEN 99

Der Graben-gang

Von Wisteria und Clematis viticella *bekränzte Bleiurnen schmücken die mittelalterliche Mauer, in deren Fugen* Corydalis ochroleuca *und heimische Farne wachsen. Die Wisteria, deren Blütenknospen man mit schwarzen Baumwollsäckchen vor Vögeln schützt, und andere Kletterpflanzen werden mit Drähten oben entlang der Mauer gehalten, so daß sie anmutig überhängen können.*

Der einfachste Gartenraum in Sissinghurst, der Grabengang (Moat Walk), verbindet Elemente aus dem Mittelalter bis zur Gegenwart in einem strengen, äußerst dezent bepflanzten Rahmen. Die flankierenden Rabatten, eine Augenweide im Spätfrühling und im Herbst, brauchen wenig Arbeit, wenn auch der Rasen des Gangs der Pflege immer wieder Probleme aufgibt.

Von allen Facetten, die Harold und Vita an ihrem neuen Garten entdeckten, faszinierte sie wohl keine andere so sehr wie der Ende 1930 freigelegte Grabengang. Sein Ausmaß verlangte deutlich beherzte Schritte: Harolds Tagebuch verzeichnet für den 12. September die Entscheidung, »den Bowling-Rasen bis zum Wassergraben hin zu verlängern. Allgemein lautet unsere Devise, das Ganze so grün und einfach zu lassen, wie es geht.« Einen Monat später schrieb Vita an Harold: »Hayter hat den Grabengang freigelegt, und eine schöne Mauer ist zum Vorschein gekommen … das östliche Ende ist perfekt, aber das westliche ist sehr chaotisch.« Sie war so aufgeregt, daß am Tag darauf ein weiterer Bericht folgte: »Die Grabenmauer wird umwerfend. Man hat sie am Fuß etwas aufgegraben, und ich denke, es besteht kein Zweifel, daß auch dort früher Wasser war. Am Fuß der Pfeiler gibt es herrliche große Steine. Die Pfeiler werden bestimmt großartig …«

Die Grabenmauer, wohl eine der ältesten erhaltenen Baulichkeiten Sissinghursts, gehörte wahrscheinlich zu dem mittelalterlichen Herrenhaus, das vor den Tudor-Gebäuden da war. Als Sir Richard Baker das Haus baute, stand das Fachwerkhaus fürs Gesinde vermutlich im Obstgarten oberhalb der Mauer und war der heutige Grabengang vielleicht ein dritter Arm des Wassergrabens.

1932 wurde der Gang begrünt und der gepflasterte Halbkreis, von Harold Sissinghurst Crescent getauft, nach seinem Entwurf samt Treppe mit Seitenbefestigung gebaut. Lutyens, der damals Vitas Mutter Lady Sackville nahestand und mit Harold und Vita befreundet war, benutzte häufig einen Halbkreis oder Kreis, um einen schiefen Achsenstoß zu kaschieren, am denkwürdigsten vielleicht in Hestercombe, und die ganze Anlage erinnert sehr an ihn. Der Halbkreis ist nicht nur eine glückliche Lösung für die schrägen Zugänge vom Bauerngarten, Lindengang und Nußgarten, sondern nutzt auch den Höhenunterschied geschickt aus. Eine Bank nach dem Vorbild eines Lutyens-Originals für Gertrude Jekyll wurde so plaziert, daß sie den Gang überblickt und von unten gesehen ihrerseits einen Blickpunkt bildet. Fünf Robinien wurden als erhöhend wirkender optischer Akzent und Abschluß zum Bauerngarten hin um den Halbkreis gepflanzt, während hinter dem Wassergraben zwei Pappeln das andere Ende des Gangs abschließen.

Ein Geschenk Lady Sackvilles aus Anlaß ihres Umzugs von Streatham nach Brighton im selben Jahr sind die Wisterien, die immer noch im Gang wachsen, ferner sechs herrliche Bronzevasen aus dem Bagatelle-Garten in Paris. Einige davon wurden hier auf Mauerpfeiler gestellt, doch es wurde bald deutlich, daß sie für die schlichte rustikale Mauer zu groß und prunkvoll waren. Die Vasen zieren heute den Bereich vor dem Haupteingang, ihren Platz auf der Mauer nehmen fünf Bleiurnen im Adam-Stil ein.

Der Blickfang, den die Lutyens-Bank vom Grabengang aus bildet, wurde durch vier Säuleneiben verstärkt, die man als winterharte Alternative zu Zypressen im angrenzenden Bauerngarten pflanzte. Vita und Harold dachten vielleicht an italienische Gärten, wo stachelige Koniferen eine eindrucksvolle Blickachse krönen; Beispiele dafür hatten sie in der Toskana gesehen, als sie Freunde wie Harold Acton, Geoffrey Scott und den bedeutenden Gartengestalter Cecil Pinsent besuchten.

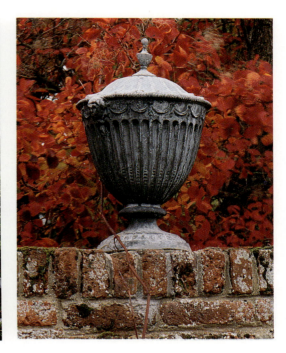

Aus den Kriegsjahren, in denen Neuerungen mangels Arbeitskräften verschoben werden mußten, gibt es sehr wenige Aufzeichnungen über den Gang. Das Gras wurde lang, und Lupinen und Glockenhyazinthen säten sich aus; Vita wollte sie lassen. Doch 1946 kamen mit verstärktem Gartenpersonal ein neues Richtungsgefühl und weitere Verbesserungen. Im März wurde die Dionysosstatue aufgestellt, die sowohl die Blickachse des Grabengangs als auch den Blick vom Turm durch den Obstgarten schickt abschließt. Die Bepflanzung der Grabenböschung beschäftigte sie beide, wie Harolds Tagebucheintrag vom 29. Dezember 1946 bezeugt:

»Am Nachmittag Herumtrödeln mit Vita. Ich versuche sie zu überzeugen, daß Planung mit zum Gartenbau gehört, und will ihr zeigen, daß die Grabengangböschung überlegt und planvoll bepflanzt werden muß. Sie will bloß die Sachen reinklatschen, die sie übrig hat. Die Tragödie des romantischen Temperaments ist, daß es so formfeindlich ist, daß es die Wirkung der Massen ignoriert. Sie will einfach irgendwas haben, das ›im Herbst ein schönes Rot gibt‹. Ich möchte etwas haben, das der Perspektive Form verleiht. Am Ende gehen wir nicht als Freunde auseinander.«

Im Juli 1947 war Harolds und Vitas Konflikt über die Bepflanzung immer noch nicht gelöst. Harold schrieb an Vita:

»Nein, Liebling – keine Azaleen. Und warum? Erstens, weil ich überhaupt finde, daß Azaleen nicht zu Sissinghurst passen. Eher zu Ascot oder Sunningdale. Nicht zu unserem schönen romantischen sächsischen, römischen, tudorschen Kent. Ich weiß, du wirst sagen, und mit Recht, Magnolien auch nicht. Aber du weißt, was ich meine. Alles was nach Vorstadtgarten aussieht, sollte ausgeschlossen werden. Aber zweitens, weil ich denke, daß wir etwas mit Form wollen. Wir haben die Mauer; wir haben den Dionysos; wir haben den Rasenstreifen; dann haben wir die Böschung; und obendrauf möchte ich etwas haben, das anders ist als die Böschung und anders als der Nußgarten. Etwas, das die Form des Grabengangs von der relativen Formlosigkeit des Nußgartens abteilt. Ich hätte lieber eine Reihe steifer Säuleneiben als einen Wust Azaleen. Aber wir können etwas anderes finden. Es ist ein sehr wichtiger Platz.«

Vita setzte sich durch: Die »Vorstadt-Azaleen« wurden gepflanzt. Doch trotz seines Ärgers über ihre Weigerung, Pflanzen zu entfernen, die für sein Empfinden die Anlage verdarben, schrieb Harold wenige Jahre später an Vita, er glaube, sie wäre »gnadenlos genug, um alles auszureißen, was nicht gut aussieht oder gut kommt«. War das Wunschdenken oder diplomatische Schmeichelei mit dem Ziel, sie im Pflanzen wählerischer zu machen?

Man kann Harold verstehen: Die jungen Pflänzchen müssen anfangs unerträglich scheckig gewirkt haben, vor allem als ihre grellen Blüten hervorkamen, karminrot, orange, lachsrot, gelb, scharlachrot und apricot. Aber vielleicht sah Vita schon den Zeitpunkt vor sich, an dem die Sträucher groß genug wären, um den Nußgarten vom Grabengang abzuschirmen, ganz zu schweigen von der spektakulären Herbstfärbung und dem betörenden Frühlingsduft. An Struktur mangelt es heute hier jedenfalls nicht, auch wenn die intensive Farbe der Azaleen im Frühling wie ein Schock wirkt.

Manche meinen, daß Vita hauptsächlich Sorten des späten 19. Jahrhunderts wählte, liege an deren Alterspatina. Sie wurden jedoch im allgemeinen im Hinblick auf eine Erweiterung des Farbspektrums selektiert; gewöhnlich sind sie knalliger als die Elternspezies und haben auch nicht die Feinheit neuerer Hybriden etwa aus Knap Hill oder Exbury. Heute sind hauptsächlich noch feuerrote und gelbe Sorten übrig, nachdem die meisten Büsche bis

DER GRABENGANG 101

1959 zur goldblütigen Unterlage des Rhododendron *luteum* zurückmutiert waren. Zwar ist die Bepflanzung immer noch die bunteste von ganz Sissinghurst, doch die ursprünglichen Farben wären noch krasser gewesen. War das Vitas Absicht? Änderte sie ihre Meinung und ließ den Wurzelstock ungehindert ausschlagen, um die Farbkomposition zu vereinfachen und einen ausgeprägteren Kontrast zu den wilden Glockenhyazinthen zu haben? Warum wählte sie nicht von Anfang an weniger Farben, Gold und Feuerrot aufgelockert mit sanfteren Gelbtönen und einem Tupfer Creme vielleicht?

Die Glockenhyazinthen kamen mit der Lauberde aus dem nahen Wald in den Grabengang und durften bleiben, weil ihre Blütezeit genau mit der der Azaleen zusammenfiel. Verwelkte Blüten müssen gekappt werden, bevor sie sich aussäen und die verbesserten Sorten im angrenzenden Nußgarten verdrängen. Gruppen der Pantherlilie *Lilium pardalinum* wurden für den Sommer zwischen die Azaleen gesetzt.

Anfang der 70er Jahre waren die Azaleen zu dicht und kränklich geworden und standen eingeengt zwischen den Nußsträuchern und einem Gürtel von *Cotoneaster horizontalis* an der Vorderseite der Böschung. Die flechtenüberzogenen und schwachblühenden Azaleen mußten verjüngt werden. Pam und Sibylle nahmen ein Erneuerungsprojekt in Angriff, durch das sie in fünf Jahren wieder reichblühend und gesund waren. Die Cotoneaster wurden beseitigt und die Azaleen stufenweise vom alten, ungesunden Holz befreit und zum Neuaustrieb aktiviert, unterstützt von einer dreimaligen Blattdüngung im Sommer. Wo Azaleen zu dicht standen, wurden einige entfernt und dabei Sorten in Goldgelb und Orange denen in intensivem Rosa vorgezogen.

Man sollte Azaleen unmittelbar nach der Blüte kappen, weil das den Flor in der nächsten Saison fördert, aber die Fülle anderer Arbeiten läßt das nicht immer zu. Die Samenstände werden im Winter entfernt, damit sie später das Bild der blühenden Pflanze nicht beeinträchtigen. Die Azaleen müssen immer noch jeden Winter ein wenig geschnitten werden, damit sie nicht zu groß werden und zur ständigen Verjüngung durch gesundes, neues blühendes Holz angeregt werden.

An der Vorderseite des Beetes wurden Nischen für Wolfsmilch, Funkien und andere ausgesuchte Schattenpflanzen geschaffen, damit die Azaleen nicht zu dicht am Rasen aufragten. Am oberen Ende des Ganges wurde die Böschung, die sich vor die Seitenbefestigung der Treppe geschoben hatte, zurückgesetzt, so daß der Gang heute mittig auf die Treppe trifft und an den Seiten gerade ist. Der nunmehr steile Hügel wurde mit *Houttuynia cordata* gefestigt – sehr zu Graham Thomas' Entsetzen, denn sie ist für ihr rücksichtsloses Wuchern bekannt. Zum Glück hat ihre Anpflanzung hier keine Probleme bereitet, und sie hindert den Hügel bewundernswert gut daran, wieder über die heilige Rasenkante zu rutschen.

Die Unterpflanzung mit Stauden bilden Arten, die für den recht trockenen Standort im Halbschatten der Azaleen ökologisch geeignet sind. So

koexistieren sie seit vielen Jahren in schönem Gleichgewicht, ohne einander zu erdrücken oder elend dahinzusiechen. Wie im Nußgarten hat die Bepflanzung auch hier nichts von der abschreckenden Langweiligkeit anderer Bodenbedeckungen mit schier endlosen überdimensionierten Flächen von Beinwell, Lungenkraut oder *Hypericum calycinum*. In Sissinghurst müssen Bodendecker selten verpflanzt werden, aber wenn, dann geschieht es im Spätsommer oder Frühherbst, wenn der Boden noch warm ist und die Pflanzen rasch wieder anwachsen können.

Ein Mulch aus Rindenhäcksel im Herbst speichert Feuchtigkeit und minimiert die Jätarbeit, aber hat auch Nachteile: Einige flachwurzelnde Pflanzen wurzeln nur im Mulch und leiden im Sommer, wenn die Rinde trocken wird. In diese Kategorie fallen Steinbrechgewächse wie Tellima und Tiarella, die auch unter dem Dickmaulrüßler leiden können, auch wenn es noch nicht nötig war, Nematoden zur biologischen Bekämpfung einzusetzen.

❧

Schon zur Zeit der Nicolsons berankten Wisterien die Grabenmauer und wuchsen Farne in ihren Fugen, genau wie heute. Später kamen *Clematis viticella* und *Corydalis ochroleuca* dazu. *Erysimum* »Bowles' Mauve«, eine wahrscheinlich nicht von Bowles selber gezüchtete Sorte rätselhafter Herkunft, wurde von Pam und Sibylle dazugepflanzt, als sie in den 70er Jahren aufkam. Stecklinge in Jiffy-Pots (Torfquelltöpfchen) werden jedes Jahr in Löcher in der Mauer gedrückt, und zwar doppelt so viele wie eigentlich benötigt, weil viele gestohlen werden, vertrocknen oder im Winter erfrieren. Wenn die Winter nicht zu streng sind, halten sich die relativ kurzlebigen Pflanzen ungefähr vier Jahre. Die Gärtner waren ziemlich entsetzt, als sie hörten, die Mauer müsse neu ausgefugt werden. Doch nach Abschluß der Arbeit wurden genug Fugen und Löcher für neue Schöterichpflanzungen und nistende Meisenpaare ausgemeißelt.

Vita hatte gern in der Rabatte am Fuß der Mauer Zinnien wachsen, die alljährlich von Sidney Neve, einem der Gärtner, dort angesät wurden. Laut Pam und Sibylle gediehen die Zinnien nur ungefähr alle vier Jahre: Die Drainage war schlecht, und bei starken Regenfällen wurden sie manchmal alle in den Graben gespült. Jedoch ihre Form, Größe und Blütezeit vom Spätsommer bis in den Herbst waren ideal und ein Maßstab für mögliche Nachfolger. Die von Graham Thomas vorgeschlagene Herbstaster *A.* × *frikartii* »Mönch« erfüllte alle Ansprüche und mußte nicht jährlich neu angesät werden. Sie ist seit vielen Jahren ein großer Erfolg, auch wenn ihr überhängender Wuchs Stützen und einen gepflasterten Rand nötig gemacht hat.

Nach so langer Zeit ist die Erde der Astern müde, und obwohl sie von weitem noch imposant aussehen, erweist genaueres Hinschauen sie als spindlig und wachstumsschwach. Sarah Cook hat festgestellt, daß als Lückenfüller gepflanzte gesunde Astern hier bald genauso krank werden wie die älteren.

104 DER GRABENGANG

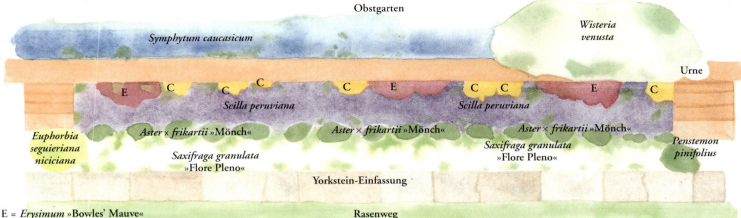

E = *Erysimum* »Bowles' Mauve«
C = *Corydalis lutea*

SEITE 102-103 UND RECHTS *Der Grabengang im späten Frühling. Der Schöterich »Bowles' Mauve« in der Mauer und Steinbrech darunter bilden einen Kontrast zur Böschung mit Azaleen und Glockenhyazinthen gegenüber, hier (rechts) im Nahbild.*

GANZ RECHTS *Scilla peruviana am Fuß der Mauer. Der Gärtner Philip Miller (18. Jh.) riet, sie so zu setzen, daß sie nur morgens Sonne hat; an wärmeren Orten verblüht sie schnell.*

PLÄNE *Bei der dreiteiligen linearen Bepflanzung der Rabatte (oben) können Blaustern und Steinbrech im Frühjahr und -sommer den freien Raum füllen; im Spätsommer und Herbst nehmen die sich ausdehnenden Astern die ganze Breite ein. Eher locker ist dagegen die Bepflanzung der Azaleenböschung (unten), wo kleinere Pflanzen vorn durcheinander und zwischen größeren wachsen.*

DER GRABENGANG 105

LINKS *Im Spätsommer legt sich Aster × frikartii »Mönch« zu Beginn seiner fast dreimonatigen Blüte über die Steineinfassung des Beetes. Der durchgehende Asternstreifen wird nur von einer Kaskade des japanischen Weins Vitis coignetiae unterbrochen. Daß ein Steinrand da ist, über den sich die Astern anmutig neigen können, gibt eine sanftere und romantischere Wirkung. Über der Mauer bildet die Trompetenrebe Campsis radicans einen Kontrast zu Elaeagnus »Quicksilver«. Die Mauer ist das altertümlichste Element des Gartens; man ist nicht bestrebt, sie völlig mit Kletterpflanzen zu verdecken.*

RECHTS *Der Blick vom Obstgarten über den Grabengang auf den Dionysos. Ein Beet mit azurblauem Symphytum caucasicum, gepflanzt von den Gärtnern, kontrastiert mit Vitas ursprünglicher weißschimmernder Wisteria venusta. Knospen der später blühenden W. floribunda »Alba« verheißen einen spektakulären Flor 45 cm langer Blütentrauben. In Nigel Nicolsons Augen ist sie die schönste Pflanze im ganzen Garten.*

DER GRABENGANG 107

Bei jeder Umpflanzung oder Veränderung gehen viele verloren, so daß man den Bestand in Ruhe läßt und nur gelegentlich Lücken schließt. Eine Bodenentseuchung verlief erfolglos, vielleicht weil die Krankheit vom Rasen oder von der Mauer wieder eindrang, und ein Bodenaustausch dürfte genauso unwirksam und noch mühsamer sein. Man wird bald eine andere Pflanze benötigen. Leider können nur wenige winterharte Stauden die lange, reiche Blüte des »Mönchs« erreichen, nur andere Astern und nahe Verwandte, die an derselben Bodenmüdigkeit kranken würden. Eine empfindliche Mehr- oder Einjährige könnte die Lösung sein, würde aber mehr Arbeit erfordern.

Die anderen Bewohner der Rabatte, *Scilla peruviana* und *Saxifraga granulata* »Flore Pleno«, haben gegensätzliche Ansprüche, doch bekommt jede, was sie braucht. Die Scilla läßt sich in den trockenen Sommermonaten gern am Fuß der sonnigen Mauer braten und blüht infolgedessen zwar kurz, aber üppig; der Steinbrech, eine Pflanze der Flußauen, mag in seiner Wachstumssaison im Frühling den hohen Grundwasserspiegel, den der nahe Graben verursacht. Beide müssen gelegentlich verpflanzt werden, wenn der Raum zu eng wird. Die Scilla, eine Mittelmeerpflanze, die ihren Namen angeblich daher hat, daß sie von einem Schiff namens *Peru* nach Bristol gebracht wurde, wuchs früher im Lindengang, wo sie ihre Glanzzeit hatte, wenn alle anderen Zwiebeln kümmerlich abstarben.

Links und rechts der Lutyens-Bank stehen traditionell zwei große Töpfe, die im Lauf der Jahre diverse Pflanzen beherbergt haben, z.B. *Calomeria amaranthoides* (früher *Humea elegans*), eine von Vitas Favoritinnen. Sie schrieb von ihrem weittragenden, an italienische Dome erinnernden Duft und ihren langen, eleganten braunroten Blütentrauben. Da jedoch ihre Blätter und Pollen allergische Reaktionen auslösen und sie extrem gefährlich für Asthmatiker ist, empfiehlt sie sich nicht für vielbesuchte Gärten. *Abutilon* »Canary Bird«, mit ihren dunkelglänzenden Blättern eine der schönsten ihrer Gattung, und Bäumchen der Gartenform von *Argyranthemum foeniculaceum* mit graugrünen gefiederten Blättern haben sich hier in letzter Zeit gut gemacht. Im Herbst kommen zu den Asternblüten die leuchtenden Farben von Kletterern, Pfaffenhütchen, Perückensträuchern und vor allem Azaleen hinzu. Früher wurde die Farbenpracht noch von über die Mauer guckenden Zierkirschen (*Prunus sargentii*) bereichert, aber Ende der 70er Jahre fielen sie, geschwächt durch ständigen Vogelfraß, dem Hallimasch zum Opfer.

Die Kletterpflanzen müssen jährlich vor Neujahr geschnitten werden. Wenn bei den Wisterien das Gerüst aus Hauptästen und Blütensprossen einmal stimmt, muß man sie laut Sarah nur einmal im Jahr stutzen, in der letzten Juli- oder ersten Augustwoche. Neue Sprosse, die dann auf den zweiten oder dritten Knoten zurückgeschnitten werden, treiben praktisch nicht mehr aus, so daß man im Winter nur noch das tote Holz entfernen muß. Das ist viel einfacher als das traditionelle Verfahren, bei dem man im Lauf eines Jahres zweimal oder sogar dreimal schneiden muß, und führt nach Sa-

rahs Erfahrung auch nicht zu einem geringeren Flor, vorausgesetzt man schützt die Blütenknospen mit schwarzen Baumwollsäckchen vor Vögeln. An Drähten oben an der Mauer können die Wisterien und die *Clematis viticella* sich ausbreiten und sich elegant von oben herabhängen lassen.

Der Rasen im Grabengang wird von fast jedem Besucher betreten und könnte ohne gute Pflege nicht überleben. Er wird regelmäßig aerifiziert und kontrolliert; kahle Stellen werden abgesperrt und mit 2 cm² großen Rasenplaggen aus der Pflanzschule geflickt. Wenn der Garten im Herbst schließt, wird das Gras zur Entfilzung und Bodendurchlüftung vertikutiert und aerifiziert. Abgetretene Flächen werden mit einer Mischung aus belastbaren Zwergweidelgräsern, Ausläuferrotschwingel und Rotem Straußgras nachgesät. Alle paar Jahre wird mit einer Stachelwalze und einer Beigabe Sand die Oberflächendränung verbessert, wodurch der Rasen strapazierfähiger wird.

Bodenanalysen haben ergeben, daß wie in vielen alten Gärten der Boden zuviel Phosphat, aber zuwenig Kali hat, was rauhe und häßliche Honiggräser wie das Wollige Honiggras (*Holcus lanatus*) begünstigt. Herkömmliche Rasendünger sind nicht ideal: Sie enthalten zuviel Phosphat und müßten im Frühling und im Sommer ausgebracht werden, und zertreten von vielen Füßen würden die konzentrierten Salze unschöne Verätzungen verursachen. Zur Zeit wird im Spätherbst ein Kalidünger ausgebracht, ein Stickstoffdünger mit Langzeitwirkung im Frühling und noch einmal Kaliflüssigdünger auf Algenbasis im Sommer.

❧

Der Grabengang ist ein Bereich voll entzückender Paradoxe: Er ist absolut formstreng, doch mit völlig ungleichen Seiten; er verbindet eine mittelalterliche Mauer mit einer klassischen Statue, georgianischen Urnen und einer Bank aus dem 20. Jahrhundert im Stil des frühen 18. Jahrhunderts. Heutige Gärtner hätten kaum den Mut, die Stile so zu mischen, weil wir nach unserer langen Gartengeschichte zu befangen sind, um uns allein von der Schönheit leiten zu lassen. Als der Garten angelegt wurde, gab es weder eine Garden History Society noch überhaupt das Fach Gartengeschichte. Vita und Harold hätten nicht danach gefragt, welche Dekoration und Bepflanzung zu einer mittelalterlichen Mauer gehörten, und nichts dabei gefunden, in ein Tudorhaus georgianische Möbel zu stellen. Schönheit allein zählte. Der Garten in Sissinghurst ist kein Schaustück historischer Pedanterie, sondern eine Synthese von allem, was im Garten des 20. Jahrhunderts schön ist.

Zur Herbstmitte blühen die Astern immer noch, doch die Vitis coignetiae *hat bis auf wenige flammende Blätter schon alle verloren. Strauchmargeriten flankieren noch die Lutyens-Bank, müssen aber ins Treibhaus, wenn Frost droht. Die blutroten Azaleenblätter werden scharlachflammend, bevor sie abfallen.*

Der Kräutergarten

Vita war von Kräutern fasziniert, von den Überlieferungen um sie ebenso wie von ihren Gerüchen. Aber als Teil einer größeren Bepflanzung wäre ihr stiller Zauber leicht von lauteren Nachbarn übertönt worden. Mit ihrer Versammlung in dieser streng gegliederten äußersten Ecke des Gartens schuf Vita die Möglichkeit, neben den literarischen, historischen, medizinischen und kulinarischen Assoziationen der Kräuter ihre Schönheit und ihren Duft zu genießen.

Es ist nicht leicht, einen Kräutergarten anzulegen, der das ganze Jahr über schön ist. Viele Kräuter sind ein- oder zweijährig und lassen Lücken, die im Hochsommer gefüllt werden wollen; andere vom sonnigen Mittelmeer kümmern in den naßkalten Wintern Kents elend dahin. Die Gärtner haben alles daran gesetzt, diese Probleme zu meistern und den Kräutergarten (Herb Garden) von Frühling bis Herbst zu einer Augenweide zu machen.

Vitas Gartenmerkbuch aus Long Barn für 1925-29 zeigt, daß sie sich damals zunehmend für Kräuter interessierte und immer mehr Sorten anschaffte. Ihre Inspirationsquelle könnte Eleanour Sinclair Rohdes *Garden of Herbs* (1920) gewesen sein, nach Jahrzehnten das erste englische Buch zu diesem Thema. Die Verfasserin schrieb viel für *The Times, Country Life, The Field* und *The Countryman* und war eine Zeitlang Vorsitzende des Journalistinnen-Verbands. Das Buch muß Vitas Neugier und Sympathie geweckt haben, denn viele ihrer Interessen kamen hier zusammen: Kräuter, alte Kräuterbücher, Gartengeschichte, Pflanzen bei Shakespeare, Düfte im Garten, Feinschmeckergemüse und alte Rosen.

1934 wurden in Sissinghursts Kräutergarten die Eibenhecken gepflanzt. Elenour Rohdes *Herbs and Herb Gardening* erschien 1936 und weckte abermals ein breites Interesse für das Thema. 1938 pflanzte Vita die ersten Kräuter, in jedes der vier Beete drei Sorten. Der Krieg verhinderte weitere Entwicklungen, und als Jack Vass 1946 zurückkehrte, war der Kräutergarten fest in der Hand des Gierschs. Nach der Beseitigung des Unkrauts wurden Frühkartoffeln gelegt, damit sie den Boden durcharbeiten und man das Raster der Wege und 20 Beete anlegen konnte, das wir heute haben, wobei die Hauptachsen damals mit Betonplatten und die Seitenwege mit Rasen belegt wurden. Thymian wuchs in Spalten im Pflaster, trotzte den wenigen Füßen, die darüber hingingen, und strömte sein erfrischendes Aroma aus. Der Chauffeur Jack Copper baute die Kamillenbank (von Harold und Vita »Sitz Eduards des Bekenners« getauft) aus Mauerresten des alten Hauses. Etwa zur gleichen Zeit legte Eleanour Rohde in Lullingstone Castle, wenige Meilen nördlich von Vitas geliebtem Knole, für Lady Hart Dyke den größten und ehrgeizigsten Kräutergarten in England an.

Man ist überrascht, wenn man so fern vom Herz des Gartens, hinter den wilderen Bereichen des Obst- und des Nußgartens, auf einen so formstrengen Hag trifft. Auch für die Küche war der Standort der Kräuter nicht bequem. Aber die Köchin von Sissinghurst war ja nicht Vita, sondern Mrs. Staples (die Vita auch nach ihrer Heirat mit dem Butler George Hayter weiter Mrs. Staples nannte). Die wichtigsten Küchenkräuter hatte man neben die Tür des Pfarrhauses gepflanzt, wo sie für die einfachen Gerichte, die Vita bevorzugte, leicht erreichbar waren. Aber Vita wollte unbedingt mehr Kräuter anpflanzen, und es gab einfach keinen anderen Platz im Garten. 1948 hatte sie schon über 60 verschiedene Kräuter hier versammelt. Wie in Lullingstone konnte man dank der Wege, die die vielen Beete übersichtlich abteilten, jedes einzelne Kraut pflücken und bewundern, ohne die Erde zu zertrampeln.

Vita hatte versucht, vor dem Nordeingang des Kräutergartens Stockrosen wachsen zu lassen, doch an dieser windigen Stelle lagen sie ständig flach, einerlei wie sehr man sie stützte. 1948 verwirklichte Vita hier ihre Idee, zwei Beete ausschließlich mit Quendelsorten zu bepflanzen – eine Flickendecke

Der Sitz Eduards des Bekenners – links im Frühling mit Lorbeerseidelbast und Petersilietöpfen, rechts im Sommer, gut gepolstert mit der nichtblühenden Römischen Kamille »Treneague« hinter weißem Borretsch und Muskatellersalbei.

aus Violett, Rot und Weiß »wie ein im Freien ausgelegter Perserteppich«. Das gelang ihr so gut, daß sie stolz erklärte:

»Es ist wirklich ein herrlicher Anblick. Ich will nicht prahlen, aber ich kann nicht anders als davon angetan sein. Es ist so selten, daß einem gärtnerische Experimente vollkommen glücken.«

Vita pflanzte auch Krokusse, Zwergnarzissen und rosarote Alpenveilchen dazu. Sie glückten weniger. Als sie 1959 das Thema Thymianbeete wieder aufnahm, gab sie ihre Fehler zu:

»Sie gediehen recht gut und mochten ihren Standort, aber sie gaben der Thymianwiese ein unordentliches Aussehen, indem sie ihre Flachheit durchbrachen. Inzwischen sind sie weg und woanders hingekommen. Die Thymianwiese sieht ohne sie viel besser aus.«

Sie bedauerte auch, daß sie weißen Quendel dazugetan (»Rot, Violett und Mauve wären homogener gewesen«) und die Pflanzen nicht von Anfang an in gut wasserdurchlässige Erde gesetzt hatte.

☙

Als Pam und Sibylle anfingen, waren zwischen dem wuchernden Gras nur noch wenige Thymianpflanzen übrig. Wie immer beim unmittelbaren Nebeneinander von Rasen und Thymian eroberte das Gras die Beete und war schwer wieder wegzubekommen. Die Beete 1969 zu umpflastern, reichte nicht aus, denn die Besucher traten weiterhin auf den Quendel, der mit wachsenden Besucherzahlen immer mehr litt. Mit einer erhöhten Ziegelkante konnten sowohl Füße ferngehalten als auch die Drainage der Beete verbessert werden.

Der Thymian bedurfte ständiger Pflege, um in der lehmigen Erde Kents zu gedeihen. Nur die niedrigsten Sorten machten sich gut; die höheren wuchsen nicht immer gut nach, wenn sie nach der Blüte zur Erhaltung eines perfekten Teppichs gestutzt wurden. Selbst von dem relativ kurzen *Thymus serpyllum* var. *coccineus* »Major« sind nach dem Schneiden nur magere Borsten in einer kahlen Mitte übrig, aber das ist schlicht seine Art: von seinem Epizentrum aus kolonisiert er neue Flächen.

Alle fünf oder sechs Jahre müssen die Beete mit Stecklingen aus Formplatten neu bepflanzt werden. Pam und Sibylle stellten fest, daß einfarbige Matten mehr Eindruck machten als Vitas sehr kunterbunte Mischung. Außer niederwüchsigen Kulturformen von *Thymus serpyllum* und dem einheimischen *T. praecox* subsp. *britannicus* findet noch *T. pseudolanuginosus* Verwendung, der allerdings in manchen strengen Wintern eingeht. Gründliche Unkrautbekämpfung ist unabdingbar, denn in einem Boden, der Unkrautsamen enthält, etwas anzupflanzen, ist sinnlos; Jät- und Aufräumtag ist immer freitags. Eine Invasion der winzigen niederliegenden *Oxalis corniculata* konnte nur durch das Ausräumen und Sterilisieren der Beete abgewehrt werden. Pam meint, die Beete seien »eine Lust, wenn sie wirklich blühen und von Bienen wimmeln, aber sie sind keine arbeitsparende Idee«.

Das Zentrum des Gartens bildet eine von drei Löwen getragene Marmorschale, die Harold und Vita 1914 aus der Türkei mitgebracht hatten. Die diversen Kräuter, die im Lauf der Jahre darin wuchsen, waren nicht immer glücklich. 1959 kümmerte Thymian darin, der mit dem bißchen heißer trockener Erde gar nicht einverstanden war. Die Gärtner durchpflanzten ihn mit Safran-Krokus (*Crocus sativus*), der zwar Blätter bekam, aber trotz der prallen Sommersonne nie blühte. Dachwurz löste den Thymian ab und gedieh bis 1994 gut an diesem ungastlichen Ort. Doch als man fünf verschiedene Dachwurzsorten zog, nahmen sich Besucher mit langen Fingern je einen Steckling mit. Selbst bei nur einer Sorte kann Diebstahl den Effekt zunichte machen, und die Gärtner gewöhnten sich an, ein Ersatzsortiment auf Lager zu haben.

DER KRÄUTERGARTEN 111

Seit Vitas Zeit haben die Gärtner ständig neue Kräuter hizugefügt, vor allem im Hinblick auf Schönheit, aber auch auf interessante Nutzungen oder Überlieferungen. Pam und Sibylle erwarben mit großer Mühe eine Alraune und waren ganz enttäuscht, als sie nicht schrie, wie sie es der Sage nach tun müßte, wenn sie ausgerissen und umgesetzt wird.

Karden wuchsen schon viele Jahre im Garten, bevor Pam und Sibylle entdeckten, daß es keine Weberkarden (*Dipsacus sativus*) waren, deren hakige Spreublätter in die Gegenrichtung zeigen, und führten diese ein. Sie geben jedoch zu, daß sie nicht so dekorativ sind wie die einheimische wilde Karde *D. fullonum,* die viel imposanter und leichter zu stützen ist. Die Weberkarde hat blassere lila Blüten und spröde, stengelumfassende Blätter, die Wasser und mitunter faulende Pflanzenreste sammeln.

Auch Sarah Cook vermehrt das Kräutersortiment weiter. Sie hat z.B. die Kapuzinerkresse »Empress of India« mit sattroten Blüten und tiefgrünen Blättern und die zitronenduftende *Monarda citriodora* eingeführt.

☙

Obwohl viele der über 100 Kräuter ein- und zweijährig sind, werden wenige direkt ausgesät. Die Gärtner erzielen bessere Ergebnisse, wenn sie sie in der Pflanzschule in Töpfen oder Reihen anziehen und zur rechten Zeit in den Kräutergarten umsetzen. Engelwurz sät sich selbst aus, wenn man sie läßt, aber selten am richtigen Ort. Außerdem braucht man zwei Generationen, eine blühfähige und eine, die bis zum nächsten Jahr weiterwächst; die jüngere Generation muß immer ein Stück abseits stehen, weil die ausgewachsenen Pflanzen zuviel Schatten werfen und den anderen keinen Raum lassen. Man zieht sie in der Pflanzschule aus Samen oder setzt selbst ausgesäte im Kräutergarten um. Wenn die Engelwurz im Kräutergarten ausgeblüht ist und die Blätter absterben, ist die neue Generation so weit, sie abzulösen.

Karden, Muskatellersalbei, Färberwaid und Kümmel werden mit anderen Zweijährigen zur gleichen Zeit wie der Schöterich ausgesät und in Reihen gesetzt. Borretsch und Topfringelblumen werden manchmal im Herbst gesät oder ansonsten früh unter Glas gezogen.

Nicht alle Kräuter kommen gut in Sissinghurst, für Sesam, Kreuzkümmel, Basilikum u.a. sind die Sommer in Kent zu kalt. Die Purpurbasilie »Dark Opal« wird noch gezogen, aber gedeiht nur in heißen Sommern. Pam und Sibylle wollten den Kräutergarten in erster Linie ansprechend gestalten und konnten die »miesen kleinen weißen Dolden« wie Kerbel und Koriander nicht leiden, die bis zu dreimal im Jahr ersetzt werden mußten und wenig zur Schönheit des Gartens beitrugen. Auch Kümmel war keine Freude, denn seine Samen säten sich wie wild aus, wenn man sie an der Pflanze ließ. Einige weniger »miese« Dolden, besonders Dill, werden hin und wieder von der Möhrenfliege befallen. Pestizide werden im Kräutergarten selten benutzt, weil Besucher die Blätter probieren oder befingern könnten.

Die Erfahrung lehrte, daß man Salbei unbedingt immer zurückschneiden muß, damit er nicht zu hoch aufschießt und leicht bricht. »Icterina« erwies sich als am langlebigsten, weil sie selten blüht. Die Minzen wuchsen früher alle im selben Beet, was gut war für Vergleiche, aber gefährlich, wenn man sie länger als ein Jahr drin ließ und ihre Gruppen sich verbanden. Jetzt werden sie wie Einjährige behandelt und jedes Jahr in einzelnen Gruppen in eines der neu bepflanzten Beete umgesetzt. Neue Pflanzen entstehen aus Stecklingen oder durch Teilung. Stecklinge sind einfacher und gemeinhin vorzuziehen, weil so Wurzelerkrankungen ausgeschaltet werden. Einige Minzen jedoch, besonders *Mentha × gracilis* »Variegata«, bekommen manchmal Rost und müssen dann durch Wurzelteilung vermehrt werden.

Kräuter sind keineswegs unproblematische Pflanzen, und viele haben lästige Beschwerden. Kleine halbstrauchige Lippenblütler wie Ysop, Lavendel, Thymian und Salbei können Pilzkrankheiten bekommen, die die Zweiglein absterben lassen. Wo viele solche Lippenblütler zusammen wachsen, sind sie anscheinend noch anfälliger und können nur aktiviert werden, indem man periodisch den Boden entseucht oder austauscht.

Auch Kräuter, die keine Lippenblütler sind, Färberwaid etwa, holen sich bodenbürtige Krankheiten und bedürfen dann ähnlicher Behandlung. Pam und Sibylle führten ein Wechselsystem ein, nach dem jedes Jahr zwei der 20 Beete für ein- und zweijährige Kräuter kultiviert wurden. Nach einer Weile wurden beide Beete ein paar Jahre lang mit Mehrjährigen bepflanzt und zwei andere Beete kultiviert. Periodische Entseuchung mit Dazomet war nötig, und zudem wurde Sissinghursts schwerer Lehmboden in harter Arbeit mit Humus verbessert. Um das Erkrankungsrisiko zu minimieren, kamen die Ein- und Zweijährigen nie zwei Jahre hintereinander an denselben Platz.

☙

Die Betonplatten, die die Hauptwege des Kräutergartens bedeckten, wurden ursprünglich mit Lücken von 10 cm verlegt, damit Kamille und Thymian dazwischen wachsen konnten. Das war keine gute Idee, denn die Lücken waren breit genug für Füße, und die Besucher stolperten ständig. Obwohl die Seitenwege jedes Jahr einen neuen Rasenbelag bekamen, wurde das Gras immer bis auf ein paar Stoppeln an den Rändern abgetreten.

1970 fiel der Beschluß, alle Wege im Kräutergarten zu pflastern. Die Gärtner hatten gehofft, dabei zugleich die Niveaus korrigieren zu können, aber das erwies sich als unmöglich. Immerhin wurden größere Abschüssigkeiten verringert, besonders ein Abfall an der Südwestecke. Nigel Nicolson entwarf den jetzigen Pflasterplan, indem er den alten Plan geringfügig verfeinerte und für die beiden Hauptachsen Yorkstein nahm. Zwischen einigen Platten wurden kleine Spalten gelassen, damit sich dort wieder Thymian und Kamille ansiedeln konnten. Auf die Seitenwege sollten Ziegel kommen. Die Marmorschale ließ Nigel, nach einem Vorbild von Lutyens,

112 DER KRÄUTERGARTEN

OBEN *Färberginster* (Genista tinctoria, *links*) *ist im Frühsommer eines der prächtigsten Kräuter, dahinter die weißblütige Giftbeere* (Nicandra physaloides). *Rechts in Blüte Balsamkraut* (Tanacetum balsamita *subsp.* balsamitoides); *durch die Öffnung sieht man ein Stück Thymianbeet.*

RECHTS *Die Monarde »Cambridge Scarlet«, buntblättrige Apfelminze und Fenchel.*

GANZ RECHTS *Die Giftbeere im Herbst voll Früchten in papierartigem Kelch, davor die einjährige Zitronenmonarde* (Monarda citriodora), *eine Neuerwerbung.*

DER KRÄUTERGARTEN 113

LINKS UND PLAN *Im Bild das rechte Beet auf dem Plan, mit Arnika, Römischem Wermut, Osterluzei, Fingerhut und den Samenschöpfen der Küchenschelle. In der Pflasterung mit hochkant gestellten Dachplatten in der Mitte folgte Nigel Nicolson einem Entwurf von Lutyens, angewandt u.a. in Goddards und Papillon Hall. Die Bank wurde Anfang der 80er Jahre von Andrew Skelton nach einem Vorbild aus dem 17. Jahrhundert gebaut. Wie bei allen Holzbänken in Sissinghurst nahm man Eiche, der silbrigen Alterspatina wegen. Weil eine gerade Oberkante die Aufmerksamkeit auf die geschrägte Hekke dahinter gelenkt hätte, wollten die Gärtner sie geschwungen haben. Der Plan zeigt einen erheblichen Anteil an kurzlebigen Einjährigen (Koriander, Kapuzinerkresse und Flachs) sowie mehrere Zweijährige (Mariendistel, Fingerhut und Mutterkraut). Die Notwendigkeit, sie einmal, die Einjährigen sogar zwei- bis dreimal im Jahr zu vermehren, macht eine solche Anlage sehr arbeitsintensiv, aber anders kann die Bepflanzung nicht ganzjährig in Blüte bleiben. Die Kapuzinerkresse »Empress of India« von 1882 zeichnet sich durch ihre blaugrünen dunklen Blätter und satt zinnoberroten Blüten aus.*

SEITE 114-115 *Der Kräutergarten im Frühjahr mit rosa* Persicaria bistorta *»Superba« und geschmackvoll abwechselnden Ziegel- und Steinwegen. In der Ecke hinten links das hübsche Laub der Engelwurz, vorn der amerikanische Maiapfel* (Podophyllum peltatum).

116 DER KRÄUTERGARTEN

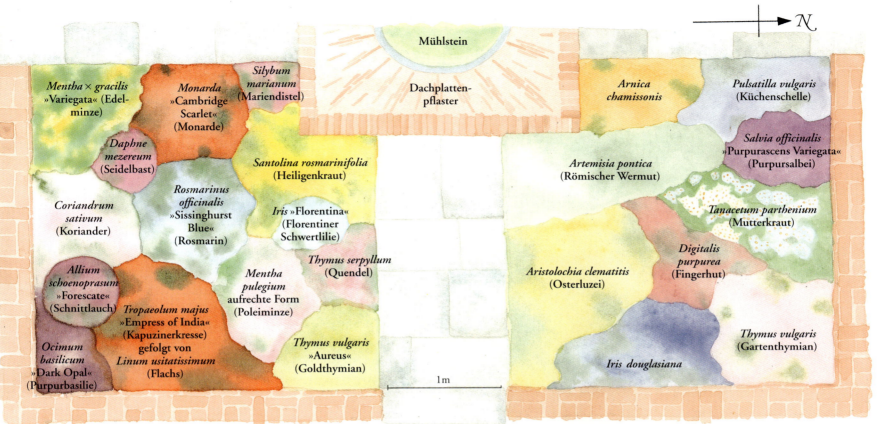

auf einen Mühlstein stellen, sternförmig umgeben von hochkant gestellten Dachplatten.

Gute Drainage ist für viele Kräuter lebenswichtig, besonders für Lippenblütler, die trockenes Mittelmeerklima gewohnt sind. Zugleich mit dem Pflaster wurde ein ausgeklügeltes Dränsystem im Garten verlegt, und das Hauptproblem, das gelegentliche Überlaufen des Wassergrabens, wurde mit einem 15 cm starken Abflußrohr von der Ecke des Grabens zum tieferliegenden Weiher gelöst.

Die Erneuerung der Eibenhecke war ein langwieriger Prozeß, der anfing, als das Pflaster verlegt wurde. Durch den Eingang von den Thymianbeeten konnte man sich eben noch hindurchquetschen, und die Hecken hier mußten hinter die Breite des neuen Pflasters zurückgeschnitten werden. Dann kam die Außenseite dran. Die Gärtner schnitten lieber erst außen als innen, denn anders hätte es vom Innern des Kräutergartens aus häßlicher ausgesehen. Indem man die Innenseite noch ließ, bis die Außenseite nachgewachsen war und die Eiben in der Mitte viele junge grüne Triebe bekommen hatten, waren die Hecken die kürzestmögliche Zeit kahl. Mit Pam Schwerdts Worten: »Der zweite Rückschnitt ist viel weniger qualvoll als der erste.« Auch die Beseitigung einer Feldhecke außen um den Garten herum half: Das zusätzliche Licht regte die Eiben zum Sprießen an, und sie wurden nicht mehr von langen Holunderzweigen und Brombeerranken keck überragt.

Beim Schnitt an der Innenseite wurde die Hecke auch in der Höhe zurückgenommen, wobei man einen gewissen Spielraum für das Höhenwachstum ließ. Als nächstes kamen die Eibenvorsprünge dran, deren Positionen zum Teil kaum in Beziehung zu den Wegen standen. Die unsinnig plazierten Vorsprünge wurden einfach beseitigt und in der Pflanzschule neue Heckenteile zu voller Höhe gezogen, die dann dort eingepflanzt wurden, wo die Anlage es zu gebieten schien. Vorsprünge, die beinahe den Eingang vom Nußgarten blockierten, wurden entfernt und später in gleicher Weise mit größerem Abstand neu gepflanzt.

Die Abschüssigkeiten des Kräutergartens sind beim Heckenschnitt immer noch ein Problem. Die Gärtner müssen sich wohl an den vier Eckpunkten des Gartens ausrichten, denn keine der Hecken schließt oben gerade ab. So folgt die Hecke, anders als beim Weißen Garten, ungefähr dem Gelände.

☙

Der Kräutergarten bezaubert durch scheinbare Schlichtheit. Doch sie täuscht, denn er stellt genauso hohe Pflegeansprüche wie andere Teile Sissinghursts. Mit seinem romantischen Flair von Kräuterkennern und Dichtern alter Zeiten und ferner Länder erinnert er vielleicht besonders ans Mittelmeer, wenn, wie Anne Scott-James bemerkt, der Duft der Macchia-Landschaft Korsikas oder der thymianbedeckten Berge Griechenlands in der Sommerluft hängt.

DER KRÄUTERGARTEN 117

Der Obstgarten

Die stark süßlich duftende Rose »Félicité Perpétue«, eine Hybride der Rosa sempervirens, *wächst hier in einem Birnbaum. Sie wurde 1827 von A.A. Jacques, dem Gärtner des Herzogs von Orléans, gezüchtet und nach seinen beiden Töchtern benannt.*

Obwohl die Natur ihn seines waldigen, Rosen tragenden Baumbestands beraubt hat, hat der Obstgarten (Orchard) immer noch viel zu bieten. Seine naturalisierten Zwiebelpflanzen, Wildblumen, schimmernden Gräser und der einfassende Graben stellen reizvolle Elemente dar, die man im Garten sonst nirgends findet. Sie fordern überlegte und zeitlich genau abgestimmte Pflege, ferner, daß man mit der schlechten Drainage und den Pflanzenkrankheiten fertig wird, die in vielen Gärten unbewältige Probleme sind.

Als Harold und Vita nach Sissinghurst kamen, standen im Obstgarten nur ziemlich alte Apfel- und Birnbäume, die zwar charaktervoll waren, aber schlecht trugen. Sie hätten an ihrer Stelle die besten Sorten mit gut übers Jahr verteilten köstlichen Früchten und Blütendüften pflanzen können, wie ihr Freund Edward Ashdown Bunyard, ein Experte für Qualitätsobst ebenso wie für alte Rosen, ihnen wohl riet. Statt dessen verschonten sie die Bäume, schmückten sie mit duftigen Kletterrosengirlanden und verteilten Osterglocken, Krokusse und Wildblumen im Gras zu ihren Füßen.

Harold zwang dem Obstgarten keine Architektur auf, zumal dessen Unregelmäßigkeit selbst für sein gestalterisches Talent eine harte Nuß gewesen wäre. Nichts deutet darauf hin, daß er oder Vita sich bemüßigt fühlten, seine romantische Wirrnis geometrisch zu ordnen. Und so bildet dieser Teil des Gartens einen deutlichen Kontrast zu der Formstrenge und komplexen Bepflanzung der übrigen Bereiche. Harolds Brief an Vita vom Oktober 1937 zeigt, daß die Sache damals noch nicht abgeschlossen war:

»Ich glaube, deine Idee, dem Pfad zu folgen, den Hayter beim Entenfüttern gemacht hat, d.h. am Rand herum, ist richtig. Am Saum Moschusrosen und Iris und gewundene Pfade in der Mitte mit Gehölzen, Gebüschen, Dickichten – kurz, Platz für alles außer Gartenblumen – Wildrosen, weißer Fingerhut in Haufen, Narzissen in Scharen …«

Das klingt recht widersprüchlich, denn was sind die meisten davon anderes als Gartenblumen? Harold scheint eine Mischung von eher höhergezüchteten Pflanzen anzudeuten, als wir heute haben, vielleicht Moschata-Hybriden und ausgefallene Schwertlilien neben den schlichteren Spezies, eine Art englisches Ninfa in seiner Verbindung von erlesenen Pflanzen und baufälliger Urigkeit. Aber vielleicht blieb die Bepflanzung des Obstgartens durch den Krieg erfreulich gemäßigt und einfach genug, um den stilistischen Kontrast zu geben, den der Garten braucht.

Gertrude Jekyll hatte empfohlen, Rosen in Obstbäume klettern zu lassen, aber sie dachte wohl nicht an eine so ausschweifende Anwendung dieser Technik wie in Sissinghurst, wo nicht bloß von ein oder zwei Bäumen, sondern fast von jedem Rosen hingen und wallten. In seinem Buch *The Old Shrub Roses* beschrieb Graham Thomas die 3,60 m hohen Rosen »Mme. Plantier« und bewies mit einem Foto, auf dem drei die Stämme dicht beieinander stehender Bäume überwuchern, den außerordentlichen Erfolg dieser Methode. Nach Pams und Sibylles Meinung jedoch hat sie ihre Grenzen, denn sie kann das Ableben malerischer alter Bäume beschleunigen, und die Rosen selbst sind kaum zu schneiden und daher relativ kurzlebig.

Vita schrieb über »Mme. Plantier«:

»Sie ist 4,50 m hoch und hat einen Umfang von 14 m, nach oben hin schmäler werdend wie die Taille einer viktorianischen Schönen über einer weiten Krinoline, die über und über mit süßduftenden weißen Blüten bestickt ist … Ich gehe sie im Mondschein betrachten, ihre gespenstisch schimmernde Birnenform, die matronen- und jungfernhaft zugleich wirkt. Sie muß in langen Ranken um ihren Baum herum aufgebunden werden, sonst wäre sie nur ein großer, wuchernder Busch. Als beste Methode erwies sich ein an den Baum gelehnter Dreifuß aus Bohnenstangen, woran wir die Ranken festbanden.«

Durch solch treffendes, wiewohl sprunghaftes Nebeneinander von Poetischem und Prosaisch-Praktischem sind Vitas Gartenartikel heute noch genauso inspirierend und nützlich wie vor 40 Jahren.

Die meisten Rosen hier waren weiß, RR. *filipes* »Kiftsgate«, *multiflora*, *sericea* subsp. *omeiensis* f. *pteracantha* mit rot durchscheinenden Stacheln und »Félicité Perpétue«. Farbige Sorten waren gedämpft, wie die grauviolette »Améthyste« und die pfirsichgelbe »Auguste Gervais«, oder reich belaubt, wie die tiefrosa »Hollandica« und *Rosa virginiana*. Viele starben 1987, als der große Sturm ihre Wirtsbäume umwarf und der Obstgarten seine Gehölze und Dickichte verlor. Von den paar übriggeblieben Rosen breiten sich einige am Boden aus, manche erklimmen die noch stehenden Bäume, und einige werden an Pyramiden aufgebunden, doch es wird Jahrzehnte dauern, bis der Obstgarten seine Waldigkeit und seinen reichen Rosenbehang wiederhat.

Der Obstgarten bot sich auch als Heimat für viele Pflanzen an, die die Nicolsons geschenkt bekamen, vor allem für die kleinen Bäume, die sonst nirgends im Garten unterzubringen waren. Einige waren willkommen, etwa die Kirschbäume vom Nachbar Captain »Cherry« Collingwood Ingram, von denen einer, *Prunus* »Taihaku«, noch lebt. Ingram fand ihn 1923 in einem Garten in Surrey, nachdem er unerklärlicherweise in Japan außer Kultur ge-

kommen war. Der grünlich-weiße »Ukon« war ebenfalls beliebt, auch der heute allzu bekannte »Amanogawa«, aber vielleicht die eindrucksvollste Zierkirschenpflanzung im Obstgarten war die im Frühherbst rotflammende Reihe von *Prunus sargentii* über dem Grabengang. Ein weniger erfreuliches Überbleibsel ist »der hundsordinäre Kanzan, der sich mit roher Kraft ausbreitet wie die Masern«. Vitas Meinung von dieser bonbonroten, steifzweigigen Sorte wurde von »Cherry« Ingram geteilt. Es hätte sie bestimmt geärgert, daß von allen Bäumen im Obstgarten »Kanzan« heute einer der gesundesten ist. Man fragt sich, warum sie ihn überhaupt pflanzte; vielleicht wurde er falsch für *Prunus* »Chôshû-hizakura« geliefert, was häufig vorkam.

Vita suchte die Standorte für geschenkte Pflanzen gemeinsam mit den Gärtnern aus. In der Hoffnung, einen günstigeren Ort zu finden, versuchten diese oft Zeit zu gewinnen, weil Löcher im Obstgarten sich sofort mit Wasser füllten, in denen die arme Pflanze ertrank. Trotz anhaltender Bemühungen, die Drainage zu verbessern, beeinträchtigte der hohe Grundwasserspiegel im Obstgarten weiterhin die Gesundheit der Obstbäume. Einige wurden vom Hallimasch befallen, und viele alte Bäume gingen in den 70er und 80er Jahren verloren. Von den Neupflanzungen der Gärtner fielen viele dem Sturm von 1987 zum Opfer.

Die erste Versuchung nach so einer Katastrophe ist, die Lücken mit neuen Bäumen zu füllen, aber die Gärtner entschieden sich klugerweise dagegen. Hatten alle Bäume das gleiche Alter, so konnten sie wieder alle etwa gleichzeitig sterben und den Obstgarten auf 10 oder 20 Jahre entblößen. Der jetzige Plan sieht so aus, daß man alle paar Jahre einige Lücken bestockt, aber nicht genau an den alten Standorten wegen der Gefahr der Umpflanzererkrankung, die das Wachstum von Rosen und Obstbäumen stark beeinträchtigt. Bodenentseuchung verbietet sich hier wegen der Bruchsteine, Wurzeln und alten Fundamente, die die erforderliche tiefe und gleichmäßige Bodenvorbereitung verhindern. Weil erneuter Hallimaschbefall zu befürchten ist, werden alle jungen Bäume jährlich mit einem phenolischen Kontaktfungizid und Bodenentseuchungsmittel behandelt, damit sich die Bäume wenigstens gegen den allgegenwärtigen Pilz zur Wehr setzen können.

Neue Bäume, ihrer schönen Blüten oder Früchte wegen gewählt, sind meistens Äpfel (z.B. »Kentish Quarrenden« und »Flower of Kent«) und Birnen (z.B. »Catillac«), auf stark wachsende Unterlagen veredelt (Birnsämlinge

SEITE 120-121 *Der Obstgarten im Frühling mit Osterglocken und der japanischen Zierkirsche* Prunus »Taihaku«. *Ungefähr in der Bildmitte der Taubenschlag, der heute nicht mehr wie zu Vitas Zeit von weißen Tauben bewohnt ist. Der Pavillon versteckt sich hinter einer Wolke junger bronzener Felsenbirnenblätter. Nie ist der Rasen empfindlicher als im Frühling, wenn Regenfälle und Tausende von Füßen ihn in einen Morast verwandeln können; Haselbögen sperren zeitweilig gefährdetes Gras ab und schützen sprießende Zwiebeln.*

DER OBSTGARTEN 119

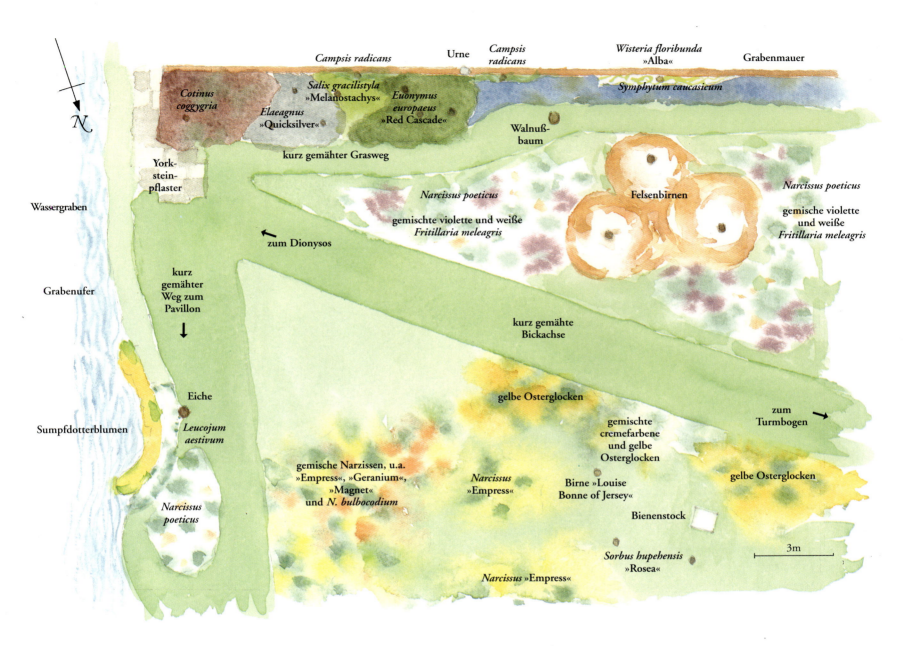

LINKS OBEN *Der Blick entlang der Turmachse auf den Dionysos im späten Frühling, auf dem Plan der Bereich links oben. Dichternarzissen blühen neben azurblauem* Symphytum caucasicum *und silbrigen Blättern von* Elaeagnus »Quicksilver«, *nach anderen Osterglocken.*

LINKS UNTEN *Blick auf den Dionysos vom Ufer des Wassergrabens aus, gerahmt vom Herbstlaub der Eiche auf dem Plan. Die Uferbefestigung aus Kastanienpfählen ist am Wasserrand zu erkennen.*

PLAN *Die Südostecke des Obstgartens: kurz gemähte Wege und das längere Gras mit naturalisierten Zwiebelpflanzen. Die Sträucher an der Grabenmauer verstärken die Trennung des Obstgartens vom Grabengang, wo die Kletterpflanzen schmückend die Mauer hinunterwallen. Durch den späten Rasenschnitt können die Zwiebeln natürlich absterben und haben Zeit, Reserven für die Blüte des nächsten Jahres anzulegen; auch die Schachbrettblumen können sich aussäen. Zahlreiche Narzissensorten sorgen für eine lange Blütezeit, die vor den ersten Besuchern mit Gelben Narzissen und »Soleil d'Or« anfängt und mit einfachen und gefüllten Dichternarzissen aufhört.*

DER OBSTGARTEN 123

bzw. bei Äpfeln MM 111), damit der Eindruck eines eingewachsenen Obstgartens entsteht und die Rosen Kletterhilfen bekommen. Andere Rosazeenbäume wie Felsenbirnen, deren Blüten früher immer von Dompfaffen abgefressen wurden, gedeihen jetzt besser, nur die Sorbus-Arten scheinen nicht wachsen zu wollen.

Bäume werden oft in einen Buckel statt in ein vorbereitetes Loch gesetzt, in dem sie ertrinken könnten. Das ist im Grunde eine Rückkehr zur Hügelkultur, die im 18. Jahrhundert bei Parkbäumen sehr beliebt war, weil sie das Umgraben und Entwässern überflüssig machte. Man trieb einen Pfahl in den nicht umgegrabenen Boden, band den losen Baum daran fest und bedeckte die Wurzeln mit guter Erde. Obwohl in Sissinghurst eine bessere Bodenvorbereitung stattfindet, hat sie doch etwas vom Pragmatismus der älteren Methode, denn der viele Schutt von alten Gebäuden im Boden macht ein gründliches Umgraben schwierig.

In den frühen 70er Jahren wollten die Gärtner zuerst die Drainage hier verbessern und beauftragten Fred Judge damit, einen Experten für tiefliegende Sumpflandböden. Sein Kommentar war, er habe »noch nie so einen faulen Boden gesehen – das Wasser kommt überhaupt nicht durch«.

1937 holte Harold die Shanganagh-Säule aus Irland, wo sie einst das Haus seines Onkels Lord Dufferin geziert hatte. Man probierte sie an mehreren Stellen des Gartens aus, bevor sie schließlich im Obstgarten aufgestellt wurde. Der griechische Säulenfuß sitzt auf einer Plinthe mit einer Inschrift zum Andenken an das Reformgesetz von 1832; auf einer späteren Tafel an der Plinthe steht dazu: »Leider bis heute ein Humbug.« Sie war einst von Rosa pimpinellifolia *»Irish Marbled« umgeben, die so hoch war, daß sie die Inschrift verbarg. Die Gärtner, die den Gedenkstein als »den Humbug« bezeichnen, haben ihn mit niedrig wachsender* Persicaria affinis *»Superba« umpflanzt.*

Die Distanzen zwischen den Abflußrohren, normalerweise 20 m, mußten halbiert und die Tiefe von 90 cm, wie üblich, auf 60 cm reduziert werden. Das war vor der Zeit der perforierten Plastikrohre, und die Tonrohre (7,5 cm stark bei Saugleitungen, 10 cm bei Sammelleitungen) wurden erst mit Stroh und dann mit einer wenigstens 15 cm dicken groben Kiesschicht bedeckt, auf die wiederum bis obenhin Erde kam.

Die Abflußrohre mußten mit denen in anderen Gartenteilen wie dem Eibengang verbunden werden, und vor allem mußte eine gute Drainage der

Graswege erreicht werden, damit sie in nassen Zeiten der Abnutzung standhalten konnten. Das Rohrnetz ist von Zeit zu Zeit erweitert worden. Vermutlich ist für einige der alten Rohre die Zeit bald abgelaufen, denn sie werden leicht von Baum-, vor allem Kirschbaumwurzeln verstopft. Wenn es bei nassem Wetter zu Stauwasser kommt, bearbeiten die Gärtner den Boden entlang der Abflüsse mit Grabegabeln. Wenn dann ein dankbares Gurgeln zu hören ist und das Wasser abläuft, wissen sie, daß die Rohre frei sind und die Bodenverdichtung schuld ist.

Erste Zwiebeln und Knollen im Obstgartenrasen setzte Vita bald nach dem Umzug nach Sissinghurst. Schneeglöckchen, die meisten seit 1959 von den Gärtnern gepflanzt, und *Crocus tommasinianus* gedeihen noch immer, blühen aber, bevor der Garten im Frühling öffnet. Der Krokus sät sich gut aus und ist heute viel reichlicher als zu Vitas Zeit. Die Schneeglöckchen aber vermehren sich ohne regelmäßige Teilung nicht, vielleicht weil sie alkalische Bedingungen lieber mögen als den recht sauren Boden in Sissinghurst.

Schachbrettblumen und Herbstzeitlose stammen auch noch aus der Zeit der Nicolsons, ebenso die Narzissen, die ursprünglich meist fürs Haus in Schalen wuchsen und heute fast zu reich blühen, so daß die einzelne Schönheit in Gefahr ist, in der Masse der Blumen unterzugehen. Wenn es wieder viele Bäume gibt, wird sich das ändern, weil die Narzissen unter ihrem Laubdach nicht mehr so üppig blühen werden. Zum Glück gibt es genug Sorten in Creme und Weiß, die das Osterglockengelb auflockern und den zu gleichmäßigen gelben Teppich verhindern, das sogenannte »Rührei-Syndrom«.

In *More for Your Garden* schrieb Vita über ihre Lieblingssorten: »Von den gelben Trompeten halte ich Fortune, Carlton, Golden Harvest, King Alfred und sogar der alten Winter Gold die Treue. Von den reinweißen Trompeten finde ich Beersheba immer noch am besten – und recht erschwinglich. Die rahmweiße Tunis ist reichblühend. John Evelyn, weißgelb, vermehrt sich so rasch, daß ich mich kaum genug beeilen kann, Zwiebelklumpen auszugraben, wenn die Blätter gelb werden, und sie in die Nähe des ursprünglichen Dutzends umzusetzen, das ich vor Jahren gekauft habe, und was für einen Blütenreichtum er jedes Jahr unfehlbar bringt! Dann mag ich unter den Flachen noch die süß duftende Medusa und unter den Gefüllten solche wie Cheerfulness, Abundance und Soleil d'Or, die unsere des Französischen nicht mächtigen englischen Gärtner so nett als Sally Door eingebürgert haben, ein Name, bei dem man an einen Tuff neben einer Bauernhaustür denkt, durch die Sally, mit Sonnenhut auf und Eimer in der Hand, jeden Moment treten kann.«

Die meisten dieser Sorten gibt es heute noch, auch wenn Sallys winterlicher Auftritt oft vom Frost vereitelt wird, denn sie ist eine zarte Seele. Sonst sind nur wenige dazugekommen, ein paar namenlose Cyclamineus-Sorten (ein Geschenk ihres Züchters Cyril Coleman) sowie einfache und – als späteste – gefüllte Poeticus-Narzissen, die den Flor in den Frühsommer ausdehnen.

Ein reizvolles, wenn auch verwunderndes kleines Formelement inmitten einer großen Formfreiheit: Außen vor der Eibenganghecke umringt die Iris »Quaker Lady« *das Ziegelpflaster, das das Fundament des alten Hauses markiert.*

Andere hatte Vita nicht erwähnt: »Mrs. R.O. Backhouse«, 1921 gezüchtet als erste populäre Sorte mit rosa Trompeten, gedieh in der satten Frühlingsfeuchtigkeit des Obstgartens, nachdem ihr der trockene Platz im Lindengang nicht gefallen hatte; »Camellia« (vor 1930), eine gefüllte hellgelbe, sehr ungewöhnliche Osterglocke, die Pam als Schnittblume schätzte; »Irene Copeland«, eine gefüllte weiße Sorte mit gelben Petalen in der wuseligen Mitte; die großkronige »Scarlet Elegance« (vor 1938), gelb mit roter Krone; die gelbe »Brunswick« (vor 1931), ebenfalls großkronig; die Tazette »Geranium« (vor 1930) und die kleinkronige »La Riante« (vor 1933), beide weiß und orange. Sie alle waren in den ersten Jahren der Nicolsons in Sissinghurst populäre Sorten. Es gibt auch viele Barii-Formen mit eleganten schmalen Petalen und kurzen Kronen, die um die Jahrhundertwende viel gezogen wurden und bei Vitas und Harolds Ankunft vielleicht schon vorhanden waren. Die winzige Reifrocknarzisse konnte sich leider gegen das Gras nicht halten. Für Pam und Sibylle waren nicht die lauten Trompeten der Narzissen das Glanzlicht des Obstgartens, sondern der silbrig blaue Schleier der *Veronica filiformis,* besternt mit goldenem Scharbockskraut und Löwenzahn.

☙

Die Mähzeiten berücksichtigen die im Gras wachsenden Blüher, so daß die Zwiebel- und Knollenblätter absterben und die Wildblumen sich aussäen können. Das Gras wird so spät wie möglich im Herbst oder frühen Winter geschnitten, wenn eben die Osterglocken aus der Erde spitzen. Das gewährleistet, daß ihre Blütentuffs eindrucksvoll über die saubere Rasenfläche ragen werden. Danach werden bis Ende Juli nur die Wege gemäht, und zwar im ganzen Obstgarten mit einem Sichelmäher, der auch das lange Gras aufnimmt, eine große Arbeitsersparnis gegenüber Mähern, bei denen man hinterher zusammenrechen muß. Bei allen Wildblumenwiesen muß man das Schnittgut unbedingt beseitigen, weil sonst der Boden übersättigt wird und Gräser die schwächeren Blumen verdrängen. Als der Obstgarten noch großzügig mit Rosen bestockt war, verfuhr man anders, weil die Gärtner damals meinten, um die Rosen am schönsten zur Geltung zu bringen, bedürfe es einer sauberen Grünfläche. Gemäht wurde gewöhnlich in der dritten Juniwoche, bevor die Gräser und Wildblumen sich weithin ausgesät und im restlichen Garten als Unkraut verbreitet hatten, aber wenn der Rasen schon Zeit gehabt hatte, schön grün zu werden.

Durch das jetzige spätere Mähen kommt man in den Genuß des vielfältigen Teppichs der Grasblüten mit ihren wiegenden Köpfen in bräunlichen, grünlichen, rostroten und dunkelvioletten Tönen, ein Flor, der anderen in Sissinghurst an Reiz nicht nachsteht. Bei nassem Wetter im Spätfrühling oder Frühsommer können die Gräser sich zwar kreuz und quer umlegen, aber die Gärtner gehen das Risiko ein, zumal spätes Mähen auch Blumen wie Margeriten und vielleicht sogar wilden Orchideen Zeit gibt, sich auszusäen.

Die Schnitthöhe ist mit ungefähr 5 cm hoch genug, um Besucher vom Darübergehen abzuhalten; ein zweitesmal gemäht werden muß am 19. August, etwa zwei Tage, bevor die ersten Blüten von *Colchicum byzantinum* erscheinen. Einige von Vita gepflanzte Herbstzeitlose leben noch, auch wenn mit den Jahren viele verschiedene Sorten dazugekommen sind, die eine Blütenfolge vom Spätsommer bis in den Herbst geben. Neue Sorten werden in den Beeten herangezogen, bis genug da sind, um sie »auszubürgern«. Wenn dann die Blätter absterben, müssen die Knollen manchmal geteilt werden, damit sie keine allzu dichten, gleich großen Blütenbüschel produzieren. An Sorten gibt es u.a. »Prinses Astrid«, »Autumn Queen«, *agrippinum*, »The Giant«, *tenorei*, »Conquest«, die gefüllte »Waterlily« (von Vita wegen ihrer wuseligen schlaffen Blüten gehaßt), *speciosum* und *s.* »Album«, die beiden letzten besonders spätblühend. Es gibt auch den herbstblühenden *Crocus speciosus,* von dem allerdings die Mäuse wenig übriggelassen haben.

Die kurz gemähten Wege waren eine Idee von Graham Thomas. Sie sollten mehr Besucher in den Obstgarten locken, ohne daß diese auf die Zwiebelpflanzen traten oder das Mähen erschwerten, indem sie Blätter und Gras niedertrampelten. Der Plan ging auf, doch die Pflege der Wege macht zusätzliche Arbeit. Mit einem selektiven Herbizid wird ab und zu das häßlichste Rasenunkraut vertilgt, und schadhafte Stellen müssen manchmal nachgesät oder gefräst und mit einer für Rennbahnen bestimmten Grasmischung neu angesät werden. Sie enthält hauptsächlich strapazierfähige Zwergweidelgräser, die den ganzen Sommer über grün bleiben.

Der Wassergraben muß von Zeit zu Zeit instand gehalten werden. 1970 wurde er ausgebaggert und sein Ufer neu mit Kastanienpfählen befestigt. Bei der Zähheit des hiesigen Lehms braucht er keine weitere Verkleidung. Seine Goldfische und Karpfen sind nicht sehr dekorativ, denn sie kommen selten aus den dunkelsten Tiefen nach oben und trüben zudem das Wasser, indem sie den Grund abweiden. Goldorfen haben diese Angewohnheit nicht und sind bessere Zierfische, die oft bis dicht an die Oberfläche schnellen.

Algen sind manchmal ein Problem, da sie das Wasser im späten Frühjahr grün färben und damit kurzsichtige Besucher irreführen, die es für Gras halten und schnurstracks hineintreten. Nur gelegentlicher Zusatz von Algizid gibt dem Wasser seine spiegelnde Oberfläche wieder, die mit den Reiz des Obstgartens ausmacht. Man verabreicht eine kleine Dosis, wenn der Abfluß aus dem Graben gering ist, um die Weiher weiter unten möglichst wenig zu verpesten. Sie scheint den Fischen im Graben nicht zu schaden und hält das Wasser ungefähr zwei Jahre algenfrei.

Die Ufer des Grabens werden jeden Sommer zweimal geschnitten, damit sie ordentlich, aber nicht übertrieben manikürt aussehen. Als weitere Routinearbeit werden die Eichen am Graben, die den Obstgarten im Norden und Osten einfassen und schützen, auf ihre Gesundheit überprüft. Die herrliche Eiche, die den Blick über den Graben auf den Dionysos rahmt, ist ein Sorgenkind. Da sie Anzeichen der Fäule erkennen läßt, wird sie halbjährlich inspiziert und ist so gestutzt worden, daß sie Stürme übersteht. Der Schutzgürtel wurde 1970 durch weitere Eichen östlich des Grabens verstärkt.

Der Eichengürtel hat an der Nordostecke des Grabens eine Lücke. Hier steht der Pavillon zu Harolds Gedenken. Er zieht Besucher in diesen äußersten Winkel des Gartens und bietet eine schöne Aussicht über die liebliche Landschaft Kents, die Nigel Nicolson ganz besonders lieb ist.

જ

Der Obstgarten ist einer der wenigen Gartenbereiche, der sich zum Aufstellen zahlreicher Besucherbänke eignet. Die vorhandenen Bänke, die altersschwach und etwas stadtparkmäßig sind, müssen wohl bald ersetzt werden. Sarah Cook ist unentschieden: Sollten sie rustikal sein, oder elegant georgianisch aus Metall? Vielleicht Sonderanfertigungen? Was hätten Harold und Vita genommen? Solche Entscheidungen sind heikel, aber es herrscht Übereinstimmung, daß für die Nicolsons kein pedantischer Historizismus, sondern ihr Sinn für Schönes und Nützliches den Ausschlag gegeben hätte.

Der Entwurf für den Pavillon von Nigel Nicolson und Architekt Francis Pym wurde von Harold zu seinen Lebzeiten gutgeheißen. Bei der Fertigstellung 1969, im Jahr nach Harolds Tod, widmeten seine Söhne den Pavillon seinem Andenken. Das Kegeldach orientiert sich an der Form der Darrhäuser, die für die ländliche Bauweise in Kent typisch sind.

Von links nach rechts: Lilium regale *mit den Samenständen des Seekohls und* Lychnis coronaria *Alba-Gruppe; die blassen graulila Glocken der* Campanula »Burghaltii« *mit* Artemisia pontica *und* Rosa mulliganii; Argyranthemum »Qinta White« *mit rahmgelben Blütenzentren schieben sich durch das filigrane Laub von* Tanacetum ptarmiciflorum.

Der Weiße Garten

Als bekanntester von allen Bereichen Sissinghursts ist der Weiße Garten (White Garden) ein Lehrstück für die Verwendung von Blüten- und Blattformen in einem Rausch aus Düften. Demgegenüber ist der Aspekt der Farbe, in Gestalt der subtilen Grünschattierungen der Blätter, zweitrangig. Diese berühmte Pflanzenkomposition konnte erst einige Zeit nach dem Zweiten Weltkrieg umgesetzt werden.

Das Pfarrhaus (Priest's House) am Ende des nördlichen Grabenarms, wahrscheinlich im 17. Jahrhundert für den Familiengeistlichen erbaut, war von jeher separat gewesen. Sein Garten wurde, kurz nachdem Vita Sissinghurst gekauft hatte, mit der Pflanzung des Eibengangs abgeteilt, doch in den ersten zwei Jahrzehnten war er primär ein Rosengarten. Im September 1931 wurden Wege angelegt und im November hauptsächlich Strauchrosen in die Beete gepflanzt. Zwei ungleiche Hälften kennzeichnen die Anlage: Die nördliche ist ein Parterre aus buchsumfaßten L-förmigen Beeten um Buchsbaumwürfel herum, ähnlich dem, das Harold und Sir Edwin Lutyens in Long Barn gestaltet hatten, die südliche besteht aus je zwei breiten Beeten beiderseits des Nord-Süd-Weges, der mit Mandelbäumen gesäumt wurde.

Der Weiße Garten und der Bauerngarten wurden bald die üppigsten Bereiche von Sissinghurst. Es verwundert nicht, daß Harold und Vita 1933 diesen vom Sommerduft der Rosen durchzogenen Ort für ihr Erechtheum wählten, eine übergitterte Kolonnade, benannt nach einem der Tempel auf der Akropolis. Hier aßen sie im schwindenden Licht der Sommertage zu Abend. Der 1935 gepflanzte Wein gab einen lichten Schatten und ein mediterranes Flair, desgleichen die von Lady Sackville geschickten Feigenbäume. Der Nord-Süd-Weg wurde mit Lavendel eingefaßt, wodurch die Kante weicher und der strenge Formalismus der Buchsbeete durchbrochen wurde.

1937 wurde die chinesische Vase, die Harold in Ägypten gekauft hatte, in die Mitte des Gartens gestellt. Graham Thomas hat auf ihre auffällige Ähnlichkeit mit den Martabani-Vasen in Morville Hall, Shropshire, hingewiesen. In ihnen wurden im 17. Jahrhundert Waren aus China wie Öl und Ingwer über den birmanischen Hafen Martaban exportiert.

Die Strauchrosen wuchsen und mit ihnen Vitas Interesse an noch mehr alten Sorten. 1937 war die Sammlung zu groß geworden und wurde in den Rondell-Garten versetzt, der damit bald den Charakter des heutigen Rosengartens annahm. Die breiten Beete des Pfarrhausgartens waren im Hochsommer weiterhin von Rittersporen beherrscht, während in den Buchsbeeten Buschrosen wuchsen. Eine davon, eine Teehybride, wurde erstmals 1921 von McGredy als »Lady Sackville« ausgestellt. Da sie sich langsam vermehrte, kam sie erst 1930 unter dem Namen »Night« in den Handel. Zu ihrer Zeit war sie die dunkelste, schwelgerischste aller karminrot-schwarzen Rosen, und ihre samtigen Töne müssen Vita gefallen haben. In amerikanischen Gärtnereien gibt es sie noch, doch in Großbritannien leider nicht mehr.

Am 12. Dezember 1939 äußerte Vita erstmals die Idee einer rein weißen Bepflanzung, allerdings in einem anderen Gartenteil. Sie schrieb an Harold: »Der Löwenteich [im Unteren Hof] wird abgelassen. Ich habe eine, wie ich hoffe, wirklich hübsche Gestaltung dafür im Sinn: nur weiße Blüten, mit Tuffs von sehr hellem Rosa dazwischen. Weiße Clematis, weißer Lavendel, weiße Schmucklilien, weiße gefüllte Primeln, weiße Anemonen, weiße Kamelien, weiße Lilien, in einer Ecke *giganteum,* und die blaß pfirsichfarbene *Primula pulverulenta.*«

In seiner Antwort am Tag darauf war Harold höflich skeptisch: »Deine Idee mit dem Löwenteich gefällt mir. Nur bekommt er freilich keine Sonne. Das weißt du. Du bist Gärtnerin. Es ist eine Dreistigkeit meinerseits, dich daran zu erinnern, daß der Löwenteich fast keine Sonne bekommt. Ein Strahl am Morgen, mehr nicht. Wir haben die Japan-Anemonen, die gut gedeihen. Wir wissen, daß blaue Schmucklilien blühen,

warum also nicht weiße? Aber Clematis, Kamelien, Lilien, zumal *giganteum*? Doch das weißt du. Nur, es ist so eine gute Idee, daß ich sie gern verwirklicht hätte. Ich mag die *Campanula pyramidalis* dort, du nicht auch? Natürlich ist nicht viel Platz. Dann haben wir die *Clematis montana* darüber. Ja, es ist bestimmt eine gute Idee.«

Vita war nicht so leicht umzustimmen. Am folgenden Tag antwortete sie: »*Sicher* war mir klar, daß der Löwenteich im Schatten liegt, entsprechend habe ich auch gewählt. Primeln und Riesenlilien lieben die Nordlage. Ich verhalte mich, fürchte ich, recht verschwenderisch, nach dem Motto: ›Laßt uns pflanzen und fröhlich sein, im nächsten Herbst sind wir vielleicht schon hinüber.‹ Immerhin, wenn ich jetzt 20 Pfund für Pflanzen ausgebe, werden sie jahrelang immer schöner, und womöglich können wir uns das nie wieder leisten.«

Beide waren pessimistisch, was den Kriegsausgang betraf. Die Furcht, Kent käme als erster Teil Englands unter Besatzung, machte Vita anscheinend entschlossen, ihren Garten zu verschönern, solange es noch ging. Zwar wurde der Plan für den Löwenteich nie verwirklicht, vielleicht wegen des Personalmangels im Krieg, doch weder sie noch Harold gaben den Gedanken einer rein weißen Farbgebung völlig auf.

Zweifellos war Vitas ursprüngliche Idee unausgegoren. Um den früheren Löwenteich herum gab es nicht genug Platz für so viele Sorten, wenn man sie effektvoll und in ausreichenden Mengen verwenden und mit Begleitpflanzen garnieren wollte. Harold hatte wohl recht damit, daß der Schatten ein Hindernis wäre. Aber es ist interessant, daß Vita überhaupt auf eine solche Idee gekommen war, denn rein weiße Gärten waren zu der Zeit rar, auch wenn sie offenbar um die Jahrhundertwende populär gewesen waren. In ihrem Buch *A Garden of Herbs* (1920) schrieb Eleanour Sinclair Rohde: »Die Mode ›blauer‹, ›grauer‹, ›weißer‹ oder japanischer Gärten ist vorbei.«

Gertrude Jekyll meinte, die Schönheit weißer Blumen werde durch etwas Blau oder Zitronengelb unterstrichen, und hieß weiße Blüten und Silberlaub allein nicht gut. Lawrence Johnston hatte in Hidcote einen kleinen weißen Garten, anfangs Phlox-Garten genannt, angelegt, den Vita und Harold gekannt haben müssen, doch im Vergleich zur großen Symphonie von Sissinghursts Weißem Garten heute ist er nur eine kleine Etüde. Von Harold und Vita sind keine Äußerungen dazu bekannt, was dafür spricht, daß er keinen starken Eindruck auf sie machte. Eine interessante Parallele jedoch ist, daß Johnston die fleischrosa Rose »Gruß an Aachen« ähnlich verwendete wie Vita die pfirsichfarbene *Primula pulverulenta*. Da heutige Liebhaber weißer Gärten die Reinheit ihrer Komposition schwerlich mit diesem Ton beflecken würden, ist es bemerkenswert, daß zwei so bedeutende Gärtner das wagten.

Ein anderer früher weißer Garten war Phyllis Reiss' Fountain Garden in Tintinhull in Somerset, dessen Weißtöne anfangs von Blau- und Gelbtupfern untermalt waren, wie Gertrude Jekyll es verlangt hatte. Neben Margery Fishs Garten im nahen East Lambrook war Tintinhull für Vita regelmäßiger Wallfahrtsort. Phyllis Reiss hatte ihren ersten Garten in Dowdeswell bei Cheltenham angelegt und war vom nahen Hidcote beeinflußt. Auch Lady Burnetts Weiße Rabatte in Crathes Castle, Grampian, ist älter als Sissinghursts Weißer Garten, aber nichts deutet darauf hin, daß Harold und Vita ihn kannten oder davon beeinflußt waren. Er zeigt jedoch, daß sie in ihrem Wunsch, weiße Blüten mit Silberlaub zu kombinieren, nicht allein waren. Vielleicht dachte Constance Spry an die Rabatte von Crathes, als sie 1937 in *Flowers in House und Garden* eine Liste für eine solche Bepflanzung gab.

Es ist vermutet worden, die Idee zu einem weißen Garten könnte von Sissinghursts eigenartiger Raumaufteilung angeregt worden sein. Bei jedem Wetter mußten Harold und Vita den Garten allabendlich durchqueren, um vom Pfarrhaus, wo die Familie speiste, zum South Cottage zu gelangen, wo

DER WEISSE GARTEN 129

die Schlafzimmer waren. Vielleicht inspirierte sie auf diesen nächtlichen Gängen das gespenstische Schimmern weißer Blüten im Mondschein.

Erst 1949 fingen Vita und Harold an, die Umsetzung ihrer Weiß-Silber-Komposition zu besprechen. Anfang Juni 1949 beschloß Vita, daß die Rittersporne, die die zwei Beete im Süden des Pfarrhausgartens dominierten, der Weiß-Silber-Bepflanzung weichen sollten. Harold war begeistert:

»Ich denke an Cinerarien in Massen, Eselsohr in Massen, Eberraute nicht zu knapp, etwas *Santolina* – der ganze Hintergrund … überwiegend grau. Dann sollen aus diesem Dschungelwuchs Königslilien aufsteigen … Ein oder zwei Flecken *Anchusa* oder etwas anderes Blaues wären mir zwar recht in diesem Weiß und Silber, doch im Prinzip hältst du hoffentlich an der Farbgebung fest. Sonst könnte es einfach eine x-beliebige Blumenrabatte werden.«

Harolds Brief an Vita drei Wochen später zeigt, daß die Sache noch nicht völlig entschieden war:

»Ich bin mit dem Erechtheum-Garten nicht glücklich, ich finde, er hat eine so schöne Form und wir sehen ihn so häufig, daß er zu einem Juligarten werden sollte. Wenn alles übrige verblüht ist – ich glaube, wenn wir den Rittersporn ausrangieren, werden wir den grauweißen Garten sehr schön finden und dann die zottigen, unpassenden ›Night‹-Rosen bereuen. Ich will, daß der Garten im ganzen für die britische Ausstellung 1951 eine Augenweide ist, wenn Scharen ausländischer Besucher kommen und viele davon zu uns … Ich möchte mich darauf konzentrieren, wenigstens das Erechtheum zum Juli schön zu haben – mit Königslilien und Silberlaub werden wir es schaffen.«

Im folgenden Januar beschrieb Vita im *Observer* die vorgesehene Bepflanzung für eines der beiden breiten Beete:

»Mein grauer, grüner und weißer Garten wird hinten eine hohe Eibenhecke haben, eine Mauer an einer Seite und einen Weg mit alten Ziegeln an der vierten Seite. Er ist im Grunde nichts weiter als ein ziemlich großes Beet, halbiert von einem kurzen Weg mit grauen Pflastersteinen, der an einer rohen Holzbank endet. Auf dieser Bank werden Sie mit dem Rücken zur Eibenhecke sitzen und von dort, hoffe ich, ein niedriges Meer aus grauen Blätterbüscheln überblicken, hier und da von hohen weißen Blumen durchbrochen.«

Es ist der Schlußsatz dieses ersten Artikels über den Weißen Garten, der seine Romantik am eindrucksvollsten wiedergibt:

»So hoffe ich, daß im nächsten Sommer die große gruselige Schleiereule in der Dämmerung leise über einen bleichen Garten streichen wird – den bleichen Garten, den ich gerade anpflanze, während die ersten Schneeflocken fallen.«

Man weiß nicht, wie lange es dauerte, bis der ganze Weiße Garten in diesem Stil bepflanzt war, aber 1954 waren die wesentlichen Pflanzen an Ort und Stelle und der neue Garten erkennbar. Zu den Pflanzen, die laut Vitas Zeitungsartikeln der frühen 50er Jahre im Weißen Garten wuchsen, gehörten *Dianthus* »Mrs. Sinkins«, Stiefmütterchen, Pfingstrosen, Schwertlilien mit grauen Blättern, Zistrosen, Rittersporn, Baumpäonien, Glockenblumen, Sanddorn, *Buddleja nivea*, *Platycodon grandiflorus mariesii* weiß, *Hydrangea paniculata* »Grandiflora«, Japan-Anemonen und Pompondahlien. Diese Mischung von hauptsächlich Frühsommerblühern enthielt zu wenige Herbstschönheiten. Diese Schwäche kommt in Vitas pessimistischer Äußerung zum Vergehen der Jahreszeiten in einem anderen Artikel zum Ausdruck:

»Ich denke nicht gern an später. Schlimm genug, daß Juli Einzug gehalten hat und wieder eine Mai- und Junifrische für immer dahin ist.«

☙

Unter den Pflanzen, die bis in den Juli blühten, war auch der Rittersporn, der zu Vitas Zeit eine größere Rolle im Garten spielte als heute. Sie mochte den Kontrast, den die hoch aufragenden Trauben des Rittersporns zwischen den gerundeten Formen der Strauchrosen bildeten. Sie bezog sich auf den Weißen Garten, als sie 1956 als Vorsitzende der Delphinium Society schrieb:

»Wie schön der weiße Rittersporn aussieht, wenn er zwischen dem grauen Laub der Artemisia aufsteigt, mit Wolken von Schleierkraut und Tuffs von Königslilien, in einem möglichst von Eibenhecken umschlossenen Garten.«

1959 gab es im ganzen Garten keinen Rittersporn mehr. Vita gab den unachtsamen Füßen der Gärtner die Schuld, aber wohl zu Unrecht; die Übeltäter dürften Schnecken gewesen sein. Kurz vor ihrem Tod bestellte Vita noch einmal Saatgut von Pacific Giant, und zwar wie in den frühen 50er Jahren von der Galahad-Gruppe des kalifornischen Züchters Frank Reinelt. Sie sind heute noch eine Attraktion des Gartens. Vita fand Reinelts Kulturen problemlos, einheitlich und zuverlässig winterhart, mehr als hochgezüchtete britische Klone. Weil im heißen kalifornischen Sommer der britische Rittersporn nur zweijährig wird, entwickelte Reinelt eigene Rassen. Auch wenn sie nicht mehr so streng ausgelesen werden wie früher, zieht man sie in Sissinghurst immer noch den Klonsorten vor; sie sind zwar nicht sehr langlebig, aber leicht ersetzbar. Eine andere von Reinelts Sorten, die Black-Night-Gruppe, ist regelmäßig in der Violetten Rabatte und im Rosengarten vertreten.

Während Rosa mulliganii *auf der Laube verblüht, erreichen viele Blüten des Weißen Gartens ihren Höhepunkt. Links füllen die Rose »Iceberg«, Federmohn und Zantedeschien die Buchsbeete; jenseits des Weges von der Laube zum Obstgarten dominieren* Galega × hartlandii *»Alba« und hohe Eselsdisteln. Am Fuß der Laube fangen Kosmeen zu blühen an, die nach der Entfernung der weißen Nachtviolen spät gepflanzt wurden. Die silbrige* Artemisia arborescens *und das reichblühende Mutterkraut »Rowallane« füllen die Buchsbeete rechts.*

DER WEISSE GARTEN 131

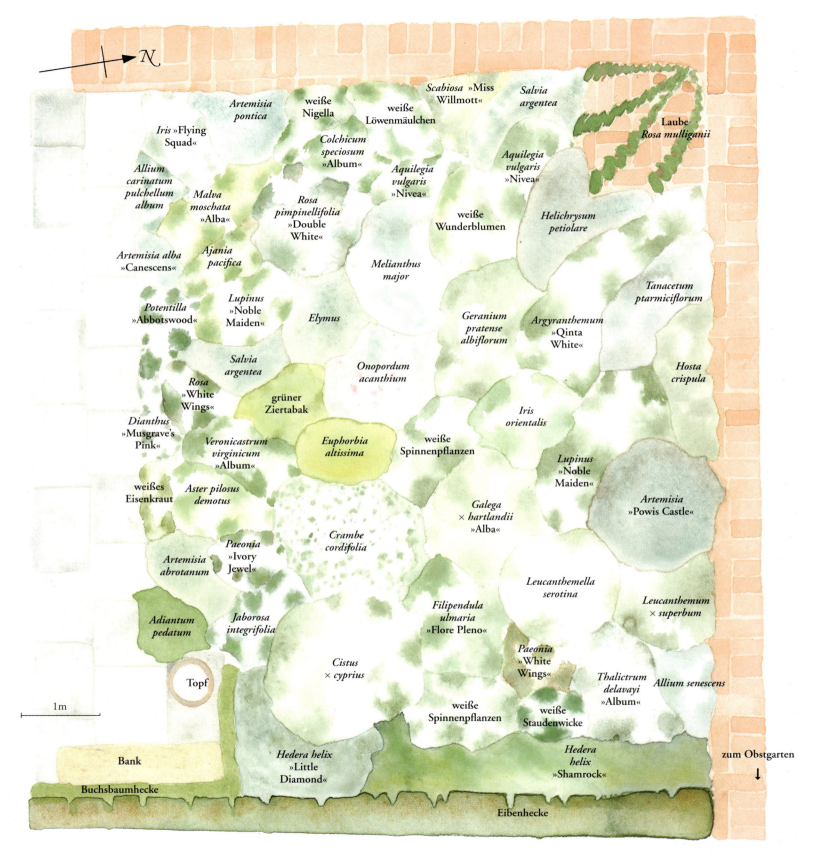

132 DER WEISSE GARTEN

OBEN UND PLAN *Die Beete südlich der Laube enthalten mit die schönsten Pflanzensymphonien des Gartens: Blätter und Blüten in durchgehender Harmonie glücklicher Verbindungen, die alle zum Gesamteffekt beitragen. In beiden Beeten sorgen Onopordum, Leucanthemella und später Cleome für die Höhe, die dieser Hälfte des Gartens ihre Abgeschlossenheit verleiht. Das zweijährige Eryngium giganteum sät sich selbst zwischen den Stauden aus, und ein paar Einjährige wie weiße Nigella, gefüllter Schlafmohn und weißer und grüner Ziertabak werden dazugepflanzt. Die Plätze einiger Frühblüher werden später von Stauden ausgefüllt, andere verlängern die Saison in den Herbst hinein. Die Wirkung beruht ebenso sehr auf den subtilen Grünnuancen des Laubs wie auf den Blüten. Hier haben wir die Grautöne von Disteln, Artemisia und Ajania, blaugrünen Strandroggen und Melianthus und die krausen glänzenden Blätter der Crambe im tiefsten Grün. Dieses Foto wurde von der Holzbank mit Seiten- und Rückenlehnen aus Buchsbaum aufgenommen, von wo aus der Blick auf die Statue der kleinen Jungfrau und die Weidenblättrige Birne geht. Ein Efeuteppich unter der Hecke erleichtert den Zugang zum Schneiden.*

DER WEISSE GARTEN 133

Blick von der Bischofspforte auf den Eingang zum Obstgarten. Der Weg von der Statue der kleinen Jungfrau zur Bank liegt versteckt hinter Hosta »Royal Standard«, Paeonia lactiflora »Cheddar Gold«, Artemisia absinthium »Lambrook Silver«, Gillenia trifoliata, Iris sibirica »White Swirl« *und* Thalictrum aquilegiifolium »White Cloud«. *Die Päonie kam aus Roy Klehms Gärtnerei in Illinois; sie ist in britischen Gärten selten. In der ganzen Bepflanzung herrscht ein Gleichgewicht zwischen Blütenformen und -größen und Laubfarben und -strukturen. Dahinter, in dem Beet, dessen Plan auf S. 132 abgebildet ist, wachsen* Rosa pimpinellifolia »Double White«, Lupinus »Noble Maiden«, *Eselsdisteln, die ungefüllte Rose* »White Wings«, *Wolken von* Crambe cordifolia, Cistus × cyprus, *und ein Wigwam aus Haselreisern stützt die weiße ausdauernde Staudenwicke* Lathyrus latifolius »Albus«.

134 DER WEISSE GARTEN

Heiligenkraut löste den Lavendel am Nord-Süd-Weg ab, gedieh aber nicht im Schatten der Mandeln. Die Gärtner ersetzten es nicht, als es lückenhaft wurde, weil sie so leichteren Zugang zu den buchsumfaßten Beeten hatten. Die Wirkung, die das hat, ist so erfreulich wie bedenklich: Einerseits wird die strenge Form der Buchsbeete durch Pflanzen gemildert, die auf den Weg überlappen können, andererseits macht die Einfassung der Beete einen leicht unvollständigen Eindruck. Zwei Rosen, die größere davon *Rosa mulliganii,* die man damals allgemein mit *R. longicuspis* verwechselte, wurden in die Mandelbäume im Zentrum des Gartens aufgebunden. Dies gelang dermaßen gründlich, daß die Rosen mit der Zeit den Mandeln das Licht wegnahmen und so deren Tod beschleunigten.

Die kleine Jungfrau, ein Bleiguß von 1935 nach Tomas Rosandics hölzernem Original, war hinter der Pforte im Norden des Pfarrhausgartens und ein gutes Stück niedriger als dieser aufgestellt worden. Die lange Blickachse von der Bischofspforte zur Statue war unbefriedigend, weil die Beine der Jungfrau nicht zu sehen waren. Bei der Anlage des Weißen Gartens wurde die Statue an ihren jetzigen besseren Platz in der Südhälfte versetzt, wo sie von einer Weidenblättrigen Birne überdacht wird.

Vor der Schaffung des Weißen Gartens hatten Ähnlichkeiten zwischen der Bepflanzung des Pfarrhausgartens und des Rosengartens bestanden. Mit dem Weißen Garten konnten Harold und Vita beiden ihren individuellen Charakter und ihr besonderes Farb- und Pflanzenspektrum geben. Im Zuge dessen verlor der Rosengarten die meisten seiner weißblütigen Pflanzen, denn selbst in einem Garten von der Größe Sissinghursts gibt es selten Platz für eine Wiederholung von Sorten. Durch die weitgehende Herausnahme von Weiß aus dem Rosengarten ist dieser farblich opulenter geworden, auch wenn ihm ein wenig Silberlaub und Pastellflor geblieben sind.

༄

Der Winter 1962-63, der erste nach Vitas Tod, war besonders streng, und viele von Harolds und Vitas ursprünglichen Pflanzen, Cistus-Arten z.B., gingen ein. (Manche Besucher gaben unfairerweise den Gärtnern die Schuld an der von der Kälte angerichteten Verwüstung.) Im gleichen Jahr schickte Hilda Murrell den Gärtnern einen Ballen »Iceberg«-Rosen, die immer noch zu den Glanzlichtern des Gartens gehören. Die für ihr Wissen über alte Rosen berühmte Hilda Murrell erkannte die Qualität dieser neuen Sorte, und die Pflanzen, die sie schickte, ersetzten »White Wings« (bemerkenswert, aber mit wenigen ungefüllten Blüten) und »Pascali« (zu cremig). »Iceberg« gilt zwar als Floribunda, aber tut bei behutsamerem Schnitt auch als Strauchrose gute Dienste. In Sissinghurst werden die Büsche nicht jedes Jahr ganz zurückgeschnitten, sondern ein Gerüst aus Zweigen bleibt stehen, damit sie eine imposante Höhe erreichen. »Iceberg« ist heute anfälliger für Sternrußtau als am Anfang, aber ihn mit einem Fungizid zu spritzen, lohnt sich. Die Bodenbedeckung unter den Rosen, *Pulmonaria officinalis* »Sissinghurst White«, wird zur Förderung der Neubelaubung gleich nach der Blüte abgeschnitten.

Da die immer mehr werdenden Besucher immer mehr Blumen sehen wollten, bemühten sich die Gärtner ständig um bessere Qualität und längere Blütenpracht und konnten so die Besucher auch mehr über den Garten verteilen. *Spiraea* »Arguta« kam für den Frühling dazu, Schmuckdahlien für den Spätsommer und *Zephyranthes candida* am Haus entlang für den Herbst. Ein *Rubus* »Benenden«, den der Züchter »Cherry« Collingwood Ingram Vita geschenkt hatte, wurde alljährlich von Vögeln abgefressen und daher aufgegeben, aber der Strauch *Paeonia suffruticosa* subsp. *rockii* gedieh. Vita pflegte auf ihrem Morgenspaziergang seine Blüten zu zählen und das Tagesergebnis aufgeregt den Gärtnern zu berichten. In den späten 70er Jahren jedoch hatte seine Kraft alarmierend nachgelassen. Die Gärtner versuchten ihn zur Samenbildung zu bringen, aber er erwies sich als selbstunfruchtbar. Aus Hampshire schickte der Kompostspezialist John Newell Pollen von einem anderen Klon, aber die Samen wurden dann von Besuchern gestohlen. Trotz aller Bemühungen starb er an Altersschwäche. Ersatzpflanzen waren in britischen Gärtnereien nicht zu bekommen, sondern wurden von Roy Klehm aus den USA geschickt. Auch der *Stipa barbata,* einem Gras mit erstaunlich langen federig behaarten Grannen, die sich aus seinen Ährchen hervorwinden, werden immer wieder die Samen gestohlen, was besonders schändlich ist, sind sie doch die gärtnerische Daseinsberechtigung der Pflanze.

Die von Vita gepflanzten schattigen Mandelbäume starben einer nach dem anderen. Bis 1970 waren auch die letzten vier in der Mitte des Gartens dahin, wozu die an ihnen rankenden kraftstrotzenden Rosen ihren Teil beitrugen. Drastische Abhilfe war also gefordert. Man kam überein, alle Bäume herauszunehmen und eine Laube zu errichten. Nigel Nicolsons Modell aus aufgebogenen Büroklammern wurde angenommen, und ein Schmied fertigte die Laube aus Schmiedeeisen an. Sowohl als Zentralpunkt des Gartens als auch zur Abteilung seiner beiden Hälften ist sie bemerkenswert gelungen. Mit der verhaltenen Eleganz ihrer Perpendikularbögen, die an Sissinghursts Gebäuden so markant sind, steht sie vollkommen in der Tradition von Harold und Vita. Auch praktische Erwägungen gingen in die Planung ein: Die Bögen sollten hoch genug sein, daß man unbehindert von den Rosen darunter hindurchgehen konnte, doch das Ganze sollte auch niedrig genug sein, daß die Rosen von Trittleitern aus zu schneiden waren. Zusätzliche Streben mußten als Halt für die Rosensprosse ins Dachgestänge eingezogen werden, und weil die Rosen schwierig zu entfernen gewesen wären, blieb sie ungestrichen. Von den rivalisierenden Mandelbäumen befreit, gediehen die zwei Rosen so gut, daß sie die Laube in einen finsteren Tunnel verwandelten, weshalb eine weggenommen und nur *Rosa mulliganii* gelassen wurde.

Geschnitten wird die Laube im tiefsten Winter, an einem bedeckten Tag, wenn die Sonne nicht so blendet. Zwei Gärtner arbeiten zwei volle Tage sehr

DER WEISSE GARTEN 135

LINKS *Blick von der nordöstlichen Ecke des Weißen Gartens auf die Bischofspforte. Silbrige Disteln und Zimmerkalla scheinen im Abendlicht. Die Kosmeen werden von kurzen Pfählen gestützt, die bald von den Pflanzen überwachsen werden. Argyranthemum »Qinta White« (in der Mitte, unter den Disteln) braucht für seine saftigen Stengel und schweren Blüten ähnliche Stützen; manchmal muß man ein systemisches Insektizid zur Bekämpfung der Minierfliege einsetzen, die seine gefiederten Blätter verderben kann. Die schwellenden Knospen der »Iceberg«-Rosen links verheißen einen leuchtenden Flor. Die Lupine »Noble Maiden« wird ungefähr alle fünf Jahre aus Samen gezogen. Regelmäßiges Abschneiden des Verblühten regt zu längerem Blühen oder sogar zu einem zweiten Flor im Spätsommer und Frühherbst an.*

RECHTS *Der Weiße Garten zur prachtvollsten Zeit im Frühsommer, wenn* Rosa mulliganii *ein Dach duftiger Blüten über die Spitzbogenlaube breitet. Die Laube nach einem Entwurf von Nigel Nicolson ersetzt die Mandelbäume, die zu Vitas und Harolds Zeit hier wuchsen. Ganz hinten blühen rosa Türkenbundlilien in Delos.*

Zantedeschia aethiopica »Crowborough«   Rosa »Iceberg«   Tanacetum parthenium »Rowallane«

flink, wobei sie zunächst zwei oder drei große überalterte Teile an der Basis wegnehmen, nicht die kräftigsten, aber ansonsten fast wahllos. Dann wird auf verschiedenen Höhen kräftig zurückgeschnitten und dabei möglichst viel altes Holz entfernt; dies fördert den Neuaustrieb nicht nur von der Basis, sondern über die ganze Laubenfläche. Einige der längsten neuen Basistriebe werden bis auf die andere Seite hinübergezogen, während andere unterschiedlich stark eingekürzt werden, damit eine umfassende Blütenbekleidung gewährleistet ist. Die traditionell am 1. Juli beginnende Blüte der Rose ist eine *tour de force* und bietet durch die schlichte Schönheit der Blüten, ihren betörenden Duft und ihre erstaunliche Fülle ein herrliches Schauspiel.

Durch das Fehlen der Mandeln erschienen die beiden Gartenhälften, vor allem das Buchsparterre, auf einmal recht flach. Graham Thomas' Vorschlag, beiderseits des Nord-Süd-Weges Bögen zu setzen, die ohne Baumwurzeln für Höhe sorgten, wurde angenommen. Ihre Bekleidung mit weißblütigen Kletterern jedoch gestaltet sich schwierig: *Rosa wichuraiana* blühte wenig und angelte mit Stachelruten nach Vorbeigehenden; *Solanum jasminoides* »Album« starb in kalten Wintern ab und kam jeden Sommer nur langsam auf eine ansehnliche Größe. Die jetzt verwendeten Clematis wollen nicht recht kommen, woran vielleicht das ewige Problem mit eisernen Gartengestellen schuld ist: Im Sommer werden sie so heiß, daß sie mitunter Triebe verbrennen, im Winter können sie zu kalt werden, was besonders Pflanzen wie dem Solanum zu schaffen macht, die nicht ganz winterhart sind.

☙

Schrittweise Verbesserungen im ganzen Garten wurden immer und werden auch weiter vorgenommen, aber die späten 60er und frühen 70er Jahre waren eine Zeit besonders umfangreicher Veränderungen. Im Weißen Garten wurde am Nordende seiner Achse das Gitter eingesetzt und die weiße *Clematis* »Alba Luxurians« als schmückende Umrahmung gepflanzt. Einige furchtbar schiefe Steinstufen hinter dem Gitter wurden entfernt und zusammen mit anderen Steinen aus Delos als Fundament für den Pavillon im Obstgarten benutzt. Und gleichzeitig mit dem Bau der Rosenlaube wurden alle Wege im Weißen Garten neu belegt.

☙

Die Buchsbeete enthalten Dauerbepflanzungen, deren Bodenbedeckung gewöhnlich aus Zweijährigen oder Frühlingsbeetpflanzen besteht, gefolgt von Einjährigen oder empfindlichen Stauden. Die Zweijährigen werden in der Pflanzschule mit großen Abständen in voller Sonne angezogen, bis ihre Höhe eine lange und reichliche Blüte verspricht. Der Schöterich für den Frühling wurde wegen seines Cremetons aufgegeben. Dafür kam Gänsekresse, die in der Pflanzschule aus gleichzeitig mit den anderen Zweijährigen gesetzten Samen gezogen wurde; bei ihr muß man aufpassen, denn zu tief gepflanzt, fault sie. Sie steht in reinweißer Blüte, bis alle Frostgefahr vorbei ist und das empfindliche *Helichrysum petiolare* sie ablösen kann. Auch Weißer Fingerhut wird in der Pflanzschule aus Sissinghurst-Samen gezogen. Er vermehrt sich gewöhnlich artrein, weil kaum anderer Fingerhut in der Nähe wächst; purpurblütige Sämlinge haben an den Blattstielen einen rötlichen Anflug und können aussortiert werden. Der Fingerhut kommt in die nach Süden liegende Rabatte zwischen Erechtheum und Eibenhecke, wo er nach der Blüte im Frühsommer von *Nicotiana sylvestris* ersetzt wird.

Weiße Nachtviolen, die Ende der 70er Jahre hinzukamen, hätten Vita wegen ihres starken Dufts am frühen Abend gefallen. Im Frühsommer gesät, kommen die Pflanzen zur Herbstmitte in die Beete. Die Nachtviole wird

138   DER WEISSE GARTEN

Cosmos bipinnatus »*White Sensation*« Macleaya cordata *und* Clematis »*John Huxtable*« Galega × hartlandii »*Alba*«

sofort nach der Blüte im Frühsommer herausgenommen und von *Cosmos bipinnatus* »White Sensation« abgelöst. Da die meisten modernen Sorten zu kleinwüchsig und Samen von »White Sensation« schwer zu finden sind, heben die Gärtner ihre auf. Die Pflanzen müssen ziemlich spät in großen Töpfen angezogen werden, damit sie groß genug werden, um ihren Platz rasch auszufüllen. Wie viele andere Blumen hier müssen auch die Kosmeen, wenn sie schön bleiben und beständig blühen sollen, regelmäßig die verwelkten Blüten gekappt bekommen.

Omphalodes linifolia ist ein reizvolles zweijähriges Borretschgewächs mit graugrünen Blättern und reinweißen Blüten im Spätfrühjahr. Sie wird neben die silbergraue *Salix alba* var. *sericea* gesät, die jeden Winter auf den Stock zurückgeschnitten werden muß, damit sie nicht zu groß wird. Einige empfindliche Silberlaubpflanzen werden jeden Frühling ausgepflanzt, davon *Artemisia arborescens* über Brutzwiebeln von *Ornithogalum pyramidale,* dessen grauweiße Blütenähren sich elegant durch das feingeschlitzte Laub des Wermuts schieben. Sarah versucht, noch andere Silberlinge einzuführen, etwa *Anthemis punctata* subsp. *cupaniana* und *Senecio viravira* (syn. *S. leucostachys*), um variieren zu können und die Gefahr der Bodenmüdigkeit durch langjähriges Wachstum der gleichen Pflanzen am selben Platz zu verringern.

Auch Strauchmargeriten, deren stete Blüte den Garten vom späten Frühling bis zum ersten Frost ziert, sind seit Vitas und Harolds Zeit dazugekommen. Die graugrünblättrige Pflanze, allgemein *Argyranthemum foeniculaceum* genannt (obwohl sie nicht die echte Art ist), blüht üppig über schönem Laub, während »Qinta White« weniger und größere anemonenartig gefüllte Margeriten über grasgrünen Blättern hat. Ihre breiten Fieder machen sie anfälliger für Minierfliegen, die die ganze Gruppe verunstalten können, wenn nicht beim ersten Anzeichen von Blattbefall ein systemisches Insektizid angewendet wird. Eine andere langblühende gefüllte Margerite, *Tanacetum parthenium* »Rowallane«, erhielt den Beinamen »Sissinghurst«, weil viele sie mit dem Garten identifizierten. Dieses am reichsten blühende, doch am leichtesten welkende Mutterkraut muß im August stark zurückgeschnitten werden, wenn es Stecklinge für die Pflanzen des nächsten Jahres und eine Herbstblüte geben soll.

Stauden wie *Zantedeschia aethiopica* »Crowborough« und Federmohn brauchen wenig Pflege, allerdings geht dem Federmohn manchmal die Luft aus, und er muß umgesetzt werden, was bei so einer hohen Pflanze oft problematisch ist. Die im selben Beet an einer Säule rankende *Clematis* »John Huxtable« ist ein großer Erfolg und schenkt bei kräftigem Rückschnitt im Frühling einen reichen späten Flor. Sie kam für die früher blühende »Marie Boisselot«, deren Blüten als unverhältnismäßig groß empfunden wurden.

Das Erechtheum ist mit Wein und Wisteria überwachsen, doch da diese sich bei der ursprünglichen Abdeckung, einem Holzgitter mit 15 cm Lattenabstand, schwer anleiten ließen, wurde es durch eines mit 35 cm Abstand ersetzt. Auch die Wand des Pfarrhauses ist berankt, hauptsächlich von *Rosa laevigata* und der Noisetterose »Mme. Alfred Carrière«, die Harold und Vita immer »Mrs. Alfonsos Karriere« nannten. *Rosa laevigata* überlebte überraschenderweise den kalten Winter 1962-63, aber erlag 1985 dem Frost und mußte ersetzt werden.

Hohe Onopordum-Kerzen überragen im Sommer die Beete südlich der Laube, wo ihre Spitzen in der Abendsonne golden und silbern leuchten. Zu Vitas Zeit durften sie sich selbst aussäen, aber plazierten sich selten gut, sondern schoben sich wie stachelige Ungeheuer an den Wegrand vor. Jetzt werden sie im Frühsommer in der Pflanzschule angesät und im Spätherbst, wenn ihre Höhe am eindrucksvollsten ist, an genau überlegte Plätze gesetzt.

DER WEISSE GARTEN 139

Für Formkontraste sorgen nicht nur die Blätter, sondern auch die Blütenstände – Köpfchen und Rispen, Kugeln und Trauben – in vielen Größen. Die höchsten Trauben haben Steppenkerzen und Rittersporn, aber die nächstkleineren wie Lupinen sind kaum weniger imposant. Bei der mitunter aus Samen gezogenen Lupine »Noble Maiden« können Ährenform, Blütenfarbe und Verzweigung ein wenig wechseln: Im Idealfall gibt es eine lange Mittelähre und dazu viele kräftige Nebenähren, die für einen langen, beständigen Flor von Blüten im reinsten Weiß sorgen. Man läßt die Sämlinge in der Pflanzschule blühen und sucht die besten aus.

Es gibt keine feste Regel für das Verpflanzen von Staudengewächsen; Aggressoren wie einige Artemisien und Weideriche werden häufig verpflanzt, vornehme Aristokraten wie Diptam, Taglilien, Germer und Staudenpäonien sehr selten. Die Königslilie, von jeher eine der wichtigsten Pflanzen, muß regelmäßig aufgefüllt werden, um gut zur Geltung zu kommen; die klaren Linien ihrer Blüten sind ein weiteres Beispiel für die Bedeutung der Blumenform in der Gesamtkomposition. *Galega × hartlandii* »Alba« wird ebenso der Reinheit ihrer Blüten wie ihres schönen Laubes wegen geschätzt. Wie andere Klone von × *hartlandii* setzt sie keine Samen an; trotzdem treibt sie nicht mehr Blüten, wenn das Verblühte nicht regelmäßig gekappt wird.

Die meisten Blüten hier sind ganz reinweiß, doch es gibt Ausnahmen. Eine davon ist *Campanula* »Burghaltii« mit ihrem gräulichen Lilarosaton, ein Geschenk von Margery Fish nach Vitas Tod. Auch grünlich-gelbe Ziertabakblüten sind erlaubt, denn Grünnuancen sind für die Komposition genauso wichtig wie Weiß. *Papaver* »Perry's White« wurde in den Rosengarten verbannt, weil seine Blüten einen Anflug von Rosa hatten, und durch *P. orientale* »Black and White« ersetzt.

LINKS OBEN *Rosa mulliganii in vollster Blütenpracht. Rechts des Weges sieht man die langen Grannen des Federgrases* Stipa barbata. *Die Samenstände der weißen Nigella links sind auch nach dem Verblühen noch reizvoll.*

LINKS UNTEN *Im Winter zeugen die geometrische Präzision des Buchsbaums und die sauber und gleichmäßig aufgebundenen Rosensprosse von der Kunst der Gärtner. Behältnisse und Statuen werden im Winter mit Planen abgedeckt.*

SEITE 142-143 *Herbstlicher Blick 1992 von der Laube aus nach Norden, mit anderer Bepflanzung in den Buchsparterrebeeten. Die Eisenbögen sind leicht mit dem Nachtschatten* Solanum jasminoides »Album« *bekleidet. Rechts ist die grazile* Spiraea »Arguta« *grau vor Tau hinter der silbernen* Artemisia arborescens. *Die Vase in der Mitte der Laube enthält die grünlich-cremefarbene* Clematis forsteri *aus Neuseeland, die in Kent nicht ganz winterhart ist und einen starken, süßen, aber künstlichen Duft hat. Kleine weiße Löwenmäulchen sind dank ständigen Kappens des Verwelkten noch in Blüte.*

Melianthus major ist eine so prächtige Pflanze, daß ihr die seltene Ehre zuteil wird, hier in zwei Gruppen verwendet zu werden. Sie hat meergrüne gesägte Fiederblätter und einen scharfen Geruch, den manche mit Roastbeef, andere mit einem neuen Gummimantel verglichen haben. Die Gärtner sind stolz darauf, ihren Wert erkannt zu haben, bevor die Allgemeinheit auf sie aufmerksam wurde, als Christopher Lloyd sie 1975 der Royal Horticultural Society vorführte und sie eine Urkunde erster Klasse bekam. Sie ist zwar nicht ganz winterhart, doch nach milden Wintern wird sie mitunter ein großer, schlaksiger Strauch. In Sissinghurst wird sie jedes Jahr heruntergeschnitten, obwohl sie, wenn sie bis zu den Wurzeln durchfriert, nur langsam eine ansehnliche Größe erreicht. Aus diesem Grund wird die Pflanze an der Basis und zwischen den Sprossen dick mit Farnmulch geschützt. Wenn er zum Frühlingsanfang entfernt wird, fördert das die Bildung starker Basistriebe. Überflüssige Zweige werden zur Frühlingsmitte weggeschnitten, so daß nur das holzige Stämmchen und die kräftigen neuen Triebe übrigbleiben.

❧

Bei einer solchen Vielfalt von Pflanzen im Weißen Garten werden diverse Stützmethoden praktiziert. Sarah Cook sieht im Stützen eine Kunst, die Geschick und Geduld erfordert. Man kann sich verleiten lassen, zu früh zu stützen, Stützen zu nehmen, die zu lang sind, oder zu warten, bis die Stengel von einem starken Regenguß umgelegt werden. Pams und Sibylles Regeln fürs Stützen sind ein Muster an Klarheit. Erstens müssen die Stützen unbedingt fest sein und tief genug in den Boden getrieben werden, wenn nötig, indem man die Gruppe zuerst gießt. Die erste Stütze sollte in die Mitte der Gruppe kommen, damit diese dort nicht zusammensackt. Dann werden Stützen an den Rändern eingesteckt. Es kann sein, daß man einige der äußersten Sprosse anbinden muß, damit sie nicht zur Seite kippen. Die Stützen sollten hoch genug sein, um die Blütenähren zu halten, aber vom Laub verdeckt werden. Sie müssen daher etwa zwei Drittel der endgültigen Höhe der Pflanze haben, weshalb man diese kennen sollte. Die Gärtner suchen zu frühes Stützen zu vermeiden, damit der Garten nur kurz verunziert wird. Die Pflanzen überwachsen die Stützen bald und sehen völlig natürlich aus, so daß der Betrachter von dem Wald an Reisern, den die Blumen verbergen, gar nichts ahnt.

Bambusrohre und Dahlienstäbe werden nicht benutzt. Die Gärtner bevorzugen Erbsenreisig, geschälte Kastanienstöcke oder hohes, gut verzweigtes Haselholz. Haseln, die in Sissinghurst eigens dafür gezogen werden, sind mit ihren auf einer Ebene angeordneten Zweigen wohl das beste Stützmaterial. Manchmal braucht man sehr verzweigte Reiser, manchmal weniger verzweigte und ab und zu nur die stabileren Stämmchen. Die Kunst liegt auch in der Wahl des richtigen Materials für jede Pflanze. Wenn man z.B. die Haselstützen umdreht, so daß sie einen haltgebenden Käfig bilden, durch den die Pflanze wächst, muß man unbedingt Reiser nehmen, die frisch

Herbsttöne: Die Hagebutten der Rosa mulliganii *passen zu den roten Blättern der* Rosa pimpinellifolia »Double White«. *Der graugrüne* Melianthus major *hat wohl das schönste Laub im Spätjahr.* Leucanthemella serotina *(syn.* Chrysanthemum uliginosum) *dahinter ist wegen ihrer späten Blüten unschätzbar.*

geschnitten wurden (zur Wintermitte, bevor die Kätzchen kommen). Kastanie wird für eine Reihe von Pflanzen wie Crambe verwendet. Die Pflanzen werden nicht höher angebunden als nötig, und der Stock wird über der Befestigung abgeschnitten. Das heißt, daß Pflanzen wie Onopordum, die gern an der Basis umkippen, nur unten gehalten werden müssen, wofür man 1'm lange Kastanienstöcke dicht an der Pflanze 60 cm in den Boden treibt.

Mit hohem verzweigten Erbsenreisig von ca. 1,20 m Länge werden Pflanzen wie Boltonien gestützt, sobald eine Pflanzengruppe etwa 75 cm erreicht hat. Der Wert der Boltonien für den späten Flor wird in britischen Gärten meist verkannt, teils wegen der Abneigung gegen den Herbst als Gartenjahreszeit, aber auch weil sie geschickt gestützt werden müssen und gräßlich aussehen, wenn man sie sich legen läßt oder festzurrt. Artemisien wie *AA. pontica* und *ludoviciana* werden mit vielen leichteren Zweigen gehalten.

Rittersporn stützt man mit recht leichten, verzweigten Haselreisern. Man sieht sie zwar ein wenig an der Basis der Blütentrauben, aber diese können sich sanft wiegen und sehen ganz natürlich aus. Die meisten Pflanzen drückt man oben etwas beiseite und baut mit den Stützen ein Gerüst, durch das die Stengel wachsen. Rittersporn jedoch drückt man nicht zurück, so

daß die Blütentrauben eine gewisse Beweglichkeit behalten. Fest an Bambusstäbe gebunden, brechen die Trauben gern über dem Stab ab, sofern dieser nicht bis zur Pflanzenspitze reicht, aber eine solche Stützmethode würde den Pflanzen alle natürliche Anmut nehmen. Eine mehrjährige weiße Staudenwicke wird mit einem hohen Haselwigwam gestützt.

Sobald alles Gezweig von den Haseln entfernt ist, sind die verbleibenden starken Hölzer ideal zum Stützen verschiedener Pflanzen wie z.B. Dahlien. Auch wenig verzweigte Haseln von Schattenplätzen im Gehölz sind dafür verwendbar. Lupinen brauchen keine verzweigte Stütze bis obenhin wie der Rittersporn, sondern sind mit stämmigeren, unterm Laub verborgenen Stöcken zufrieden. Kurze, nur grob verzweigte Stummelstöcke kann man für Pflanzen nehmen, die unten gestützt werden müssen, für Zweijährige wie Nachtviolen etwa. Die Stützen können später für Sommerpflanzen wie

Kosmeen wiederverwendet werden, wobei sie gleichmäßig durch die ganze Gruppe geführt werden, als wäre sie eine einzige Pflanze.

Das sogenannte *Argyranthemum foeniculaceum* braucht keine Stütze, aber das plumpe *A.* »Qinta White« neigt dazu auseinanderzufallen, wenn Regen auf seine Blüten kommt. Durch die Gruppe geführte Stummelstöcke können helfen und sind noch zu einem anderen Sissinghurst-Trick zu gebrauchen, nämlich die Gruppe etwas zu neigen, wenn daneben eine Lücke klafft.

Bei Pflanzen wie Pfingstrosen werden Staudenhalter in die Mitte der Gruppe unter das Laub gesteckt und die Stengel außen angebunden, so daß die Stöcke nicht zu sehen sind. Sie können für einen einzelnen Horst oder eine größere Gruppe verwendet werden, die dadurch einen Zusammenhalt bekommt. Die Gärtner finden die längeren Stöcke meistens besser geeignet.

☙

Wichtig im Weißen Garten ist die Pflege der Buchsumrandung, die trotz großer Schwierigkeiten vorbildlich durchgeführt wird. Die Mauer am Nordende des Gartens hat durchaus nicht den 90-Grad-Winkel, den die strenge Form des Buchsparterres fordert. Harold löste das Problem, indem er die

Im Herbst wallen Helichrysum petiolare *und* Artemisia arborescens *über den Buchsrand, und weiße Kosmeen blühen tapfer bis zum Frost. Auch die Rose »Iceberg« blüht noch, während die Blätter der* Hydrangea quercifolia *dahinter rostrot werden.*

Abweichung mit jedem Beet verringerte, bis sich in der Gartenmitte die Wege im rechten Winkel kreuzten. Keines der Beete ist also ganz gerade. Beeinträchtigend war auch die Abschüssigkeit des Geländes. Die unregelmäßigen Beete und die Niveaudifferenzen waren sichtbar und verwirrend wie ein Escher-Bild von etwas scheinbar Normalem, das geometrisch unmöglich ist.

Bei der Neupflasterung des Weißen Gartens 1970 nutzten die Gärtner die Gelegenheit, die Heckenhöhen so weit wie möglich zu korrigieren, doch das Gelände ist noch immer nicht völlig eben. Daß die Hecken jetzt oben in einer Ebene abschließen, also dort höher sind, wo der Boden abfällt, verbirgt die Neigung. Da alle Hecken hier einen »Anlauf« von etwa 15 Grad haben, sind die höchsten Einfassungen unten breiter, denn oben muß die Breite im ganzen Parterre genau gleich sein.

DER WEISSE GARTEN 145

Bei der Korrektur der Heckenhöhen mußte etwa ein Viertel der Einfassungen im Weißen Garten durch selbstvermehrten Buchsbaum ersetzt werden. (Außer den verbliebenen drei Vierteln und der Hecke um den Sissinghurst Crescent mußten sämtliche Buchsbaumhecken neu gesetzt werden.)

Diese Arbeit wurde weit im voraus geplant, und im September 1962 wurden von einigen Klonen mit gutem Wuchs und bläulichem Laub Stecklinge genommen. Die verschiedenen Klone sorgen für eine leichte, aber angenehme Farbnuancierung; diese Methode ist besser, als Buchssämlinge zu benutzen und damit Pflanzen zu riskieren, deren Blätter für eine bestimmte Farbgebung zu gelb, zu blau oder zu schmuddelig sind, oder die zu spitzig wachsen und sich nicht gut verbinden. Die Stecklinge waren buschig, drei bis vier Jahre alt, etwa 15 cm lang und unten holzig. Sie wurden in eine Bewurzelungshormonlösung getaucht und in eine etwa 10 cm tiefe Rinne in einem schattigen Teil des Küchengartens (jetzt die Pflanzschule) gesetzt. In die Rinne kam unten Kies und obendrauf Erde, dann wurden die Stecklinge eingeschlagen und im ersten Winter nach Frösten gelegentlich daraufhin kontrolliert, ob sie noch fest im Boden steckten.

Nach einem Jahr hatten fast alle Wurzeln geschlagen. Sie wurden etwa 15 cm auseinandergepflanzt, auf weitere fünf Jahre. Die Spitzen blieben drei Jahre ungeschnitten, aber die Seiten erhielten jährlichen einen Schnitt mit »Anlauf«. Anders als Eibe schlägt Buchs ohne weiteres aus Seitenästen aus und sollte nicht bis zum Stamm zurückgeschnitten werden. Wenn die Stämme im Innern des Busches bleiben, treibt die Hecke später nach dem Schneiden gut aus. Mit einem Stammabstand von 25-30 cm ausgepflanzt, gaben die neuen Pflanzen sogleich eine ordentliche Hecke ab.

Neupflanzen mußte man auch die zwei Buchswürfel am Kopfende des Grabengangs, die zu groß und locker geworden waren und im Innern kahle Stämme bekommen hatten. Eine drastische Reduktion kam nicht in Frage, weil die Regeneration zu lange gedauert hätte. Für jeden Würfel brauchte man 20 Pflanzen in fünf Viererreihen. Wenn Buchshecken zu breit werden, drückt sie der Schnee leicht flach, weil Buchs nachgiebiger ist als Eibe und daher für breite Hecken und große Formelemente weniger geeignet. Tatsächlich litt die Hecke um den Sissinghurst Crescent im Winter 1962-63 so sehr, daß sie von Grund auf wiederhergestellt werden mußte. Obwohl die Gärtner nicht wußten, wie die Hecke reagieren würde, riskierten sie einen radikalen Rückschnitt, zuerst auf der Bauerngartenseite. Zum Glück wuchs sie rasch und kräftig nach. Binnen vier Jahren hatte sie sich gefüllt, und man konnte die Oberseite und die Grabengangwand in Angriff nehmen. Dieses robuste, schnelle Nachwachsen ist bei Buchshecken, die unter Dürre, schlechtem Boden oder starkem Schatten leiden, nicht die Regel; einschneidend reduzieren sollte man sie nur, wenn sie ganz gesund sind. Im allgemeinen ist es am besten, wenn man die Ober- und die Sonnenseite zuerst schneidet und sich erst, wenn diese nachgewachsen sind, an die Schattenwand macht.

Sarah Cook schneidet Buchs am liebsten im Spätsommer oder Frühherbst, aber weil das im Weißen Garten nicht geht, solange noch Besucher da sind, wartet man damit, bis der Garten geschlossen hat. Es empfiehlt sich zu schneiden, bevor es sehr kalt wird, weil strenger Frost kurz nach dem Schnitt das verbliebene Laub schädigen und unregelmäßigen Austrieb im nächsten Frühling verursachen kann. Elektrische Heckenscheren haben sich bewährt, nur müssen sie immer absolut scharf sein. Unvermeidlich ist leider, daß die Schnittstellen der Blätter braun werden, mehr als beim Handschnitt, für den weder die Zeit noch die Arbeitskraft zur Verfügung steht. Die einschneidige 120-Volt-Schere von Little Wonder, mit Generator benutzt, ist in Sarahs Augen flexibel, sicher, leicht, kompakt, geräusch- und geruchsärmer als die meisten Geräte und für diese Arbeit unübertroffen.

Damit die Einfassungen im Weißen Garten gleichmäßig bleiben, schneidet man den Buchs mit Hilfe einer Schnur, die über jede der fünf Unterachsen des Parterres gespannt wird und absolut straff und gerade sein muß. Die Gärtner führen ein »Heckenbuch«, das die genauen Maße aller Hecken und ihre Eigenheiten festhält, z.B. Ausbauchungen, die man allmählich verringern muß, oder Löcher, die zuwachsen müssen. Angestrebt wird, jeden Herbst den Zuwachs wegzuschneiden, doch zwangsläufig werden die Hecken jedes Jahr etwas breiter. Nimmt man zuwenig weg, müssen die Hecken bald reduziert werden, nimmt man zuviel, bleibt nur dünnes, gelbes altes Laub übrig.

Alle Hecken im Garten werden zur Frühlingsmitte mit Fisch-, Blut- und Knochenmehl gedüngt – eine organische Langzeitdüngung. Schädlinge und Krankheiten sind bei Buchs gewöhnlich kein Problem, doch in der Hecke um den Sissinghurst Crescent tritt manchmal der Buchsbaumblattfloh auf, gegen den man im Frühsommer ein systemisches Pestizid spritzen kann.

❧

Warum ist der Weiße Garten der eindrucksvollste und meistkopierte Bereich in Sissinghurst? Er scheint Gertrude Jekylls Vorschrift zu widerlegen, die Schönheit des Weiß müsse behutsam mit Blau und Gelb unterlegt werden. Im Wettstreit mit anderen einfarbigen Kompositionen geht Weiß klar als Sieger hervor: Gelb und Blau sind zu dicht an Grün, Rot und Orange zu unruhig, Violett zu dumpf, reines Schwarz bei Blättern und Blüten selten. Doch dies ist kein Grund, solche Farbmotive nicht zu probieren: jedes hat seine Möglichkeiten, seine Pflanzenpalette und seine individuelle Stimmung.

Der Vergleich mit mischfarbigen Kompositionen ist schwieriger. Planlose Farbgebung kann eine fröhliche Gesamtwirkung erzeugen, doch die Schönheit einzelner Pflanzen, besonders solcher in sanften oder subtilen Tönen, kann neben farbenfroheren Nachbarn verblassen. Kein Fotograf würde eine zart malvenfarbene Blüte neben leuchtendem Rot, Chromgelb, Orange oder selbst reinem Blau aufnehmen, das die Aufmerksamkeit ablenkt; die dezenteren Töne sind immer in Gefahr, von den kräftigeren verdrängt zu werden. Sicher kann eine überlegte Verteilung oder Farbauswahl die meisten solcher Kollisionen verhindern. Dennoch sprechen Farben uns gemeinhin am unmittelbarsten an, während Formen, Strukturen und Düfte tieferen und anhaltenderen Genuß bescheren. Unter Umständen übersehen wir sogar die subtile Schönheit des Laubes, die hier so effektvoll eingesetzt ist.

Weiße Gärten schalten somit die Ablenkung durch Farben aus und lassen uns die anderen Faktoren, die unsere Freude an Gärten ausmachen, am deutlichsten erkennen. Der Weiße Garten von Sissinghurst war vielleicht nicht der erste seiner Art, aber zu seiner Zeit der ehrgeizigste und gelungenste, und dürfte dank erstklassiger Pflege und laufend verbesserter Bepflanzung noch heute der bezauberndste sein. Zwar können die meisten von uns ihn nicht wie Vita magisch in der Dämmerung schimmern sehen, aber dennoch ist und bleibt er ein Garten voll herrlicher, inspirierender Romantik.

Ein schräger Blick über Delos am Durchgang vom Oberen Hof in den Weißen Garten. Im Hintergrund Sissinghursts Darrhäuser hinter der Sträucherwand, die diese Ecke des Gartens abschließen hilft. Christrosen blühen ungesehen von Besuchern in der Übergangszeit vom Winter zum Frühling. Das Brandkraut jenseits des Weges wird Phlomis anatolica *oder P. »Lloyd's Variety« genannt, doch beide Namen sind nicht korrekt. Es ist ein Mittelding zwischen* P. fruticosa *und* P. grandiflora, *möglicherweise auch eine Kreuzung der beiden, und hat vielleicht von seiner Gattung das schönste, einen Großteil des Jahres über fast weiße Laub; es treibt jedoch wenig Blüten.*

Delos, der Bereich westlich des Weißen Gartens, war immer der befremdlichste und unbefriedigendste Teil von Sissinghurst, ohne Einbindung in den Weißen Garten oder den Oberen Hof, an die er grenzt. Vita erklärte 1942 in einem Artikel in *Country Life,* der Plan sei »inspiriert von der Insel Delos, wo bei Hausruinen genauso eine kleine Terrasse geblieben ist, dort begraben unter Matten griechischer Wildblumen«. Zwischen Pflaumen-, Kirsch- und Kirschpflaumenbäumen, Alpengewächsen wie Steinbrech, Thymian und Blaukissen und Zwiebel- und Knollenpflanzen wie Iris und Traubenhyazinthen wurden Mauerreste verstreut, damit der Bereich an Ruinen auf einer ägäischen Insel erinnerte. Doch nicht lange nach der Anlage von Delos erhielten Ben und Nigel Nicolson als Jungen den Auftrag, den Großteil der Mauerreste mit Schubkarren abzutransportieren, damit es nicht mehr wie ein antiker Ausgrabungsort aussah. Die Steineinfassungen der Beete blieben, bis sie 1970 als Fundament für den Pavillon im Obstgarten benutzt wurden. Gleichzeitig wurde das Gewirr von kleinen unnützen Wegen beseitigt, und zahlreiche Sträucher, Zwiebeln, Knollen und Bodendecker kamen hinzu, die den Bereich mit Frühlingsblüten und Herbstfarben verschönten und aufwerteten. Zur Begrenzung und Abschirmung wurden große Sträucher wie Steinlinden und *Corylus maxima* »Purpurea« gepflanzt, die sowohl Delos als auch den Weißen Garten vor kalten Winden schützen und den Blick vom Weg vor dem Gartentor auf den Weißen Garten versperren.

Delos enthält einige faszinierende und auserlesene Pflanzen, z.B. die empfindliche *Fascicularia bicolor,* deren Rosette blaß türkisblauer Blüten vom leuchtenden Rot stacheliger, riemenförmiger Deckblätter umgeben ist. (Von allen Pflanzen im Garten ist sie die einzige, die mit Hammer, Beitel und Lederhandschuhen geköpft wird, wenn sie verblüht ist.) Doch um seine Identität zu finden, muß Delos überzeugender an den übrigen Garten angeschlossen werden, eine Herausforderung, der sich die Gärtner stellen wollen.

DER WEISSE GARTEN 147

Hinter den Kulissen

Die Rabatte westlich der Powys-Mauer, wo man neue Pflanzen auf die Probe stellt, bevor sie in den Garten dürfen. An der Westfassade sieht man weiter hinten die beiden Giebel links und rechts des Eingangsbogens.

Der Erfolg jedes Gartens, ob öffentlich oder privat, hängt zum Großteil vom Können, Gespür und Einsatz seiner Gärtner ab. In dieser Hinsicht hat Sissinghurst von jeher Glück gehabt: Mit seinem Ruhm, seinem breiten Spektrum von Pflanzen und seinen anspruchsvollen Gartenbaumethoden hat es immer gute Gärtner anziehen können. Die gegenwärtig eher schlechten Chancen, eine ähnlich hochklassige gärtnerische Ausbildung zu erhalten wie Pam und Sibylle seinerzeit in Waterperry bei Beatrix Havergal, machen eine Anstellung in Sissinghurst noch begehrter.

Aus Sissinghurst kommende Gärtner, hochangesehen in der ganzen Welt des Gartenbaues, haben in den letzten 30 Jahren bedeutende Positionen in Großbritannien und im Ausland bekleidet. Doch der Garten kann nicht vorrangig als Ausbildungsbetrieb geführt werden. Der Trust, meint Sarah Cook, »muß bis zu einem gewissen Grad eigennützig denken. Wenn er Leute ausbildet, dann solche, die wahrscheinlich beim Trust bleiben«. Sarah muß daher bestrebt sein, Gärtner zu beschäftigen, die den Garten nicht nur als kurzfristige Karriereförderung benutzen, sondern lange genug bleiben, um für Sissinghurst echt von Wert zu sein. Ein gewisses Maß an selbstlosem Denken über Sissinghurst hinaus ist wünschenswert: Egoistische Ausbildungskriterien können nie zu hohen nationalen oder internationalen Standards im Gartenbau führen. Wenn man nur Leute beschäftigen würde, die bis zur Pensionierung bleiben, fände keine Verbreitung von gärtnerischem Wissen und keine gegenseitige geistige Befruchtung statt. In der Praxis, meint Sarah, fallen die Gartenangestellten meist in zwei Kategorien: solche, die gern fünf bis acht Jahre bleiben, und solche, häufig jüngere, die beruflich rascher vorwärtskommen wollen und eher kürzer bleiben, vielleicht drei oder vier Jahre. Ein Gleichgewicht zwischen diesen beiden Typen gibt die optimale Mischung aus Kontinuität, Interesse, Motivation und Effizienz.

Auch wenn es in Sissinghursts Gartenpersonal von Jahr zu Jahr Wechsel gibt, lassen kurze Angaben über die zur Zeit der Abfassung dieses Buches Beschäftigten ahnen, was für Erfahrungen und Qualifikationen man braucht, um hier zu arbeiten. Zur Zeit besteht das Personal aus der Gartenmeisterin, sechs ganztags arbeitenden Gärtnern und einem Praktikanten. Ein Gärtner arbeitet halbtags, und Freiwillige helfen beim Kappen der verwelkten Blüten. Alle Gärtner besitzen Abschlüsse wie das Nationale Gartenbaudiplom und breite Erfahrungen, bevor sie hier anfangen. Alexis Datta, die stellvertretende Gartenmeisterin, besuchte nach einer Lehre in einem Park drei Jahre lang die Gartenbauschule von Pershore in Worcestershire, gefolgt von acht Jahren in Cliveden. Troy Smith studierte drei Jahre Gartenbau am Askham Bryan College bei York und war ein Jahr in Bodnant Garden in Nordwales, bevor er hierherkam; er hat auch in Parks und in einem Privatgarten in Frankreich gearbeitet. Jacqui Ruthven studierte zwei Jahre in den USA und arbeitete für den National Trust in Cliveden und Dorneywood, beide in Buckinghamshire. Andrew Eddy fing mit Landwirtschaft an und wechselte 1987 zum Gartenbau; neben der Tätigkeit im Arboretum von Kew studierte er Gartenbau am City & Guilds Institute und war dann im Londoner Finsbury Park Training Centre tätig, bevor er in Sissinghurst anfing. Philip Norton studierte drei Jahre Gartenbau am Pershore College und machte sein praktisches Jahr bei der Royal Horticultural Society in Wisley. Cornelia Rapp besuchte die Gartenbauschule in Deutschland, bevor sie in Parks und dann auf einem Privatgut in England arbeitete.

Bis vor kurzem noch, bevor öffentliche Ausschreibungen Vorschrift wurden – so daß heute öffentliche Arbeiten wie die Pflege von Parks und Gärten größtenteils an Privatbetriebe vergeben werden –, hatten viele Städte und Gemeinden ausgezeichnete Ausbildungsprogramme. Dadurch gab es ein Reservoir geschulter Arbeitskräfte nicht nur für ihre Gärten, sondern für die des ganzen Landes und auch des National Trust. Die Streichung solcher Programme und der Einsatz un- und angelernter Kräfte durch die Auftragsunternehmer verringerten das gartenbauliche Ausbildungangebot drastisch, so daß gelernte Kräfte heute rar sind. Der National Trust richtete daraufhin ein Fortbildungsprogramm ein, das jungen Gärtnern ermöglicht, drei Jahre in einem nahen Trust-Garten zu arbeiten und sich dort zu qualifizieren, woraufhin sie in ähnlichen Gärten im Besitz des Trust oder anderer arbeiten können. Zur Ausbildung gehören auch Freistellungen zum Besuch des Cannington College in Somerset, und der Abschluß entspricht dem Nationalen Gartenbaudiplom. Der derzeitige Praktikant Kevin Mountford kommt aus einer Gärtnerfamilie (der Vater züchtet Ausstellungschrysanthemen), und als er mit der Schule fertig war, wollte er auch Gärtner werden; er hat eine einjährige Grundausbildung in Gartenbau am Brinsbury College, West Sussex, absolviert. Sarah möchte auch in das Austauschprogramm des Trust einsteigen, das Gärtnern ermöglicht, zwei oder drei Wochen in einem anderen Garten zu arbeiten, um mehr Erfahrung und neue Ideen zu bekommen.

Als Meisterin und Stellvertreterin planen Sarah und Alexis gemeinsam die Arbeiten eines Monats voraus und beschließen die Rangfolge längerfristiger Projekte für die kommenden fünf bis zehn Winter. Auch müssen sie auf alle im Garten laufenden Arbeiten ein Auge haben. Die Gärtner werden in den meisten Fällen nicht einem bestimmten Bereich zugeteilt und arbeiten oft zusammen. Die Schönheit und Ausgewogenheit des Gartens hängen ganz direkt von Tätigkeiten wie Nachpflanzung, Schnitt und winterlichen Großprojekten ab. Doch auch die wöchentlichen Aufräumarbeiten sind wichtig, und die Gärtner sind jeweils für einen Bereich zuständig, den sie sauberhalten müssen. Konstruktive Vorschläge zu »ihrem« Teil des Gartens sind erwünscht, aber über die Bepflanzung entscheiden letztlich Sarah und Alexis: Es sollte ein Stil im Garten herrschen, nicht sieben verschiedene. Auch sollten die Gärtner sich nicht als Konkurrenten begreifen. Sarah legt großen Wert auf einen Gemeinschaftsgeist, der auf hohe Qualität in allen Bereichen achtet; wenn jemand mit dem Aufräumen seines Teiles fertig ist, muß er oder sie dort aushelfen, wo noch mehr zu tun ist. Die Gärtner werden auch dazu angehalten, ihre botanischen Kenntnisse zu vertiefen und abends nach der Arbeit an Rundgängen durch den Garten teilzunehmen, auf denen man über einzelne Pflanzen spricht und Wissen austauscht.

જ

Die Arbeitszeit kann sich von Jahr zu Jahr ändern, aber derzeit ist sie wochentags von 7 Uhr 30 bis 16 Uhr 30, mit einer Stunde Mittagspause. Ein Gärtner hat immer Wochenenddienst, der hauptsächlich in der Betreuung der Treibhäuser besteht. Die meisten Rasenflächen werden mittwochs gemäht, damit das Gras zwei Tage Zeit hat, vor dem Wochenendansturm nachzuwachsen. Regelmäßig jeden Freitag sind alle Gärtner in ihrem Bereich mit Fegen, Jäten und Wegschneiden des Verblühten beschäftigt.

Nach der aktuellen Regelung ist der Garten montags den ganzen Tag und sonst unter der Woche vormittags geschlossen. Diese Öffnungszeiten und der frühe Arbeitsbeginn haben auch den Grund, daß sich schwer arbeiten läßt, wenn der Garten voller Besucher ist. Als Anfang der 80er Jahre die Besucherzahl auf 100 000 anstieg, konnte es passieren, daß Pam und Sibylle 15 Minuten brauchten, um sich durch die Massen bis zum Abfallplatz zu drängeln; ständig wurden Gärtner in Gespräche verwickelt; Rasenmähen z.B. war schlicht nicht möglich, wenn es überall von Menschen wimmelte. Man mußte darauf achten, Mitarbeiter einzustellen, die nicht allzu redselig waren und weiterarbeiteten, auch wenn Besucher auf sie einredeten. In den meistbesuchten Gartenräumen mußten die Arbeiten beendet sein, bevor geöffnet wurde; danach konnten einige Gärtner sich in die Pflanzschule oder weniger belebte Teile zurückziehen. Nach Pams Meinung jedoch sollten immer einige Gärtner in Sichtweite sein, nicht nur der Sicherheit des Gartens und seiner Pflanzen wegen; »die Leute sind ungeheuer interessiert«, sagt sie, »und wenn sie wirklich eine Frage haben, ist es schön, sie zu beantworten. Ich finde, das gehört mit zum Service.«

Viele der Geheimnisse von Sissinghursts Erfolg liegen in dem Bereich westlich des Rosengartens, Harolds und Vitas früherem Küchengarten, wo sich Anzuchtbeete, Frühbeete, Treibhäuser und Geräteschuppen befinden. Hier werden neue Pflanzen ausprobiert, zweijährige und empfindliche Pflanzen vermehrt und eine ständige Reserve von winterharten Stauden in Töpfen gehalten, zur Erneuerung von Gruppen oder für eventuelle Lücken; hier werden Schnittblumen wie Duftwicken für das Haus gezogen, und es gibt auch einen Einschlag, wo Zwiebelpflanzen für Lücken im Lindengang in Töpfen herangezogen werden. Die Vermehrung erfolgt nach dem Prinzip, für jede Eventualität immer genug Pflanzen zu haben, aber Pflanzen nie primär für den Verkauf zu erzeugen, weil das sich in dieser Größenordnung selten rentiert und nicht zur vorrangigen Zielsetzung der Gärtner und des Trust gehört, nämlich einen schönen und historisch bedeutenden Garten zu erhalten. Nur Pflanzen, die keine Verwendung finden, werden im Laden verkauft. Doch die Vermehrung ist eine gute Art, bei regnerischem oder kaltem Wetter die Zeit zu nutzen; winterharte Stauden warten zwischen Herbst und Frühling in der Pflanzschule darauf, geteilt und eingetopft zu werden, wenn unfreundliche Witterung die Arbeit im Freien verhindert.

In einem großen Beet westlich der Powys-Mauer werden neue und interessante Pflanzen auf ihre spätere Verwendbarkeit geprüft. Wie Pam und Sibylle vor ihr versammelt Sarah hier geeignete Pflanzen zu mehrjähriger Begutachtung. Wenn sie bestehen, werden bis dahin für eine größere Gruppe genug beisammen sein. Hier findet man eine herrliche gelbe Fackellilie, eine Züchtung des Schwiegervaters von Gartenberater Jim Marshall, und mehrere hübsche Bartfäden. Von einer Zwergtaglilie mit uneleganten, zwischen den Blättern versteckten Blüten ist Sarah weniger angetan. Sie hat nichts dagegen, wenn Züchter winzige Formen schaffen, aber den Pflanzen ihre natürliche Anmut zu rauben, ist unverzeihlich; die Taglilie wird ausgeschieden. Manche Pflanzen sind zwar reizvoll, aber kommen leider für keinen Gartenbereich in Frage.

Neue winterharte Stauden, die sich bewähren, werden vermehrt und eingetopft und kommen dann, zusammen mit Ersatzpflanzen aus dem erprobten Repertoire, in die Reihe von Treibbeeten südlich des Eingangsbereichs. Die meisten Herbstastern, meint Sarah, können direkt wieder an ihren Platz im Beet gepflanzt werden, Zuchtformen von *Aster ericoides* jedoch tun sich schwerer, nach Teilungen reichblühende Pflanzen hervorzubringen, und sind für eine Zeit in Töpfen dankbar. Pam und Sibylle verjüngten Schwertlilien, indem sie die kräftigsten Rhizome einige Wochen eintopften und die Töpfe in der Pflanzschule behielten. Dies führte zu gutem Wurzelwachstum vor der Auspflanzung an denselben oder einen anderen Ort und zu einigen Blüten im Jahr darauf, was nach direkter Auspflanzung meist nicht der Fall ist. Sarah zieht Pflanzen wie Akeleien gern bis zur Blüte in Töpfen, um die Farbabstimmung verfeinern und die besten Exemplare auswählen zu können.

Südlich der Treibbeete liegt ein großes Beet für die Anzucht von Zweijährigen wie Schöterich, Eselsdisteln, Nachtviolen, Bartnelken, Königskerzen und Kräutern wie Karde, Muskatellersalbei und Kümmel. Samen der meisten Zweijährigen kommen Mitte Juni in einem dunklen Schuppen in Anzuchtschalen; zu der Jahreszeit ist es im Treibhaus so heiß, daß sie schlecht keimen würden. Die am spätesten blühenden Zweijährigen wie Nachtviolen und Sibirischer Goldlack werden etwa einen Monat später gesät. Königskerzen jedoch brauchen Licht zum Keimen und werden draußen in Schalen angesät. Sobald sie Keimblätter haben, werden die Sämlinge ans Licht gestellt, wo sie, wenn sie groß genug sind, in Substratballen pikiert werden; nach wenigen Wochen kann man sie in Reihen pflanzen. Bei früherer Aussaat wären die Pflanzen zur Auspflanzzeit so groß, daß man sie schlecht versetzen könnte. Dies geht schneller als die traditionelle Methode, Ende Mai Reihen anzusäen und dann die Sämlinge zu verpflanzen, was ihr Wachstum hemmen, zwei Wochen länger dauern und viel Saatgut vergeuden würde. Die Abstände zwischen den Reihen und den Sämlingen sind so breit, daß sie sich maximal entfalten können; solche kräftigen Pflanzen garantieren reichliche und hohe Blütenähren und damit einen langen Flor.

Die Grasfläche zwischen den Anzuchtreihen und der zum Feld führenden Hecke bekam von Pam und Sibylle den stolzen Titel »Rasenschule«. Das Gras hier entstammt der gleichen Samenmischung, die im ganzen Garten benutzt wird, Mommersteeg MM50 für Rennbahnen mit MM14 für Tennisplätze. Die erste Sorte besteht aus gemischten strapazierfähigen Zwergweidelgräsern, die zweite aus Horstrotschwingel mit gemischten Weidelgräsern, dazu etwas Straußgras und weichhalmige Wiesenrispe. Somit hat man immer passenden Rasen zur Ausbesserung schadhafter Stellen zur Verfügung. Sollten bodenbürtige Krankheiten in den Reihen ein Problem werden, könnte man die Fläche umpflügen und für Zweijährige verwenden. Für kleinere Ausbesserungen werden Mischungen von MM50 und MM14 in kleinen Plaggen angesät, die man an dünn gewordenen Stellen einsetzen kann.

&

Die Vermehrung von Pflanzen aus Samen und Stecklingen findet überwiegend in dem großen Cambridge-Gewächshaus statt, mit dem der National Trust 1967 Harolds und Vitas Treibhäuser ersetzte. Es hatte damals eine Kapillarbewässerung, bei der die Töpfe auf einer wasserleitenden Schicht Quarzsand standen. Später kamen dafür Kapillarmatten, aber Pam und Sibylle fanden das System zur Anzucht einer so großen Pflanzenvielfalt immer noch nicht völlig befriedigend, und nach wie vor mußte viel von Hand gegossen werden. Das Gewächshaus hat zwei Abteilungen: Das kleinere Ostende wird im Winter auf einer Minimaltemperatur von 10° gehalten und enthält das mit Folie überzogene Tischbeet, in dem Stecklinge anwachsen; mit Heizkabeln wird darin das Substrat (Torf und Vermiculit) auf

20-21° erwärmt. Das größere Westende wird auf einem Winterminimum von 5-6° gehalten und hat eine Alarmvorrichtung für den Fall, daß die Temperatur unter 4° sinkt. Ventilatoren an beiden Enden sorgen für Luftzirkulation und gleichmäßige Temperatur. Die meisten Pflanzen entwickeln sich im kühleren Ende des Treibhauses gut, aber schnelleres Wachstum oder gute Ergebnisse bei empfindlichen Pflanzen wie Streptocarpus, Heliotrop und Fleißigen Lieschen erzielt man nur im wärmeren Ende.

Das neue Jahr im Gewächshaus beginnt, nachdem man im Frühsommer alles ausgepflanzt hat. Dann können alle Flächen gereinigt und die Fußböden mit einem milden phenolischen Desinfektionsmittel behandelt werden. Im Juni und Juli werden Zweijährige angesät und Nelkenstecklinge ins Tischbeet unter die Folie gesetzt. Stecklinge der meisten empfindlichen Stauden werden Anfang September geschnitten, und die daraus entstehenden Pflanzen bleiben draußen in Treibbeeten, bis Frost droht. Einige dieser früh vermehrten Pflanzen wie *Cuphea cyanea*, Bartfäden, Salvien und *Felicia amelloides* »Variegata« bleiben den ganzen Winter über im Treibbeet, um im folgenden Jahr ausgewachsen im Garten verwendet zu werden; andere wie Strauchmargeriten, Eisenkraut, Osteospermum und Arctotis-Hybriden dienen dazu, von Mitte Januar an weitere Stecklinge zu geben. Manche Ein-

Die Gärtner mit ihren Geräten am Eingang zur Pflanzschule. Von links: Andrew Eddy mit dem Mäher Gravely 5465, daneben ein Kantenschneider von Little Wonder; Philip Norton, verantwortlich für die Wartung der Maschinen, auf dem Etesia-Aufsitzmäher mit 91-cm-Propellermesser, davor zwei elektrische Heckenscheren von Little Wonder mit 40-cm-Blatt sowie ein Spankorb, eine Handhacke und eine Jutedecke, hinter ihm der Kubota-Traktor B7100 mit Anhänger; Jacqui Ruthven mit dem Walzenmäher Ransomes Marquis (53 cm); die stellvertretende Gartenmeisterin Alexis Datta mit dem Kees-Vertikutierer; Troy Smith mit dem Mäher Ransomes Matador (60 cm); die Gartenmeisterin Sarah Cook neben dem Aerifiziergerät Sisis Auto Turfman; davor ein Düngerstreuer.

jährige wie Ziertabak, Impatiens, *Cuphea viscosissima*, Coreopsis »Mahogany Midget«, *Malva sylvestris* var. *mauritiana*, *Anoda cristata*, *Omphalodes linifolia*, *Lupinus texensis*, Heliophila und *Brachyscome iberidifolia* zieht man aus Samen, die im Januar gesät werden.

Geeignete Topferde ist immer ein Problem gewesen und mußte von Zeit zu Zeit gewechselt werden. Pam und Sibylle mischten früher ihre eigene Erde aus mühsam gesiebtem Sissinghurst-Lehm an, dem sie Volldünger und,

GEGENÜBER *Das Anbautreibhaus, in dem hauptsächlich große Pflanzen gezogen werden. Rechts sehen wir* Alyogyne hakeifolia, Hechtia argentea, Coronilla valentina *subsp.* glauca *und* Astelia chathamica. *Die Zweiglein von Auslesepflanzen in Flaschen auf dem Pflanztisch dienen zur Ausbildung der Gärtner.*

RECHTS *Das kühle Ende des Cambridge-Gewächshauses im Frühling. Das warme Ende sieht man dahinter, links das mit Plastikfolie verkleidete Tischbeet mit den Stecklingen.*

UNTEN LINKS *Eines der Frühbeete im Frühjahr, kurz bevor die Arctotis-Hybriden,* Verbena »Kemerton«, *Strauchmargeriten und* Alonsoa warscewiczii *»Peachy Keen« ausgepflanzt werden.*

UNTEN RECHTS *Der Einschlag mit Töpfen voller Blumenzwiebeln, die mit Rindenmulch bedeckt sind.*

HINTER DEN KULISSEN 153

wenn die Pflanzen es nötig zu haben schienen, etwas Lauberde oder gut verrotteten Mist zusetzten. Sie hatten jedoch kein Mittel, um den Lehm zu sterilisieren. Ende der 70er Jahre entschieden sie sich, torfhaltigen Kompost zu kaufen, auch wenn der richtige Nährstoffgehalt manchmal schwer zu wahren war, wenn Pflanzen länger als ein paar Monate in Torftöpfen blieben. Seit vielen Jahren wird Torfkompost mit Zusatz von Splitt und Langzeitdünger für Behälter im Freien genommen. Weil Torf in Großbritannien keine nachhaltige Ressource ist, würde Sarah ihn gern weniger verwenden, doch sie hat bis jetzt keine gute Alternative gefunden; vielleicht wäre ein Kompost auf Lehmbasis mit Zusatz von Splitt und Vermiculit eine Lösung.

Kokosfaserkomposte haben sich allgemein bewährt, auch für einige Staudengewächse, die nur kurze Zeit in Töpfen verbringen, aber sie zu gießen, ist heikel, denn die Töpfe sehen auch bei nassem Inhalt oben trocken aus; wie bei den torfhaltigen Komposten scheint auch bei ihnen die Nährstoffversorgung nach wenigen Monaten unzureichend zu werden. Für Stecklinge nimmt man eine Mischung aus Torf und Vermiculit. Mit Multitopfplatten zum Einwurzeln von Stecklingen und Anziehen von Sämlingen können die Gärtner verhindern, daß das Wachstum der Pflanzen beim Umsetzen leidet.

Pam und Sibylle benutzten ursprünglich Tontöpfe, aber da sie nirgends große Mengen lagern konnten, gingen sie zu platzsparenden schwarzen Plastikröhren über. Pflanzen wie Ziertabak jedoch, die eine niedrige Blattrosette bilden, sind in ihnen schlecht zu gießen und bekommen statt dessen feste Plastiktöpfe. Große Einjährige wie *Cosmos bipinnatus* brauchen einen 2-l-Topf, um bis zur Auspflanzzeit ungehemmt wachsen zu können.

Sarah findet die Frühbeetreihen östlich der Treibhäuser äußerst nützlich, um Pflanzen aus dem Hauptgewächshaus auszuquartieren, das zum Frühlingsanfang zu voll werden kann. Einigermaßen winterharte Stauden wie Veilchen und Nelken, die unter Glas vermehrt wurden, können im Februar in die Frühbeete gesetzt werden, gefolgt von empfindlicheren Stauden wie Bartfäden, Eisenkraut, Felicia und *Argyranthemum foeniculaceum* (die Gartenzüchtung, nicht die schwächer blühende echte Art) Anfang April. Sobald kein strenger Frost mehr droht, gewöhnlich Mitte April, können die robusteren der frostempfindlichen Stauden aus den Frühbeeten ausgepflanzt werden. Auch Diascien fallen in diese Kategorie: Sie überstehen zwar meist die Winter in Kent, doch wachsen und blühen sie besser, wenn sie wie andere empfindliche Stauden behandelt und jedes Jahr neu vermehrt werden. Sarah hält es für geraten, empfindliche Stauden auszupflanzen, sobald das Wetter es zuläßt, und wartet ab, bis der Wetterbericht eine milde, frostfreie Woche vorhersagt. Das reicht den Pflanzen, um widerstandsfähig zu werden; früh draußen, haben sie reichlich Zeit, ein gutes Wurzelwerk für den Sommer auszubilden, so daß sie später weniger gegossen werden müssen.

Das kleinere Anbautreibhaus wird für größere und langlebigere Pflanzen benutzt, etwa für Hedychium und Puya, die auf der Turmtreppe und an der Bischofspforte stehen, und die Argyranthemum-Bäumchen am oberen Ende des Grabengangs. In dieses knapp über null Grad gehaltene Gewächshaus kommen auch bedingt winterharte Pflanzen, die in sehr strengen Wintern eingehen können, z.B. eine von jeder Montbretie, zwei von jeder Kulturform der *Lobelia × speciosa* und ruhende Knollen der empfindlichen *Mirabilis jalapa*. Die bedingt winterharten Pflanzen können im Vorfrühling in die Frühbeete umgesetzt werden, wodurch die größeren Pflanzen Platz zur Entfaltung bekommen.

Sarah zieht Argyranthemum-Bäumchen in einem Achtzehnmonatsrhythmus, angefangen mit dem Stecklingsschnitt im September. Der Stengel wächst gerade in die Höhe, bis der Blütenstand als Rosette aus Seitentrieben erscheint. Einer davon muß zum neuen Leittrieb bestimmt und senkrecht an einen Stock gebunden werden; die anderen Seitentriebe werden bis zur Hauptsproßachse zurückgeschnitten. Nach ungefähr einem Jahr hat sich ein hinreichend langes holziges Stämmchen gebildet, und der Rosettenkopf entsteht. Seine Triebe werden regelmäßig entspitzt, so daß ein buschiger Kopf entsteht, und im Februar zurückgeschnitten, damit neue Blütentriebe wachsen und im April, wenn die Pflanzen ins Freie sollen, vor der Blüte stehen. Solche Pflanzen kann man ab und zu zurückschneiden, damit sie kräftig und zwei oder drei Jahre wiederverwendbar bleiben. Pam und Sibylle praktizierten einen Zehnmonatsrhythmus, der mit den Stecklingen im Juli anfing, und behielten ihre Pflanzen nur eine Saison lang.

Pelargonium »Lord Bute«, als hohe buschige Pflanze gezogen, hat ebenfalls einen langen Rhythmus, der mit Stecklingen im August anfängt; nach 19 bis 20 Monate kann eine Pflanze nach draußen in einen großen Topf kommen. Pam und Sibylle bevorzugten auch hier einen kürzeren Rhythmus, neun oder zehn Monate. Zwei oder drei Pflanzen der empfindlichen chilenischen Bromelie *Puya alpestris* werden im Winter drinnen behalten, weil sie nicht jedes Jahr zuverlässig blühen: Wenn eine ausfällt, blüht doch meist die andere. Die Pflanzen sterben nach der Blüte, aber treiben gewöhnlich Ableger, die zur Vermehrung taugen. Es ist jedoch einfacher und fast genauso schnell, sie aus Samen zu ziehen, der zwar nur manchmal gebildet wird, aber den man jahrelang aufheben kann. Auch *Phlox divaricata* subsp. *laphamii* »Chattahoochee« eignet sich zur Topfkultur. Im unbeheizten Frühbeet überwintert, bringt er im offenen Beet selten ein so prächtiges Polster mattblauer Blüten hervor wie eine zweijährige Topfpflanze. *Tweedia caerulea* wird in einer Saison nicht groß genug und darf daher, im März gesät, ein ganzes Jahr wachsen, bis eine zu wunderbarer Blüte fähige Pflanze entstanden ist.

❧

Als Pam und Sibylle in Sissinghurst anfingen, hatte der Garten nur die allernotwendigste Ausstattung: einen kleinen Vorkriegsrasenmäher, zwei hölzerne Schubkarren mit eisenbeschlagenen Holzrädern und eine sehr schwere tragbare Gartenspritze. Seit damals sind die Gartengeräte sehr viel aufwendiger geworden, so daß viele Arbeiten besser und zügiger erledigt werden können. Nach der Anschaffung eines Allen-Gartentraktors mit Anhänger 1967 legten die Gärtner eine »Straße« außen um den Garten herum an, dank der man erstmals schwere oder sperrige Lasten wie Mulch problemlos überallhin befördern konnte. Die Wahl fiel auch deshalb auf den Allen, weil er zu der Zeit einer der ganz wenigen Schlepper war, die durch die schmale Pforte von der Pflanzschule zum Rosengarten paßten, und die Breite der Pforte entscheidet immer noch über die Gerätewahl, auch wenn die Treppe vom Grabengang in den Obstgarten und der schmale Pfad um die Nußsträucher weitere Hindernisse für den Einsatz breiterer Maschinen sind.

Obwohl der Allen-Traktor mit einem Seitenkreiselmäher ausgerüstet war, war er nicht stark genug, um das lange Gras im Obstgarten zu schneiden. Pam und Sibylle liehen sich für diese Arbeit immer eine Motorsense Oxford Allen Autoscythe aus, bis der Allen-Traktor durch einen stärkeren Kubota mit Heckmähwerk ersetzt wurde. Nach diesem kam der jetzige Kubota B7100. Doch das Mähen des Obstgartens erledigt heute ein Etesia-Aufsitzmäher mit 91 cm breitem Propellermesser und Aufnehmer, der das mühsame Rechen und Auflesen von langem Gras abnimmt. Sarah ist mit diesem Etesia zufrieden und findet, daß er sehr sauber schneidet, obwohl es einige Jahre dauern wird, bis sich die Anschaffungskosten bezahlt gemacht haben. Ein gezogener Wessex-Kreiselmäher (1,50 m) wird mit dem Kubota zusammen für große Flächen wie den Parkplatz und das Gras vor dem Eingang benutzt, und der Garten hat auch einen Graveley 5465 mit Anhänger, der mit einem Sichelmäher oder für die gröbsten Partien mit einem Schlegelmäher ausgerüstet werden kann. Er wurde vor dem Etesia für den Obstgarten genommen und ist noch oft von Nutzen, vor allem wenn Anhänger in zwei Teilen des Gartens gleichzeitig benötigt werden. Ein Kubota-Handsichelmäher mit Fangkorb hat sich für kleinere Flächen mit groben Gras bewährt; er wird auch für feineren Rasen benutzt, wenn es naß ist und ein schwerer Mäher den Boden zu sehr verdichten würde, und zum Schneiden von Straußgräsern, wenn diese für einen der Walzenmäher zu lang geworden sind.

Walzenmäher für den feinen Rasen sind ebenfalls durch die Breite der Rosengartenpforte begrenzt: Der größte ist ein Ransomes Matador von 60 cm Schnittbreite, und es gibt auch einen Ransomes Marquis von 53 cm, das dritte oder vierte Modell seit 1967; beide tun gute Dienste. Doch gute Rasenpflege erfordert sehr viel mehr als nur Mähen, auch Düngen gehört dazu, ferner die Entfernung von Rasenfilz und die Verbesserung der Bodendurchlüftung, wofür man einen Kees-Vertikutierer und einen Sisis Auto Turfman benutzt. Sarah würde gern die ganze Saison über regelmäßig vertikutieren können, aber da das Gras so stark strapaziert wird, muß man damit warten, bis der Garten schließt. Der Auto Turfman kann stechen oder schlitzen, aber Schlitzen ist auf Sissinghursts schweren Lehmböden wirkungslos.

Kurz nach dem Ende der Besuchersaison bearbeitet Troy den Rasen im Oberen Hof mit dem Vertikutierer Kees Powerake. Durch die gründliche Entfilzung wird das Gras gekräftigt und die Gefahr einer Pilzerkrankung bei einem warmen, feuchten Herbst verringert.

Für die Rasenkanten gibt es einen Kantenschneider von Little Wonder, mit dem man Zeit spart und gerader und gleichmäßiger arbeiten kann als mit der Schere. Besonders effektiv findet Sarah ihn, um scharfe Ränder zwischen Pflasterplatten und Gras zu stechen, doch bei Beeten mit Graseinfassung, warnt sie, könne man leicht nach und nach die Ränder wegrasieren und damit das Beet langsam, aber sicher vergrößern. Ein Walkover-Herbizidsprühgerät ist effektiv, wird aber selten benutzt, da die Unkrautpopulationen im Garten gering sind und wenige Unkräuter sich auf die Rasenflächen aussäen.

Der Garten hat zwei Spritzgeräte, ein Cooper Pegler für Insektizide und Fungizide und ein KEF für Herbizide. Sarah gebraucht sie so wenig wie möglich und schneidet Unkraut, wo sie kann, lieber mit einem Rasentrimmer. Gegen einige Schädlinge und Krankheiten jedoch muß man etwas tun, weil sie sonst den Garten verunstalten; besonders wichtig ist die Abwehr von Krankheiten wie Sternrußtau oder Rosenrost, die die Schönheit der Rosen zerstören können. Für Mauerpflanzen, Rosen inbegriffen, gibt es ein Solo-Luftdruckspritzgerät, mit dem man bis oben an die Mauer kommt.

  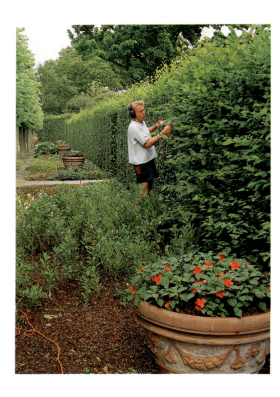

Nach Pams und Sibylles Erfahrung arbeiten Heckenscheren mit den längsten Klingen nicht am raschesten und saubersten; es ist schwer, beide Enden eines 75 cm oder mehr langen Blattes gleichzeitig im Auge zu behalten, und die Arbeit damit ist beschwerlich. Die Gärtner benutzen heute elektrische Heckenscheren von Little Wonder (40 cm), die leichter als solche mit Benzinmotor sind; ein Honda-Generator kann drei auf einmal betreiben.

Alle Gärtner in Sissinghurst haben eine eigene Garnitur der wichtigsten Handwerkzeuge – Spaten, Handspaten, Grabegabel, Handgabel, Schuffel, Handhacke, Erdschäufelchen, Gartenschere und Reiserbesen – im großen Geräteschuppen. Pam, Sibylle und Sarah sind der Meinung, daß die Wahl der Werkzeuge für ein bequemes und ordentliches Arbeiten ungeheuer wichtig ist: Griffe und Stiele müssen die richtige Länge für den Benutzer und Blätter den richtigen Winkel haben. Massenproduzierte Geräte erfüllen diese Kriterien selten, und so ist der Ersatz kaputter Werkzeuge durch neue nicht leicht. Pam und Sibylle sind große Werkzeugkenner und sammeln gut gefertigte alte und neue Stücke. Sie bevorzugen Spaten und Gabeln mit D-Griffen und abgeflachten Trittkanten – im Gegensatz zu meiner Erfahrung aus Nordengland, wo D-Griffe als zu eng und unhandlich für große Arbeiterhände gelten, während man an flachen Trittkanten die Stiefel schlecht abstreifen kann, was häufig nötig ist, wenn man nicht auf Rasen und Wegen Dreckspuren hinterlassen will. Aber für den Fuß ist eine flache Trittkante zweifellos angenehmer, falls man nicht Stiefel mit ganz dicken Sohlen trägt.

Die kleineren Handgabeln und -spaten sind für die engräumige Beetarbeit in Sissinghurst viel brauchbarer, denn sie passen problemlos zwischen die dichtstehenden Pflanzengruppen; ein Handspaten hat auch für die meisten Pflanzarbeiten die richtige Größe, und es geht damit schneller als mit dem Erdschäufelchen. Zwei große Gabeln, die man Rückseite an Rückseite einstickt, eignen sich vortrefflich zum Teilen von Pflanzen. Pam und Sibylle mögen keine Stahlwerkzeuge, weil sie meist schwerer und stumpfer und daher auf die Dauer beschwerlicher sind. Mistgabeln haben keine allzu krummen Zinken, was das Mistausbreiten erleichtert. Breithacken und Rodeäxte sind hin und wieder zum Herausholen von Stümpfen oder Wurzeln nützlich.

Sibylle mag die modernen Schäufelchen aus Walzstahl nicht: Sie haben nie den richtigen Winkel, und unter dem Stiel haben sie eine Mulde, in der sich Erde sammelt, weshalb Schäufelchen mit Vollstiel unbedingt vorzuziehen sind. Stahlschäufelchen sind nur wenig schwerer und einfach zu säubern. Doch der Griff muß handgerecht geformt und das Blatt krumm genug für ein normales Pflanzloch sein, aber nicht zu krumm. Der Knick am Hals des Schäufelchens ist ebenfalls problematisch und sollte hinreichend sein, um Druck auf den Griff direkt bis zur Spitze des Blattes zu übertragen.

Schuffeln werden in offenen Beeten und Rabatten und in Anzuchtreihen benutzt, aber bei dichter Bepflanzung sind kleine Handhacken viel besser geeignet, vor allem kurz vor dem Stützen, was häufig die letzte Gelegenheit ist, zwischen die Pflanzen zu können, bevor die Lücken sich schließen. Sie

GEGENÜBER, VON LINKS NACH RECHTS *Troy reguliert mit einer Lehre die Neigung der Hecken des Eibengangs; Jacqui schneidet mit Hilfe einer Schnur die Buchshecke um das Beet am alten Geräteschuppen; Andrew schneidet eine Hainbuchenhecke im Lindengang. Alle Gärtner tragen Ohrenschützer.*

RECHTS *Der neue Geräteschuppen ist geräumig genug für Naßwetterarbeiten wie das Teilen von Stauden. Jutematten sind zum Trocknen aufgehängt. Wenn eine Pflanze in Blüte kommt, wird ihr Namensschild aus dem Ständer gezogen. Schildchen mit schwarzer Schichtfolie sind nicht schön, aber gut lesbar, langlebig und preiswert.*

sind nichts für Leute, die sich nicht bücken mögen, aber da ausgehacktes Unkraut zwischen dichtstehenden Pflanzen nicht unbedingt abstirbt, müssen die Gärtner sich ohnehin bücken und es aufheben.

Pam und Sibylle bevorzugten einschneidige Rolcutt-Gartenscheren, die aber scharf sein müssen, weil sie sonst die Triebe quetschen. Pam und Sibylle betonen, daß beim Gebrauch die Schneide oben sein muß, damit das Widerlager nicht die Schnittstelle verdeckt. Heute werden Felco-Scheren benutzt, die gut und bedienungsfreundlich sind, aber selbst im scharfen Zustand nicht zum Schneiden von Schnur taugen – ein wichtiger Gesichtspunkt beim Schneiden und Binden. Zum Kappen verwelkter Blüten finden Pam und Sibylle normale Scheren mit 5-cm-Klingen viel leichter zu führen als Gartenscheren. Stecklinge werden mit Stanley-Messern mit austauschbarer Klinge zurechtgeschnitten. Pam, Sibylle und Sarah verwenden selten traditionelle Gärtnermesser, die sie auf Leitern unhandlich und nicht so vielseitig wie Gartenscheren finden. Andere regelmäßig gebrauchte Schneidewerkzeuge sind u.a. Astkneifer, Hippen (zum Anspitzen von Hasel- und Kastanienstöcken) sowie Sandvik-Bügelsägen und kleine Klappsägen.

Mehrere verschiedene Rechen sind in Gebrauch, z.B. Gartenbesen, Heurechen und Gummirechen. Eisenrechen werden nur selten gebraucht, etwa wenn ein feiner Boden für ein Saatbeet bereitet werden muß. Pam und Sibylle glauben, daß Gummirechen unterschätzt werden, und benutzen sie seit ihrer Zeit in Waterperry; sie sind hervorragend auf Kies, gut auf Gras und besonders praktisch, um Laub unter Hecken hervorzuholen; ein Gartenbesen würde sich dabei in den unteren Zweigen verfangen.

Dicke Plastikplanen werden zum Sammeln und Wegtragen von Unrat benutzt, denn man kann die Ecken zusammenfassen und kommt so auch an Stellen, wo es mit dem Schubkarren mühsam ginge. Für noch praktischer aber halten Pam, Sibylle und Sarah Jutematten, die nicht so leicht vom Wind weggeweht werden, eine natürlichere Farbe haben, weniger wiegen und an spitzem Reisholz nicht kaputtgehen. Naß gelagert verrotten sie, deshalb müssen sie immer im Geräteschuppen zum Trocknen aufgehängt werden.

Natürlich sind in Sissinghurst noch viel mehr Werkzeuge in Gebrauch: traditionelle wie Eichenbretter (zum Laubaufsammeln) oder Spankörbe, alltägliche wie eine Wasserwaage, um Schnüre für Heckenoberseiten ins Lot zu bringen, oder ausgefallene wie ein Beitel zum Kappen von verwelkten Fascicularia-Blüten. Alle werden sorgfältig ausgesucht und kreativ verwendet.

☙

Die Bepflanzung von Sissinghurst ist zeitgebunden und bedarf ständiger Neugestaltung und Verjüngung durch geschulte Kräfte. Pflanzen werden mit Kunstverstand gewählt und plaziert, und auf die Gerätschaften wird, wie gesagt, größter Wert gelegt. Es ist selten, daß ein solcher Garten seine Schöpfer überlebt. Sissinghurst beweist, daß es möglich ist und daß der Garten sich seinen Geist und seine Individualität bewahren kann.

Sissinghursts Pflanzen

Rosa *Sissinghurst Castle*

Viola *Vita*

Thalictrum aquilegiifolium *White Cloud*

Gärtner mit scharfen Augen entdecken hin und wieder einen Sämling oder Sport, der anders ist als alles, was sie je zuvor gesehen haben. Nur selten sind solche Fundstücke wirklich gute Gartenpflanzen, die meisten werden auf Dauer nicht kultiviert. Sissinghursts Gärtner jedoch haben gute neue Sorten nie aussterben lassen. Auch waren sie stets darauf bedacht, keine Pflanze zu benennen, die nicht erstklassig war. Von den vielen Pflanzen, die über die Jahre »Sissinghurst« getauft wurden, haben nur wenige einen echten Bezug zu dem Garten; sie und eine Handvoll anderer hiesiger Züchtungen sind überaus verdienstvoll und wurden zur Freude zahlloser Gärtner großzügig weitergegeben. Ihre Herkunft soll hier beschrieben werden.

Man könnte erwarten, überall im Garten Pflanzen zu Ehren von Harolds und Vitas Verwandten und Freunden zu finden. Anscheinend jedoch hat Vita diese nie gesammelt, sondern Blumen hauptsächlich ihrer Schönheit wegen ausgesucht. Erinnerungen an Zeitgenossen interessierten sie offenbar wenig, Namen zum Andenken an eine romantischere Vergangenheit dafür um so mehr. Sie und Harold sortierten bedenkenlos die »Night«-Rosen aus, die ursprünglich nach Vitas Mutter »Lady Sackville« hießen. Nichts deutet darauf hin, daß Vita *Narcissus* »Lady Sackville« zog, eine kleinkronige gelbe Osterglocke von vor 1921, auch ist nichts von einem Vorkommen von *Lythrum* »Lady Sackville« im Garten bekannt (diese Sorte wäre heute für die Violette Rabatte zu hoch). Allerdings bestellte sie kurz vor ihrem Tod die *Viola* »Lady Sackville«.

In einigen Fällen ist der Name »Sissinghurst« irrtümlich Pflanzen beigelegt worden, die schon benannt waren, etwa weil Leute dem Garten Pflanzen oder Stecklinge entnahmen, ohne sich um ihre Bezeichnungen zu kümmern: Dies geschah mit einer Artemisia und mit *Tanacetum parthenium* »Rowallane«. *Penstemon* »Sissinghurst Pink« erhielt seinen Namen, weil der »Evelyn«-Bestand des Gartens von höherer Qualität zu sein schien, unterscheidet sich aber gar nicht von dieser Sorte und verdient keine eigene Bezeichnung. Jedoch die folgenden mit dem Garten verbundenen Sorten sind alle zu Recht benannt.

Iris »Sissinghurst«
Diese zwergwüchsige Bartiris wurde von John Taylor (damals Hythe in Kent) gezüchtet und nach ihrer Benennung 1969 den Gärtnern geschenkt. Sie ist nur 13-15 cm groß und hat Blüten in einem satten Pflaumenviolett. Sie steht vorn in der Violetten Rabatte und blüht von Mitte bis Ende Frühling.

Phlox »Violet Vere«
Bei einem Besuch der Chelsea Flower Show Ende der 80er Jahre sahen Pam und Sibylle in einem Blumenladen am Sloane Square einen Topf mit einer herausragenden violetten Phlox von 23 cm Höhe. Sie hatten noch nie eine so farbkräftige mattenbildende Phlox gesehen und kauften sie daher und vermehrten sie, um damit einen Bereich im Oberen Hof am Fuß des Turms zu bedecken. Hier im Halbschatten unter *Rosa* »Geranium« gedieh und blühte sie prächtig. 1990 wurde sie von der Royal Horticultural Society prämiert, vorbehaltlich der Angabe eines Zuchtnamens. Trotz aller Bemühungen fand sich kein Name und keinerlei Hinweis auf die Züchtung einer solchen Phlox in Großbritannien. Vielleicht ist es eine schon benannte amerikanische Pflanze. Pam benannte sie nach ihrer Mutter, die am 1. Mai jenes Jahres ihren 90. Geburtstag feierte.

Pulmonaria officinalis »Sissinghurst White«
Dieser zuerst von der Züchterin Amy Doncaster aus Hampshire gefundene Klon wurde der Washfield Nursery in Hawkhurst als *P.o.* »Alba« geliefert, damals nach der botanischen Nomenklatur kein zulässiger Name. Die Gärtner kauften das Lungenkraut dort, und Pflanzen aus Sissinghurst und aus Washfield wurden bei der Royal Horticultural Society zur Prüfung eingereicht. Die aus Sissinghurst machten sich sehr gut und wurden 1976 prämiert, vorbehaltlich der Angabe eines Zuchtnamens. Ihre weißen Blüten kommen aus blaßrosa Knospen, sie hat gleichmäßig hellgefleckte, an der Basis herzförmige Blätter. (*P. saccharata*, der diese Zuchtform manchmal fälschlich zugeschrieben wird, hat elliptische Basisblätter.) Diese ausgezeichnete Sorte wächst im Weißen Garten und wird nach der Blüte zurückgeschnitten, um den Austrieb von gesundem neuen Laub anzuregen.

Rosa »Sissinghurst Castle«

Als Vita nach Sissinghurst zog, fand sie diese Gallicarose zwischen Nesseln und Dornen. Sie wird etwa 90 cm hoch und treibt reichlich Schößlinge, wenn sie auf eigener Wurzel steht. Als sie 1947 wieder in den Blumenhandel kam, war zu hören, ihr echter Name sei »Rose des Maures«, doch der bedeutende Rosenkenner Graham Thomas konnte diesen Namen in der französischen Literatur nirgends entdecken. Sie hat nicht die Qualität der schönsten französischen Gallicarosen ähnlicher Farbe, die etwa von Vibert und Laffay in den 30er und 40er Jahren des vorigen Jahrhunderts gezüchtet wurden, und ist somit wahrscheinlich älter. Redoutés Bilder von Rosen der Kaiserin Joséphine in La Malmaison zeigen vergleichbare Sorten um 1810. Trotz ihrer unprentiösen Form ist sie mit ihrer üppigen Farbe und ihren etwas zersausten Blüten sehr ansprechend und verträgt sich in zwei Beeten im Obstgarten gut mit der lichtrosa Moschata-Hybride »Kathleen«.

Rosmarinus officinalis »Sissinghurst Blue«

Vita war begeistert von dem aufrechten Rosmarin, der sich Mitte der 50er Jahre selbst auf der Turmtreppe aussäte. Die Blüten sind dunkler als beim gemeinen Rosmarin, doch nicht so tiefblau wie bei der eher liegenden schmalblättrigen korsischen oder der breitblättrigen toskanischen Sorte, die nahebei wuchsen, und so ist sein anderer Elter ein Rätsel. Gemeiner Rosmarin wuchs sicher im Garten, aber der bis zu 90 cm hohe »Sissinghurst Blue« hat ähnlich aufrechte Sprosse wie »Miss Jessopp's Upright«, eine in Sissinghurst unbekannte Sorte. In bezug auf Winterhärte liegt er zwischen den empfindlichen tiefblauen Sorten und dem gemeinen Rosmarin. Die Gärtner meinen, er »überlebt besser an brutalen Stellen« wie den Ziegelstufen, wo karge Bedingungen und Sommerhitze seine Zähigkeit fördern. Ihn jedoch dort nach einem strengen Winter zu ersetzen, ist schwierig, wenn man ihn nicht mit ringsum plazierten Töpfen vor Besucherfüßen schützt. »Sissinghurst Blue« wurde 1983 von der Royal Horticultural Society prämiert.

Thalictrum aquilegiifolium »White Cloud«

Um 1977 kauften die Gärtner vier Exemplare *T.a.* var. *album* bei Prichards Gärtnerei in Riverslea in Hampshire. Die vier, die offenbar aus Samen gezogen waren, wiesen große Unterschiede auf, und eines war allen anderen dieser Sorte, die die Gärtner gesehen hatten, weit überlegen. Die beste Pflanze wurde in der Pflanzschule vermehrt, bis genug beisammen waren, um eine Gruppe im Weißen Garten zu bilden. Unter dem Namen »White Cloud« (die andere bekannte Kulturform dieser Art ist Alan Blooms »Thundercloud«) wurde die Sorte 1983 von der Royal Horticultural Society prämiert. Wie bei vielen anderen Wiesenrauten ist ihre Schönheit keine Sache der Blütenblätter, sondern der Staubfäden. Diese sind bei »White Cloud« merklich dicker und länger als gewöhnlich und wirken viel imposanter.

Verbena »Sissinghurst«

Sie wurde vom Leiter des Glasshouse Crops Research Institute in Littlehampton, Sussex, aus dem Ausland mitgebracht und Mitte der 70er Jahre den Gärtnern geschenkt, die sie zur Identifizierung nach Wisley schickten. Während sie dort im Garten wuchs, wurde die Herkunftsbezeichnung »Sissinghurst« auf den Schildern für den Sortennamen gehalten und bald so gebräuchlich, daß eine Änderung viele verwirrt und verärgert hätte. Sie wurde 1982 bei der Ausstellung durch die Royal Botanic Gardens, Kew, von der Royal Horticultural Society prämiert. Mitunter wird sie fälschlich als »Tenerife« bezeichnet, vielleicht weil man sie mit *V. tenera* verwechselt, von der sie eine Hybride sein könnte. Sie ist nicht winterhart und muß unter Glas überwintert werden. Sie eignet sich für Behältnisse oder vorn im Beet, wo sie sich zwischen andere Pflanzen schieben kann, und zusammen mit der silberblättrigen *Artemisia stelleriana* »Mori« ist sie besonders eindrucksvoll.

Viola »Vita«

Vita bestellte um 1960 Exemplare von *V.* »Lady Sackville«. Die Gärtner setzten sie in Delos neben *V.* »Nellie Britton« (syn. *V.* »Haslemere«). Nach dem Tod von Miss Britton, die eine Gärtnerei in Washfield in Devon besessen hatte, brachte ihre Kollegin Hilda Davenport-Jones ihre Pflanzen nach Hawkhurst bei Sissinghurst, wo die heute von Elisabeth Strangman und Graham Gough geführte Washfield Nursery immer noch die Quelle vieler wertvoller Neuerungen in Sissinghurst ist.

Nicht lange nach Vitas Tod wuchs zwischen den beiden Pflanzen ein Zufallssämling mit einer 3,5 cm großen Blüte, deutlich größer als die von »Nellie Britton« und von einem dunkleren und reineren Rosa. Die Gärtner fanden »Vita« einen passenden Namen für dieses Kind von »Lady Sackville« und gaben dem Veilchenzüchter Richard Cawthorne welche zur Vermehrung. Sie wird manchmal verwirrenderweise als »Lady Saville« angeboten. Manche Gärtnereien führen auch eine *V.* »Sissinghurst«, aber den Gärtnern von Sissinghurst ist sie nicht bekannt.

Rosmarinus officinalis *»Sissinghurst Blue«*

Verbena *»Sissinghurst«*

SISSINGHURSTS PFLANZEN 159

Literaturliste

Brown, Jane: *Sissinghurst. Portrait of a Garden,* London 1990.
Brown, Jane: *Vita's Other World,* London 1985.
Glendinning, Victoria: *Vita,* London 1983 (dt. *Vita Sackville-West,* Frankfurt/M. 1990).
Jenkins, Jennifer, und Patrick James: *From Acorn to Oak Tree,* London 1994.
Lees-Milne, James: *Harold Nicolson. A Biography,* 2 Bde, London 1980.
Lord, Tony: *Best Borders,* London 1994 (dt. *Borders. Blumenbeete und Rabatten,* München 1995).
Nicolson, Harold: *Diaries and Letters 1930-62,* 3 Bände, Hg. Nigel Nicolson, London 1966-68 (dt. *Tagebücher und Briefe,* 2 Bände, Frankfurt/M. 1969-71).
Nicolson, Nigel: *Portrait of a Marriage,* London 1973 (dt. *Porträt einer Ehe,* München 1974).
Nicolson, Nigel: *Vita and Harold,* London 1992.

Nicolson, Nigel: *Sissinghurst Castle Garden,* London 1994 (vermehrte Neuauflage 1995).
Nicolson, Philippa (Hg.): *V. Sackville-West's Garden Book,* London 1968.
Sackville-West, Victoria: *The Land,* London 1926.
Sackville-West, Victoria: *The Garden,* London 1946.
Sackville-West, Victoria: *In Your Garden,* London 1951 (dt. Auswahl: *Aus meinem Garten,* München 1962).
Sackville-West, Victoria: *In Your Garden Again,* London 1953.
Sackville-West, Victoria: *More For Your Garden,* London 1955.
Sackville-West, Victoria: *Even More For Your Garden,* London 1958.
Sackville-West, Victoria: *The Illustrated Garden Book,* Hg. Robin Lane Fox, London 1986.
Scott-James, Anne: *Sissinghurst. The Making of a Garden,* London 1975.
Stevens, Michael: *V. Sackville-West,* London 1973.

Register

Jedes Kapitel enthält zahlreiche Verweise auf Harold und Vita, Pam Schwerdt und Sibylle Kreutzberger; nur die wichtigsten sind ins Register aufgenommen. **Fette Seitenzahlen** bezeichnen Hauptverweise. *Kursive Seitenzahlen* bezeichnen Bildunterschriften und Pflanzpläne. Die Härtezonen (für Einjährige nicht angegeben), z.B. **Z7**, werden auf S. 167 erläutert.

A

Abelia triflora **Z7** 77
Abutilon »Canary Bird« **Z9** 108; *A. × suntense* **Z8** *33*
Acaena affinis **Z7** 45
Achillea 83, 88; *A.* »Anthea« **Z4** *52, 56;* A. »Coronation Gold« **Z4** *83;* A. »Gold Plate« **Z4** 83; *A. millefolium* »Cerise Queen« **Z3** *54;* A. »Moonshine« **Z4** 83; *A.* »Taygetea« **Z5** 83
Acton, Sir Harold 100
Adiantum pedatum **Z3** *132*
Aerifizieren 30, 108; Aerifiziergerät *151*
Affodil *79*
Agapanthus (Schmucklilie) *21,* 128; *A.* »Ardernei Hybrid« **Z8** 60; *A.* »Loch Hope« **Z8** 60; winterharte A.-Hybride **Z7** *42, 43*
Ajania pacifica (syn. *Chrysanthemum pacificum*) **Z6** *132, 133*
Akelei SIEHE *Aquilegia*
Alcea (Stockrose) 110; *A. pallida* **Z4** *42, 43*

Alchemilla mollis **Z4** 56
Allium (Lauch) 50, 56; *A. aflatunense* **Z4** 56, *63; A. carinatum* subsp. *pulchellum* f. *album* **Z6** *132; A. cernuum* »Hidcote« **Z3** *50, 54, 55, 56, 57; A. christophii* (syn. *A. albopilosum*) **Z4** *55,* 56; *A. flavum* **Z4** *80; A. karataviense* **Z6** *42; A. schoenoprasum* »Forescate« (Schnittlauch) **Z3** *117; A. schubertii* **Z6** 45, *45; A. senescens* **Z4** *132; A. sphaerocephalon* **Z6** 23, *24, 25; A. stipitatum* **Z4** 23, *25; A. vineale* (Weinberglauch) **Z5** 78
Alonsoa warscewiczii »Peachy-Keen« **Z10** *153*
Alpenpflanzen (-blumen) 34, 67, 147
Alpenveilchen 111
Alraune 112
Alstroemeria (Inkalilie) 78; *A.-ligtu-*Hybriden **Z6** *38; A. psittacina* (syn. *A. pulchella*) **Z8** 54
Alyogyne hakeifolia **Z10** 24, 28, *153*
Amaryllis belladonna **Z8** 61
Amelanchier (Felsenbirne) 62, *119, 123, 124; A. lamarckii* **Z5** 62
Anchusa 130; *A. azurea* »Loddon Royalist« **Z4** 23
Anemone 67, 72, 74, 75, 95, 128; *A. apennina* **Z6** *72; A. × fulgens* **Z8** 67; Japan-A. **Z5** 56, 128, 130; *A. narcissiflora* **Z5** *93; A. nemorosa* (Buschwindröschen) **Z4** *70,* 72, 91, *91, 93,* 95, *96; A.n.* »Blue Bonnet« 67; *A.n.*

»Robinsoniana« *72, 93; A. pavonina* var. *ocellata* 67; *A. ranunculoides* »Pleniflora« **Z4** *72;* St.-Bavo-A. **Z8** 67
Angelica archangelica (Engelwurz) **Z4** 112, *116*
Anisodontea capensis **Z9** 42
Anoda cristata **Z10** 151
Anthemis punctata subsp. *cupaniana* **Z7** 139
Antirrhinum (Löwenmäulchen), weiß **Z9** *132,* 141
Apfel SIEHE *Malus*
Apfelminze SIEHE *Mentha suaveolens* »Variegata«
Aquilegia (Akelei) 29, *33,* 54, *55,* 76, 77, 86, *150; A. canadensis* **Z4** 82; *A. formosa* var. *truncata* **Z4** 82; *A. glandulosa* **Z3** 34; langspornige A. **Z5** 30, *31,* 76, 82; *A. × longissima* **Z7** 82; McKana-Hybriden **Z5** 30; *A. skinneri* **Z7** 82; *A. vulgaris* »Nivea« **Z5** *132*
Arabis (Gänsekresse) **Z4** 67, 138
Arbutus andrachne 77
Arctotis »Apricot« **Z10** *59;* »Flame« 82; A.-Hybriden **Z10** 151, *153; A.* »Mahogany« **Z10** 82, 86
Argyranthemum (Strauchmargerite) **Z9** 19, *108,* 139, 151, *153; A. foeniculaceum* hort. (A.-Bäumchen) 108, 139, 145, 154; *A. maderense* 82; *A.* »Mary Wootton« *55; A.* »Qinta White« *128, 132, 137,* 139, 145
Aristolochia clematitis (Osterluzei) **Z5** *116,* 117

Arnica chamissonis **Z2** *116, 117*
Artemisia 130, *133,* 141, 158; *A. abrotanum* (Eberraute) **Z5** 130, *132; A. absinthium* »Lambrook Silver« **Z4** *134; A. alba* »Canescens« **Z6** *132; A. arborescens* **Z9** 130, 139, 141, *145; A. ludoviciana* (syn. *A. palmeri*) **Z4** *54,* 65, 144; *A. pontica* (Römischer Wermut) **Z5** 116, 117, 128, 132, 144; *A.* »Powis Castle« **Z6** 28, *132; A. schmidtiana* »Nana« **Z4** *21,* 45; *A. stelleriana* »Mori« **Z4** 159
Artischocke SIEHE *Cynara*
Askham Bryan College, Yorkshire 149
Astelia chathamica **Z9** 153
Aster 23, 60, 61; *A.* »Climax« **Z4** *24; A. ericoides* **Z3** 150; *A. × frikartii* **Z5** 61; *A. × f.* »Mönch« *28,* 104, *105, 106,* 108; *A. × f.* »Wunder von Stäfa« *24, 27;* Herbstaster **Z3** 23, *28, 29,* 60, *150; A. novae-angliae* »Andenken an Alma Pötschke« **Z4** *54,* 61; *A. novi-belgii* **Z4** 28, 60; *A.n.-b.* »Audrey« *25; A. pilosus* var. *demotus* **Z4** *132; A. turbinellus* **Z3** *28,* 29
Athyrium filix-femina »Minutissimum« **Z4** 80
Aubrieta (Blaukissen) **Z7** 147
Aurikel SIEHE *Primula auricula*
Azalee 9, 64, 97, *98,* 101, 104, *105,* 108, *108;* Exbury-Hybriden 101; Knap-Hill-Hybriden 101
Azaleenböschung *8,* 88, *91,* 97, 101, 105

B

Bacchantin, Statue *4, 37, 66, 74*

Bagatelle, Paris 100; B.-Vasen *7, 21, 21, 35, 35, 37, 39, 45,* 100

Balsamkraut SIEHE *Tanacetum balsamita* subsp. *balsamitoides*

Balsampappel **Z2** 77

Baptisia australis **Z3** *24*

Bartblume SIEHE *Caryopteris*

Bartfaden SIEHE *Penstemon*

Bartnelke SIEHE *Dianthus barbatus*

Basilikum SIEHE *Ocimum basilicum*

Bauerngarten *4, 7, 8, 9, 12, 15, 19,* 34, 35, 51, 64, 66, 74, 75, **76-89,** 90, 100, 128; Dreieck *8, 88, 89;* Harolds Stuhl *77,* 88; Wege *77*

Baumkrebs 62

Baumlupine SIEHE *Lupinus arboreus*

Baumpäonie 56, 130

Beinwell SIEHE *Symphytum*

Berberis thunbergii »Rose Glow« **Z5** *54, 65*

Besucherzahlen 9, 19-20

Bibliothek *8,* 12, *33*

Birch Farm Nursery, West Sussex 34

Birne SIEHE *Pyrus*

Bischofspforte *7,* 12, *43,* 45, *134, 135, 137,* 154

Blaukissen SIEHE *Aubrieta*

Blaustern SIEHE *Scilla*

Bloom, Allen 56, 83, 159

Blumenesche *27, 28*

Bodenbedeckung/Bodendecker 50, 61, 90, 96, 104, 135, 138, 147

Bodenentseuchung (B.sterilisation) 30, 52, 75, 91, 108, 112, 119

Bodenmüdigkeit 56, 91, 108, 139

Bodnant Garden, Clwyd 149

Boltonia 144

Borago officinalis (Borretsch), weiß *111*

Botticelli, Sandro (ca. 1445-1510) 75, *95*

Brachyscome iberidifolia **Z9** 151

Brandkraut SIEHE *Phlomis*

Braunfäule (*Thielaviopsis basicola*) 91

Brinsbury College, West Sussex 149

Brown, Jane 10, 12

Buchs(baum) **Z6** 78,*80;* B.hecken *7, 9, 41, 46,* 63, 64, 128, *132, 141,* **145, 146,** *157;* B.heckenschnitt 146; Vermehrung 146

Buchsbaumblattfloh (*Psylla buxi*) 146

Buddleja davidii »Dartmoor« **Z6** 61; *B. lindleyana* **Z9** *24; B. nivea* **Z8** 130

Bunyard, Edward Ashdown 47, 118

Burford House, Worcestershire 42

Buschwindröschen SIEHE *Anemone nemorosa*

C

Callicarpa **Z6** 29

Calomeria amaranthoides (syn. *Humea elegans*) **Z9** 108

Camassia leichtlinii **Z4** 55; *C. quamash* **Z4** *72*

Camellia (Kamelie) 128, 129

Campanula (Glockenblume) 60, 130; *C.* »Burghaltii« **Z4** *128,* 141; *C. glomerata* »Superba« **Z3** 23; *C. isophylla* »Mayi« **Z7** 45; *C. lactiflora* **Z4** 23, *54; C. pyramidalis* **Z8** 129

Campsis radicans (Trompetenrebe) **Z5** *106, 123*

Canna 76, 77; *C. indica* »Purpurea« **Z9** *80, 86*

Cannington College, Somerset 149

Cardamine raphanifolia (Schaumkraut) **Z5** 91

Cardiocrinum giganteum (Riesenlilie) **Z7** 128, 129

Carex elata »Aurea« (Goldsegge) **Z5** 82

Carlina acaulis subsp. *simplex* (*C.a. caulescens*) **Z4** 45

Carpenteria californica **Z8** 45

Caryopteris (Bartblume) 28; *C.* × *clandonensis* **Z7** 55

Catalpa (Trompetenbaum) 36, 38, 39, 45

Catananche caerulea **Z4** 54

Ceanothus 29, 63; *C.* × *delileanus* »Gloire de Versailles« **Z7** *42,* 43, *43; C.* »Percy Picton« **Z8** *33; C.* »Southmead« **Z8** *33; C.* × *veitchianus* **Z8** *38, 54*

Celastrus orbiculatus **Z5** 43

Cercidiphyllum japonicum **Z6** 77

Cestrum (Hammerstrauch) 55

Chaenomeles 54; *C.* × *superba* »Knap Hill Scarlet« **Z5** 29, *33*

Chamaemelum nobile (Römische Kamille) **Z4** 110; *C.n.* »Treneague« *111*

Chimononanthus praecox (Winterblüte) **Z7** 45

Christrose SIEHE *Helleborus*

Chrysanthemum leucanthemum SIEHE *Leucanthemum vulgare; C. maximum* hort. SIEHE *Leucanthemum* × *superbum; C. pacificum* SIEHE *Ajania pacifica; C. uliginosum* SIEHE *Leucanthemella serotina*

Cineraria **Z8** *33,* 130

Cistus (Zistrose) 130; *C.* × *cyprius* **Z8** *132, 134*

Clematis 23, 28, 29, 36, 61, 63, 128, 129, 138; *C.* »Alba Luxurians« **Z6** 138; *C.* »Alice Fisk« **Z6** 30; *C. alpina* **Z5** 75; *C.a.* »Ruby« **Z5** *65; C. campaniflora* **Z7** *42, 42; C.* »Comtesse de Bouchaud« **Z6**

63; *C.* »Duchess of Albany« **Z6** *55; C.* × *eriostemon* **Z4** *54,* 63; *C.* »Etoile Rose« **Z6** *45,* 63; *C.* »Etoile Violette« **Z6** 63; *C. forsteri* **Z9** *141; C.* »Jackmanii« **Z5** *42, 55,* 63; *C.* »John Huxtable« **Z6** *139, 139; C.* × *jouiniana* »Praecox« **Z5** *24, 25; C.* »Leonidas« **Z6** *24; C. macropetala* **Z5** *54; C.* »Marie Boisselot« **Z6** *139; C.* »Mme. Grangé« **Z6** *55; C.* »Mme. Julia Correvon« **Z6** *24; C. montana* **Z6** *41, 42,* 129; *C.m.* »Picton's Variety« **Z6** 42; *C.m.* var. *rubens* **Z6** *42, 55, 62,* 63; *C.m.* var. *sericea* **Z6** *31; C.m.* var. *wilsonii* **Z6** 63; *C.* »Perle d'Azur« **Z6** 23, *25, 55, 61,* 63; *C. recta* »Purpurea« **Z3** 55; *C. texensis* 42; *C.* × *triternata* »Rubromarginata« **Z6** 42; *C.* × *vedrariensis* **Z6** *41; C.* »Victoria« **Z6** *24,* 63; *C.* »Ville de Lyon« **Z6** 63; *C. viticella* **Z6** *24, 42, 42, 43, 100,* 104, 108; *C.* »Xerxes« **Z6** 63

Clematiswelke 29

Cleome (Spinnenpflanze), weiß *132, 133*

Clerodendrum bungei 42

Cliveden, Buckinghamshire 51, 149

Cobaea (Glockenrebe) **Z9** 30

Colchicum (Herbstzeitlose) 61, 97, 125, 126; *C. agrippinum* **Z5** 126; *C.* »Autumn Queen« **Z6** 126; *C. byzantinum* **Z6** 61, 126; *C.* »Conquest« **Z6** 61, 126; *C.* »Prinses Astrid« **Z6** 126; *C. speciosum* **Z6** 61, 126; *C.s.* »Album« **Z6** 126, *132; C. tenorei* **Z7** 126; *C.* »The Giant« **Z6** 126; *C.* »Waterlily« **Z5** 126

Coleman, Cyril 67, 125

Convolvulus cneorum **Z8** 45; *C. althaeoides* subsp. *tenuissimus* **Z7** 45

Cook, Sarah 9, **19-20,** 28, 35, 52, 56, 60, 62, 74, 78, 88, 96, 97, 104, 112, 126, 141, 146, 148, 149, *151,* 156

Coreopsis (Mädchenauge) *4,* 77; *C.* »Mahogany Midget« 151; *C. tinctoria* 80; *C. verticillata* **Z4** 80

Coriandrum sativum (Koriander) 112, *116, 117*

Coronilla valentina subsp. *glauca* **Z9** 42, *153*

Corydalis lutea **Z5** *105; C. ochroleuca* **Z6** *100,* 104

Corylus avellana (Hasel) **Z5** 90, 97; *C. maxima* (Lambertsnuß) **Z5** 7, 90, *93, 95,* 97, *98,* 104; *C.m.* »Kentish Cob« (syn. *C.m.* »Lambert's Filbert«) 97; *C.m.* »Purpurea« 147; Schnitt 98; SIEHE auch Haselbögen; H.reiser

Cosmos (Kosmee): *C. atrosanguineus* **Z8** *54; C. bipinnatus* »White Sensation« *130, 137, 139, 139,* 145, *145,* 154

Cotinus (Perückenstrauch) 108; *C. coggygria* **Z5** *123; C.c.* »Foliis Purpureis« *23, 25, 27*

Cotoneaster 90; *C. horizontalis* **Z5** 104

Crambe cordifolia **Z6** *55,* 64, *132, 133, 134,* 144; *C. maritima* (Seekohl) **Z6** 128

Crathes Castle, Grampian 129

Crinum × *powellii* **Z7** 54

Crocosmia (Montbretie) 77, *79,* 88, 154; *C.* »Lady Hamilton« **Z6** *80, 86; C.* »Lucifer« **Z5** *42, 80,* 88; *C. paniculata* **Z6** 88

Crocus (Krokus) 34, 111, 118; *C. sativus* (Safran-Krokus) **Z6** 111; *C. speciosus* **Z4** 97, *126; C. tomassinianus* **Z5** 125

Cuphea cyanea **Z9** *80,* 151; *C. viscosissima* **Z7** 151

Cynara (Artischocke): *C. baetica* subsp. *maroccana* (syn. *C. hystrix*) **Z8** 45, *45; C. cardunculus* (Kardone) **Z7** 23, *24, 25,* 28

Cypella herbertii **Z9** 45

Cytisus (Ginster) 67; *C. battandieri* **Z8** 77; *C.* × *praecox* **Z6** 67

D

Dachwurz 111

Dactylorhiza × *grandis* **Z6** 88, *89, 93, 96*

Dahlia **Z9** 19, 23, 76, 77, 82, 88, 144; *D.* »Autumn Lustre« *80,* 82; *D.* »Bishop of Llandalf« *80,* 82; *D.* »Brandaris« *80; D. coccinea* 80, 82; *D.* »David Howard« 82, *86; D.* »East Court« 82; *D.* »Edinburgh« 23, *25; D.* »Glorie van Heemstede« 83; *D.* »Good Intent« *24; D.* »Jescot Buttercup« 82; *D.* »Jescot Nubia« 82; *D.* »John Street« 82; Pompon-D. 130; Schmuck-D. 135; *D.* »Yellow Hammer« 82

Daphne laureola (Lorbeerseidelbast) **Z7** *111; D. mezereum* (gemeiner Seidelbast) **Z5** 117

Datta, Alexis 20, 149, *151*

Dazomet, Bodenentseuchungsmittel 30, 52, 75, 91, 112

Delos *7, 8, 22, 28, 29,* 34, 56, *137,* **147,** *147, 159*

Delphinium (Rittersporn) **Z2** 130, 141, 144; *D.* Pacific Giant 130; *D.* P.G. Black-Night-Gruppe *24, 25,* 130; *D.* P.G. Galahad-Gruppe 130

Dendranthema »Anastasia« **Z5** 55; *D. yezoense* **Z5** 55

Deutzia 61

Dianthus (Nelke) 151, 154; *D. amurensis* **Z3** 23, *24, 25; D. barbatus* (Bartnelke) **Z4** 150; *D.* »Laced Joy« **Z4** *55; D.* »Mrs. Sinkins« **Z4** 130; *D.* »Musgrave's Pink« **Z4** *55, 132; D.* »Thomas« **Z4** *42*

Diascia 55, *154*; *D. integerrima* **Z8** *54*; *D. etcaniensis* **Z8** *43*

Dicentra (Tränendes Herz) *41*; *D. macrantha* **Z4** *89*; *D. spectabilis* **Z3** *42*

Dichternarzisse SIEHE *Narcissus poeticus*

Dickmaulrüßler (*Otiorhynchus sulcatus*) 96, 104

Dictamnus (Diptam) **Z3** 141

Dierama pulcherrimum **Z7** 23

Digitalis (Fingerhut) 7, 60, 90, *116, 117, 118*; *D. ferruginea* **Z4** *80*; *D. purpurea* f. *albiflora* (Weißer F.) **Z3** *59*, 138; *D.p.* »Sutton's Apricot« **Z3** *59*

Dill 112

Dionysosstatue *5, 9, 12, 16, 21, 22, 22, 35*, 37, *45, 98, 101, 106, 123, 126*

Dipelta **Z6** 61

Dipsacus (Karde) 112, 150; *D. fullonum* (wilde Karde) **Z3** 112; *D. sativus* (Weberkarde) **Z5** 112

Diptam SIEHE *Dictamnus*

Dorneywood, Buckinghamshire 149

Dowdeswell Court, Gloucestershire 129

Drainage 37, 39, 117, 118, 119, 124

Dreieck am Bauerngarten 8, 88, *89*

Dryopteris erythrosora **Z5** *80*

Duftwicke SIEHE *Lathyrus odoratus*

Dünger/Düngung: Blatt-D. 104; Fisch-, Blut- und Knochenmehl 146; Kali-D. 52, 108; Langzeit-D. 34, 154; Rasen-D. 31, 108, 155; Rosen-D. 52; Stickstoff-D. 108; D.streuer *151*; Voll-D. 65, 151

E

East Lambrook Manor, Somerset 129

Eberraute SIEHE *Artemisia abrotanum*

Echinops ritro **Z3** *54*

Eddy, Andrew 149, *151, 157*

Edelminze SIEHE *Mentha × gracilis*

Efeu SIEHE *Hedera*

Ehrenpreis SIEHE *Veronica*

Eibe **Z6** 39, 64, *86*; E.hecken 66, 110, 117, 130, *132*; Säulen-E. 7, 16, 22, *22, 78, 80, 83*, 88, 100, 101

Eibengang 7, *8*, 9, 11, 34, *34, 35*, **36-39**, 124, 128, 157; Hecken 9, 39, *66, 125, 157*, Heckenerneuerung 37, 38; Weg 39

Eibengarten 37

Eibenrondell *4*, 46, 56, 63

Eiche *12, 15*, 64, 90, *123, 126*; Stiel-E. *7*

Eichenfarn SIEHE *Gymnocarpium dryopteris*

Eingangsbogen *34, 148*

Einjährige Pflanzen 60, *80*, 110, 112, *116, 133*, 138, 151, 154

Eisenkraut SIEHE *Verbena*

Elaeagnus »Quicksilver« **Z3** *106, 123*

Elfenblume SIEHE *Epimedium*

Elymus (Strandroggen) **Z5** *132, 133*

Engelwurz SIEHE *Angelica archangelica*

Enzian SIEHE *Gentiana*

Eomecon chionantha **Z7** 96

Epimedium (Elfenblume) 91, *95*; *E. perralderianum* **Z5** *93*; *E. × versicolor* »Sulphureum« **Z5** *93*; *E. × youngianum* »Niveum« **Z5** 91, *95, 96*

Erdbeere SIEHE *Fragaria*

Erechtheum 7, *8*, 128, 130, 138, 139

Eremurus (Steppenkerze) 56, 141

Eryngium 23; *E. amethystinum* **Z3** *54*; *E. giganteum* **Z6** *57, 133*; *E. × oliverianum* **Z5** *55*; *E. × tripartitum* **Z5** *23, 24, 25*

Erysimum (Schöterich) 23, 39, 76, 77, *77, 79*, 88, 112, 138, 150; *E. × allionii* (Sibirischer Goldlack) **Z7** *79, 82, 86*, 150; *E. × a.* »Apricot« *82*; *E.* »Bowles' Mauve« **Z8** *104, 105*; *E.* »Constant Cheer« **Z7** 23, *24, 33*; *E.* »Fire King« **Z7** *79, 82*; *E.* »Ivory White« **Z7** *82*; *E.* »Mrs. L.K. Elmhirst« **Z7** 23; *E.* »Orange Bedder« **Z7** *82*; *E.* »Primrose Dame« **Z7** *82*; *E.* »Ruby Gem« (syn. *E.* »Purple Queen«) **Z7** 23; *E.* »Vulcan« **Z7** *79*

Erythrina crista-galli (Korallenstrauch) **Z9** *45, 45*

Erythronium dens-canis (Hundszahn) **Z3** *70, 72*; *E.* »Pagoda« **Z5** *72*; *E.* »White Beauty« **Z5** *70*

Escallonia 29

Eselsdistel SIEHE *Onopordum*

Eselsohr SIEHE *Stachys byzantina*

Eucomis comosa **Z8** 45; *E. pallidiflora* (fälschlich *E. pole-evansii*) **Z8** *43, 45, 45*

Euonymus (Pfaffenhütchen) 108; *E. alatus* var. *apterus* **Z5** *97, 98*; *E. europaeus* »Red Cascade« **Z4** *123*

Euphorbia (Wolfsmilch) 42, 77, *79, 82*, 104; *E. altissima* **Z9** *132*; *E. amygdaloides* var. *robbiae* (Mandelwolfsmilch) **Z8** 91, *93, 95*, 96, 97; *E. characias* subsp. *wulfenii* **Z7** *69, 82, 93, 95*; *E.c.* subsp. *w.* »Lambrook Gold« *47, 82*; *E.c.* subsp. *w.* Margery-Fish-Gruppe *82*; *E. cornigera* **Z6** *80, 82*; *E. cyparissias* **Z4** *82*; *E. griffithii* **Z4** *82*; *E.g.* »Dixter« *77, 82*; *E. myrsinites* **Z5** *34*; *E. palustris* **Z5** *82*; *E. polychroma* »Major« **Z4** *69, 72, 74, 79, 80, 82*; *E. seguieriana* subsp. *niciciana* **Z8** *105*; *E. sikkimensis* **Z6** *80, 82*

F

Fackellilie SIEHE *Kniphofia*

Färberginster SIEHE *Genista tinctoria*

Färberwaid **Z7** 112

Farn 89, 90, 91, 97, *98, 100*, 104; SIEHE auch *Gymnocarpium dryopteris*; *Matteuccia struthiopteris*; *Onoclea sensibilis*; *Polystichum setiferum*

Fascicularia bicolor **Z9** 147, 157

Federgras SIEHE *Stipa*

Federmohn SIEHE *Macleaya*

Feige **Z7** 16, *50, 57*, 62, 128

Felicia 154; *F. amelloides* »Variegata« **Z9** *21, 43*, 151

Felsenbirne SIEHE *Amelanchier*

Fenchel **Z4** *79*, 113

Filipendula ulmaria »Flore Pleno« **Z3** *132*

Fingerhut SIEHE *Digitalis*

Finsbury Park Training Centre, London 149

Fish, Margery (1892-1969) 47, 76, 129, 141

Flachs SIEHE *Linum usitatissimum*

Flattergras, Goldenes SIEHE *Milium effusum* »Aureum«

Fleißiges Lieschen SIEHE *Impatiens*

Flieder SIEHE *Syringa*

Forsythia 67

Fragaria (Erdbeere): *F. × ananassa* »Variegata« **Z4** 96

Fritillaria imperialis (Kaiserkrone) **Z5** *70, 75*; *F.i.* »Lutea maxima« *93*; *F. meleagris* (Schachbrettblume) **Z4** *70, 72, 123, 125*; *F.m. alba 72, 123*

Fuchsia magellanica »Variegata« **Z8** *39, 42*; *F.* »Margaret« **Z8** *42*; *F.* »Thalia« **Z10** *42*

Fungizid 135, 155; systemisches F. 28

Funkie SIEHE *Hosta*

G

Galega × hartlandii »Alba« **Z4** *130, 132, 139*, 141

Galium odoratum (syn. *Asperula odorata*, Waldmeister) **Z5** *91, 93, 95*

Gänsekresse SIEHE *Arabis*

Gärtner von Sissinghurst 148, 149, *151*

Gazania »Freddie« **Z10** *35*

Geißblatt SIEHE *Lonicera*

Genista tinctoria (Färberginster) **Z5** *113*

Gentiana (Enzian) 67; *G. asclepiadea* **Z6** *105*

Geranium (Storchschnabel) 60, 74; *G. × magnificum* **Z4** *25*, 28; *G. pratense* f. *albiflorum* **Z4** *132*; *G. procurrens* **Z6** 96; *G. psilostemon* **Z4** *23, 24*, 28, 52; *G. × riversleaianum* »Mavis Simpson« **Z6** 60; *G. sylvaticum* »Mayflower« **Z4** *93*; *G. wallichianum* »Buxton's Variety« **Z4** 51, *93*

Geräte 30, 146, *151*, 154-157, *155, 157*

Geräteschuppen, alter *8*, 37; Beete um G. 45, *157*; neuer 150, 156, *157*

Germer SIEHE *Veratrum*

Giersch 110

Giftbeere SIEHE *Nicandra physaloides*

Gillenia trifoliata **Z4** *134*

Ginster SIEHE *Cytisus*

Glasshouse Crops Research Institute, Littlehampton, Sussex 159

Glendinning, Victoria 10

Glockenblume SIEHE *Campanula*

Glockenhyazinthe SIEHE *Hyacinthoides*

Glockenrebe SIEHE *Cobaea*

Goddards, Surrey 116

Goldlack, Sibirischer SIEHE *Erysimum × allionii*

Goldregen SIEHE *Laburnum*

Goldrute SIEHE *Solidago*

Goldsegge SIEHE *Carex elata* »Aurea«

Goldthymian SIEHE *Thymus vulgaris* »Aureus«

Grabengang 7, *8, 9, 16*, 37, 77, 88, 97, **100-109**, *123*, 154, 155; Buchswürfel 146; Lutyens-Bank 100, 108, *108*; Rasen 100, 108; Sissinghurst Crescent 7, *8, 9, 79, 89*, 100, 146

Grabenmauer 7, 28, 100, *100, 105, 106, 123*

Gras 77, 90, 118, *123, 155*; G.samen 126, 150; SIEHE auch *Milium effusum* »Aureum«; Pampasgras; Rasen; *Stipa*

Gravetye, West Sussex 34

Great Dixter, East Sussex 23

Guincho, County Down 96

Günsel 61

Gymnocarpium dryopteris (Eichenfarn) **Z3** 64

Gypsophila (Schleierkraut) 130

H

Hainbuchenhecken 69, 70, *72*, 74, *98*, 157

Hainveilchen SIEHE *Viola riviniana*

Hallimasch *31*, 77, 108, 119

Halliwell, Brian 19

Hamamelis (Zaubernuß) 77; *H. japonica* »Arborea« **Z6** 77

Hammerstrauch SIEHE *Cestrum*

Hasel SIEHE *Corylus avellana*

Haselbögen *50*, 51, 52, *62, 119*; H.reiser *27, 134*, 141, 144

Hasenglöckchen SIEHE *Hyacinthoides nonscripta*

Havergal, Beatrix 16, 63, 148

Hayter, George 100, 110, 118

Hechtia argentea **Z9** *153*

Hecken SIEHE Buchs; Eibe; Hainbuche; Stechpalme

Hedera (Efeu) 90, *133;* H. helix »Little Diamond« **Z6** *132;* H.h. »Shamrock« **Z5** *132*

Hedychium (Ingwerlilie) 35, 76, 88, 154; *H. coccineum* »Tara« **Z8** *86,* 88; *H. densiflorum* **Z7** *80,* 88; *H. gardnerianum* **Z9** *43,* 88

Heiligenkraut SIEHE *Santolina chamaecyparissus*

Helianthemum **Z6** 76; *H.* »Ben Heckla« *80;* H. »Henfield Brilliant« *80;* H. »Wisley Primrose« *42,* 80

Helianthus (Sonnenblume) 77, *86*

Helichrysum microphyllum SIEHE *Plecostachys serpyllifolia; H. petiolare* (syn. *H. petiolatum)* **Z9** *28,* 60, 74, *132,* 138, *145; H.p.* »Limelight« **Z9** 35

Heliophila 151

Heliotrop **Z10** 35, 151

Helleborus (Christrose) 93, *147; H. orientalis* hort. **Z4** 93

Hemerocallis (Taglilie) 19, 141, 150; *H.* »Burning Daylight« **Z4** *80; H.* »My Hope« **Z4** *54; H.* »Stella de Oro« **Z4** *80*

Herbizide 31, 34, 126, 155

Herbstzeitlose SIEHE *Colchicum*

Hesperis matronalis (Nachtviole) **Z4** *25,* 144, 150; *H.m.* var. *albiflora* (Weiße N.) *130,* 138

Hestercombe, Somerset 100

Heuchera pubescens »Alba« **Z5** *54*

Hidcote Manor Garden, Gloucestershire 10, 11, 12, 64, 129

Hoheria 29; *H. lyallii* **Z8** *45, 45*

Holcus lanatus (Wolliges Honiggras) 108

Holländische Linde SIEHE *Tilia × europaea*

Holunder SIEHE *Sambucus*

Honiggras, Wolliges SIEHE *Holcus lanatus*

Hosta (Funkie) 19, 104; *H. crispula* **Z3** *132; H. fortunei* f. *aurea* **Z3** *105; H.* »Royal Standard« **Z3** *134; H.* »Sum and Substance« **Z3** *80; H. ventricosa* **Z3** *25*

Houttuynia cordata **Z3** 104

Humea elegans SIEHE *Calomeria amaranthoides*

Hundszahn SIEHE *Erythronium dens-canis*

Hyacinthoides (Glockenhyazinthe) **Z5** 64, 74, 97, 101, 104, *105; H. non-scripta* (Hasenglöckchen) **Z5** 97; rosa G. *70;* weiße G. 91, *91,* 93, 95

Hydrangea paniculata »Grandiflora« **Z4** 130; *H. quercifolia* **Z5** 145

Hypericum calycinum **Z6** 104

I

Impatiens (Fleißiges Lieschen) 74, 151; *I.* »Orange Imp« **Z10** 74; *I.* Blitz-Serie **Z10** 74, *75*

Ingram, Captain »Cherry« Collingwood 67, 119, 135

Ingwerlilie SIEHE *Hedychium*

Inkalilie SIEHE *Alstroemeria*

Insektizid, systemisches *137,* 139, 155

Iris (Schwertlilie) 34, 47, 56, 76, 77, *77,* 82, 118, 130, 150; *I.* »Adrienne Taylor« **Z4** *54; I.* »Benton Nigel« **Z4** 56; *I.* »Blue Rhythm« **Z4** *54; I.* »Curlew« **Z4** 82, *86; I.* »Député Nomblot« **Z4** *54; I. douglasiana* **Z7** *117; I.* »Florentina« (Florentiner S.) **Z4** *117; I.* »Flying Squad« **Z4** *132; I.* »Green Ice« **Z4** *54;* kalifornische I.-Hybriden **Z7** *80,* 82; *I.* »London Pride« **Z4** 56; *I.* »Lothario« **Z4** *24; I. orientalis* (syn. *I. ochroleuca)* **Z4** *132; I. pseudacorus* »Variegata« **Z5** 42; *I.* »Quaker Lady« *125; I.* »Sahara« **Z4** *80; I. setosa* **Z4** 56; *I.* »Shannopin« **Z4** 56, *59; I. sibirica* »Keno Gami« **Z4** *25; I.s.* »White Swirl« **Z4** *134; I.* »Sissinghurst« **Z4** *24, 158; I.* »Solent Sun« **Z4** *80; I.* »Stained Glass« **Z7** *80;* Zwerg-I. **Z6** *67;* zwergwüchsige Bart-I. **Z4** 23, 158

J

Jaborosa integrifolia **Z8** *132*

Jekyll, Gertrude 11, 15, 19, 20, 23, 75, 90, 100, 119, 129, 146

Johnson, Arthur Tysilio 47

Johnston, Lawrence 11, 47, 129

Jutematten *151, 157, 157*

K

Kaiserkrone SIEHE *Fritillaria imperialis*

Kali 65; Kalidünger 52, 108

Kaliumsulfat 31

Kamelie SIEHE *Camellia*

Kamille, Römische SIEHE *Chamaemelum nobile*

Kapillarbewässerung 150

Kappen verwelkter Blüten 28, 63, 104, *137,* 139, 141, *141,* 147, 149, 157

Kapuzinerkresse SIEHE *Tropaeolum*

Karde SIEHE *Dipsacus*

Kardone SIEHE *Cynara cardunculus*

Kastanie **Z5** 90

Katzenminze SIEHE *Nepeta*

Kerbel 112

Keukenhof, Niederlande 75

Kew, Royal Botanic Gardens 19, 149

Kieserit 52

Kirengeshoma palmata (Wachsglocke) **Z5** 88, *105*

Kirsche SIEHE *Prunus*

Kirschpflaume **Z4** 147

Klee 34

Klehm, Roy *134,* 135

Kletterpflanzen 28, 29, 64, 88, *123*

Knautia macedonica **Z5** 27

Kniphofia (Fackellilie) 42, 54, 79, 88, 150; *K.* »Brimstone« **Z5** *80,* 88; *K.* »David« **Z5** *80, 83,* 88; *K.* »Little Maid« **Z5** 42, *55; K.* »Royal Standard« **Z5** 88; *K.* »Samuel's Sensation« **Z5** *86,* 88; *K. thomsonii* var. *snowdenii* **Z7** 51; *K. triangularis* **Z6** 88

Knole, Kent 7, 10, 11, 110

Knollenpflanzen SIEHE Zwiebel- und Knollenpflanzen

Koelreuteria paniculata **Z6** 77

Kolkwitzia **Z5** 61

Kompost 52, 65; Kokosfaser-K. 154; Torf-K. 35, 154

Königskerze SIEHE *Verbascum*

Königslilie SIEHE *Lilium regale*

Korallenstrauch SIEHE *Erythrina crista-galli*

Koriander SIEHE *Coriandrum sativum*

Kosmee SIEHE *Cosmos*

Kospoli, bei Konstantinopel 7, 10, 45

Kräutergarten *8,* 9, *9,* 11, 19, **110-117;** Eibenhecken 110, 117; Eichenbank *95, 116;* Kamillenbank (Sitz Eduards des Bekenners) 110, *111;* Marmorschale 111, 112; Wege 110, 112, *116*

Kreutzberger, Sibylle 9, **12-21,** *19,* 148-159

Kreuzkraut SIEHE *Ligularia*

Kreuzkümmel 112

Krokus SIEHE *Crocus*

Küchengarten SIEHE Pflanzschule

Küchenschelle SIEHE *Pulsatilla vulgaris*

Kümmel 112, 150

Kupferkessel 34, *80, 82*

L

Laburnum (Goldregen) **Z5** 77

Lambertsnuß SIEHE *Corylus maxima*

Lange Rabatte 7, 30, 47, *55, 57,* 62, 63, 64, 65

Lathraea clandestina (Schuppenwurz) **Z6** 96, *96*

Lathyrus latifolius »Albus« (weiße Staudenwicke) **Z5** *132, 134,* 144; *L. odoratus* (Duftwicke) 150; *L.o.* »Noel Sutton« *25*

Lauberde 154

Lauch SIEHE *Allium*

Lavandula (Lavendel) 112, 128, 135; *L. angustifolia* »Hidcote« **Z6** 23, *24,* 27

Lavatera »Barnsley« **Z8** 61; *L. maritima* **Z9** *24; L.* »Rosea« **Z8** *55,* 61

Lehm 91, 111, 112, 126, 151, 154, 155

Leonotis ocymifolia **Z9** 80

Leucanthemella serotina (syn. *Chrysanthemum uliginosum)* **Z4** *132, 133,* 144

Leucanthemum × superbum (syn. *Chrysanthemum maximum* hort.) **Z4** *132; L. vulgare* (syn. *Chrysanthemum leucanthemum,* Margerite) **Z4** 126

Leucojum aestivum **Z4** *123; L.a.* »Gravetye Giant« *72*

Liatris (Prachtscharte) 23, 25; *L. spicata* **Z4** *24*

Ligularia (Kreuzkraut) 76, 77, 88; *L.* »Desdemona« **Z4** *80,* 82

Lilium (Lilie) 56, 83, 128, 129; *L.* »Attila« **Z5** 56, *59; L. auratum* **Z5** 56; *L.* »Enchantment« **Z5** *83; L. henryi* **Z4** *80,* 83, *86; L. lancifolium* (syn. *L. tigrinum)* **Z3** 56; *L.l.* var. *splendens* **Z3** *83; L. lankongense* **Z5** 56; Madonnen-L. **Z4** *57; L. martagon* (Türkenbund-L.)**Z4** 56, 96, *137; L. nepalense* **Z5** 56; *L. pardalinum* (Panther-L.) **Z5** 104; *L.* »Red Max« **Z5** 56; *L. regale* (Königslilie) **Z4** 56, *128,* 130, 141; *L. speciosum* **Z5** *43, 45*

Linde SIEHE *Tilia*

Lindenblattlaus 66

Lindengang *4, 8, 9,* 12, *15,* 19, 35, 37, **66-**75, 82, 90, *95,* 100, 108, 150; Bacchantin *4,* 37, *66;* Hainbuchenhecken *69, 70, 72,* 74, *157;* Harolds Merkbuch 9, 19, 66, 67; Pflaster 70; Spalierlinden *74,* 77; Töpfe 9, 70, 74

Linum usitatissium (Flachs) *116, 117*

Lippenblütler 112, 117

Lloyd, Christopher 63, 76, 141

Lobelia richardsonii **Z10** 21; *L. × speciosa* **Z6** 42, 154

Long Barn, Kent 7, 10, 11, 12, 51, 128; Gartenmerkbuch 110

Lonicera (Geißblatt) 62; *L. etrusca* **Z7** 93; *L. splendida* **Z9** 29

Lophospermum scandens (syn. *Maurandya lophospermum)* **Z9** 42, *45*

Lorbeerseidelbast SIEHE *Daphne laureola*

Löwenmäulchen SIEHE *Antirrhinum*

Löwenteich 9, 36, 37, 128, 129

Löwenzahn **Z5** 125

Lullingstone Castle, Kent 110

Lunaria annua (Silberling) **Z8** 24

Lungenkraut SIEHE *Pulmonaria*

Lupinus (Lupine) 101, 141, 144; *L. arboreus* (Baum-L.) **Z8** 77, *80; L.* »Blue Jacket« **Z3** *24,* 25, 51, *59; L.* »Noble Maiden« **Z3** *132, 134, 137,* 141; Russell-L. **Z3** 56; *L. texensis* 151

Lutyens, Sir Edwin 10, 11, 100, 112, *116,* 128; Lutyens-Bank *61,* 64, 100, 108, *108*

Luzula sylvatica »Marginata« **Z6** *93*

REGISTER 163

Lychnis × *arkwrightii* **Z6** *80;* *L. coronaria* Alba-Gruppe **Z4** *128*
Lysimachia (Weiderich) *141;* *L. ciliata* **Z3** *93, 97; L.c.* »Firecracker« *97*
Lythrum 24, 25; *L.* »Lady Sackville« **Z4** *158*

M

McGredys Gärtnerei, County Down *128*
Macleaya (Federmohn): *M. cordata* **Z4** *130,* 139, *139; M. microcarpa* **Z4** *36, 38*
Mädchenauge SIEHE *Coreopsis*
Magnolia 22, 42, 101; *M. grandiflora* **Z7** *29, 33; M. liliiflora* »Nigra« **Z6** *41*
Magnolienbeet *7, 8,* 37, 39, *41*
Maianthemum bifolium **Z3** 96
Maiapfel SIEHE *Podophyllum peltatum*
Malus (Apfel) **Z3** *118; M.* »Flower of Kent« *119; M.* »Kentish Quarrenden« *119; M.* × *purpurea* »Eleyi« (Zierapfel) **Z4** *45,* 61; Unterlage MM111 *124*
Malva (Malve) 28; *M. moschata* »Alba« **Z4** *132; M. sylvestris* var. *mauritiana* **Z6** *25,* 28, 151
Mandel **Z7** 135, *137, 138*
Mandelwolfsmilch SIEHE *Euphorbia amygdaloides* var. *robbiae*
Manganvergiftung 65
Margerite SIEHE *Leucanthemum vulgare*
Mariendistel SIEHE *Silybum marianum*
Marshall, Jim (Gartenberater) 9, 20, 150
Martabani-Vasen *128*
Matteuccia struthiopteris (Trichterfarn) **Z2** *91, 93*
Maurandya (Maurandie) 30; *M. lophospermum* SIEHE *Lophospermum scandens*
Meconopsis (Scheinmohn): *M. betonicifolia* **Z7** 88, *89; M. grandis* **Z5** 42
Mehlbeere SIEHE *Sorbus aria*
Mehltau 29, 30, 52
Melianthus major **Z9** *132, 133,* 141, *144*
Mentha (Minze): *M.* × *gracilis* »Variegata« (buntblättrige Edelminze) **Z4** 112, *117; M. pulegium* aufrechte Form (Poleiminze) **Z7** *117; M. suaveolens* »Variegata« (buntblättrige Apfelminze) **Z6** *113*
Milium effusum »Aureum« (Goldenes Flattergras) **Z5** 91, *91, 93, 95, 97*
Mimulus aurantiacus (syn. *M. glutinosus*) **Z9** *80,* 82
Minierfliege (*Phytomyza syngenesiae*) *137,* 139
Minze SIEHE *Mentha*
Mirabilis jalapa (Wunderblume), weiß **Z9** *132,* 154
Miscanthus-Gräser 77
Miscanthus sinensis »Strictus« (fälschlich *M.s.* »Zebrinus«) **Z6** *80, 86*

Mist 154
Mitchell, James 47
Mittagsblume 45
Mohn SIEHE *Papaver*
Möhrenfliege 112
Monarda »Beauty of Cobham« **Z4** *25; M.* »Cambridge Scarlet« **Z4** *113, 117; M. citriodora* (Zitronenmonarde) 112, *113; M.* »Prärienacht« **Z4** *24*
Montacute, Somerset: Zedernrasen 37
Montbretie SIEHE *Crocosmia*
Morellokirsche **Z3** 30
Morris, Sir Cedric 56, 82
Morville Hall, Shropshire *128*
Mulch 52, 70, 74, 75, 88; Hopfentreber 52, 91, 97; Rindenhäcksel 52, 97, 104, *153*
Munstead Wood, Surrey 75, 90
Murrell, Hilda 30, 47, 135
Muscari (Traubenhyazinthe) *70,* 75, 147; *M.* »Blue Spike« **Z4** *72*
Muskatellersalbei SIEHE *Salvia sclarea* var. *turkestanica*
Mutterkraut SIEHE *Tanacetum parthenium*
Myosotis (Vergißmeinnicht) **Z5** *69, 72,* 74, 91
Myrtus communis (Myrte) **Z9** 45

N

Nachtviole SIEHE *Hesperis matronalis*
Narcissus (Narzisse, Osterglocke) *70, 72,* 74, 90, 118, *119, 123,* 125; *N.* »Abundance« **Z4** 125; *N. asturiensis* **Z4** 67; Barii-N. **Z4** 125; *N.* »Beersheba« **Z4** 125; *N.* »Beryl« **Z5** 67, *72; N.* »Brunswick« **Z4** 125; *N. bulbocodium* (Reifrock-N.) **Z6** 67, *123,* 125; *N.* »Camellia« **Z4** 125; *N.* »Carlton« **Z4** 67, 125; *N.* »Charity May« **Z5** 67; *N.* »Cheerfulness« **Z4** 125; Cyclamineus-N. **Z5** 67, 125; *N.* »Empress« **Z4** *123; N.* »February Gold« **Z5** 67; *N.* »Fortune« **Z4** 67, 125; *N.* »Geranium« **Z4** *123,* 125; *N.* »Golden Harvest« **Z4** 125; großkronige N. **Z4** 125; *N.* »Irene Copeland« 125; *N.* »Jenny« **Z5** 67, *72; N.* »John Evelyn« **Z4** 125; *N.* »King Alfred« **Z4** 125; kleinkronige N. **Z4** 125, 158; *N.* »Lady Sackville« **Z4** 158; *N.* »La Riante« **Z4** 125; *N.* »Magnet« **Z4** *123; N.* »Medusa« **Z4** 125; *N.* »Mrs. R.O. Backhouse« **Z4** 67, 125; *N.* × *odorus* »Double Campernelle« **Z6** 67; *N.* »Peeping Tom« **Z5** 67; *N. poeticus* (Dichter-N.) **Z4** *123,* 125; *N.p.* »Plenus« **Z4** 67; *N.* »Scarlet Elegance« **Z4** 125; *N.* »Soleil d'Or« **Z8** *123,* 125; *N.* »Sundial« **Z4** *72; N.* »Thalia« **Z5** 67; *N.* »Tresamble« **Z4** *72; N. triandrus* **Z4**

67; Trompeten-N. **Z4** 67; *N.* »Tunis« **Z4** 125; *N.* »Winter Gold« **Z4** 125; *N.* »W.P. Milner« **Z4** *72;* Zwerg-N. 111
National Trust 5, 9, 16, 18, 21, *21,* 30, 64; Fortbildungsprogramm 149
Nelke SIEHE *Dianthus*
Nematoden (zur biologischen Schädlingsbekämpfung) 104
Nemesia caerulea »Percy Picton« **Z9** 34
Nepeta (Katzenminze) 60
Nerine bowdenii **Z8** 45; *N.b.* »Mark Fenwick« *55*
Neve, Sidney 70, 104
Nicandra physaloides (Giftbeere) *113*
Nicolson, Benedict (Ben) (1914-1978) 7, 11, *15,* 18, 147
Nicolson, Harold (1886-1968) 7, 9, **10,** **10-18,** 35; Harolds Stuhl 77, 88; Lindengang-Merkbuch 9, 19, 66, 67
Nicolson, Nigel 7, 9, 10, 11, *15,* 16, 18, 21, **21,** 35, 37, 46, 64, 75, *106,* 112, 116, 126, *126,* 135, *137,* 147
Nicotiana (Ziertabak) *133,* 151, 154; *N. glauca* **Z9** *80; N.* »Lime Green« 60, *132, 133,* 141; *N. sylvestris* 138
Nigella, weiß *132, 133,* 141
Ninfa, Italien 10, 119
Norton, Philip 149, *151*
Nußgarten 7, *8,* 9, *9,* 19, 66, 69, 74, 88, **90-99,** 100, 101, 104, 110, 117; Bacchus-Statue 37, *95;* Hainbuchenhecken *98*
Nußsträucher SIEHE *Corylus avellana*

O

Oberer Hof 7, *8,* 9, 12, **22-35,** *35,* 39, 42, 43, *50,* 52; Akeleirabatte 29, 30, *31;* Eingangsbogen und -bereich 22, 29, 34, *34;* eiserne Pforte 9, 30; Mittelweg 22, *22;* Nordmauer 22; Rasen *155;* Steinbecken 34; Südmauer 30; Töpfe *33,* 35; Violette Rabatte *8,* 22, 23, **24-35,** *24-27,* 29, 35, 47, 130, 158
Obstgarten 7, *8,* 9, 16, 18, 19, 20, 22, 34, *34,* 36, 37, *38,* 56, 77, 100, *106,* 110, **118-127,** 130, *134,* 155, 159; Bänke 126; Pavillon *7, 8,* 9, 18, *119, 123,* 126, 138, 147; Schutzgürtel 126
Ocimum basilicum (Basilikum) 112; *O.b.* »Dark Opal« (Purpurbasilie) 112, *117*
Omphalodes cappadocica **Z6** *89,* 91; *O.c.* »Cherry Ingram« **Z6** *93; O. linifolia* 139, 151
Onoclea sensibilis (Perlfarn) **Z4** 91, *91, 93, 95*
Onopordum (Eselsdistel) **Z6** *130, 133, 134, 137,* 139, 144, 150; *O. acanthium 132*

Orchidee 18, 88, *89,* 97, 126
Ornithogalum nutans **Z6** 64; *O. pyramidale* **Z7** 139
Osteospermum 151; *O. ecklonis* »Prostratum« **Z8** *33,* 34
Osterglocke SIEHE *Narcissus*
Osterluzei SIEHE *Aristolochia clematitis*
Oxalis adenophylla **Z5** *72; O. corniculata* **Z5** 111; *O. obstusa* **Z9** 45
Oxypetalum caeruleum SIEHE *Tweedia caerulea*

P

Paeonia (Pfingstrose) 56, 130, 145; Baumpäonie 56, 130; *P. lactiflora* **Z5** 56; *P.l.* »Cheddar Gold« **Z5** *134; P.l.* »Ivory Jewel« **Z5** *132; P.l.* »White Wings« **Z5** *132; P. mlokosewitschii* **Z5** *79;* Staudenpäonie 141; *P. suffruticosa* subsp. *rockii* **Z5** 135
Pampasgras 47
Papaver (Mohn) *79; P. commutatum 4,* 80; *P. orientale* »Black and White« **Z4** 141; *P.o.* »Perry's White« **Z4** 141; *P. somniferum* (Schlafmohn) *133*
Papillon Hall, Leicestershire *116*
Pappel 62, *62,* 100; P.allee 7, *16;* Balsam-P. **Z2** 77
Parthenocissus henryana (Wilder Wein) **Z7** 63
Patrinia scabiosifolia **Z5** 80
Paulownie 62
Pavillon *7, 8,* 9, 18, *119, 123,* 126, 138, 147
Pelargonium »Lord Bute« **Z10** *63,* 154
Pemberton, Joseph *46,* 50, 51
Pennisetum villosum **Z8** *55*
Penstemon (Bartfaden) 150, 151, 154; *P.* »Alice Hindley« **Z8** *55; P.* »Evelyn« (syn. *P.* »Sissinghurst Pink«) **Z7** *158; P. pinifolius* **Z8** *105; P.p.* »Mersea Yellow« *80; P.* »Sour Grapes« **Z8** 24
Pericallis lanata (syn. *Senecio heritieri*) **Z9** *33,* 35
Pershore College of Horticulture, Worcestershire 149
Persicaria affinis »Superba« *124; P. bistorta* »Superba« (syn. *Polygonum b.* »Superbum«, Wiesenknöterich) **Z4** 23, *116*
Perückenstrauch SIEHE *Cotinus*
Pestizid 56, 112, 146
Petersilie *111*
Petunia 35; *P. integrifolia* 35
Pfaffenhütchen SIEHE *Euonymus*
Pfarrhaus *8, 9,* 12, *28,* 128, 129, 139
Pfingstrose SIEHE *Paeonia*
Pflanzenkatalog 9, 12

Pflanzschule (früherer Küchengarten) *8, 16, 63, 67,* 108, 138, 141, 146, **148-157**

Pflaume 147

pH-Werte 65

Philadelphus coronarius **Z5** 77; *P.c.* »Aureus« *93*

Phlomis (Brandkraut): *P. anatolica* (syn. *P.* »Lloyd's Variety«) **Z8** *147; P. fruticosa* **Z8** *147; P. grandiflora* **Z8** *147*

Phlox 55; *67; P. divaricata* subsp. *laphamii* »Chattahoochee« **Z4** 154; *P. stolonifera* »Mary Belle Frey« **Z4** *55; P.* »Violet Vere« **Z4** 158

Phormium **Z8** 47

Phosphat 108

Phuopsis stylosa **Z5** *50*

Phygelius 39; *P. aequalis* **Z8** *54; P. × rectus* **Z8** *80*

Platt, Ronald 9, 56

Platycodon grandiflorus **Z4** 24; *P.g. mariesii* 130

Plecostachys serpyllifolia (syn. *Helichrysum microphyllum*) **Z9** 35, *35, 39,* 45

Podophyllum peltatum (Maiapfel) **Z4** *116*

Poleiminze SIEHE *Mentha pulegium*

Polygonatum odoratum »Variegatum« **Z4** *93*

Polygonum SIEHE *Persicaria*

Polystichum setiferum (Schildfarn) **Z5** *89, 93,* 98

Portulaca grandiflora 35

Potentilla fruticosa »Abbotswood« **Z3** *132; P.f.* »Primrose Beauty« **Z3** *54*

Powys, Albert Reginald 7, 11, 22, 23, 34, 37, 46; Powys-Mauer 7, 8, 11, 46, *55, 61, 61,* 62, 63, 64, *148,* 150

Prachtscharte SIEHE *Liatris*

Prichards Gärtnerei, Riverslea, Hampshire 159

Primula (Primel, Schlüsselblume) 7, 9, *67, 70, 72,* 90, 91, *95, 96,* 129; *P. auricula* (Aurikel) **Z5** *33,* 34, 67; *P.a.* »The Baron« *72;* Cowichan-P. **Z6** 67, *72; P. eliator* (Hohe Schlüsselblume) **Z5** *93; P.* »E.R. Janes« **Z6** 67; gefüllte P. 15, 67, 128; *P.* »Golden Plover« 90; *P.* »Guinevere« **Z6** 67; *P.* »Ingram's Blue« **Z6** 67; Munstead-Hybriden 90, 91; Pacific-Hybriden **Z8** 91; Polyantha-Hybriden 90, 91; *P. pulverulenta* **Z6** 42, 128, 129; *P. sieboldii* **Z5** *41, 70, 89; P.* »Wanda« **Z5** 67

Prunus (Kirsche) 125, 147; *P.* »Amanogawa« **Z5** 119; *P.* »Chôshû-hizakura« **Z5** 119; *P.* »Kanzan« **Z5** 119; Morello-K. **Z3** 30; *P.* »Okumiyako« (syn. *P. serrulata* »Longpipes«) **Z5** 62; *P. sargentii* **Z4** 108,

119; *P. × subhirtella* »Autumnalis« **Z6** 62; *P.* »Taihaku« **Z5** 119, *119; P. tenella* **Z2** 67; *P.t.* »Fire Hill« *67, 70, 72; P.* »Ukon« **Z5** 119

Ptelea **Z4** 77

Pulmonaria (Lungenkraut) 74, 104; *P. officinalis* »Sissinghurst White« (*P.o.* »Alba«) **Z4** 135, 158; *P. rubra* **Z5** *72; P. saccharata* **Z4** 158

Pulsatilla 67; *P. vulgaris* (Küchenschelle) **Z5** *72,* 116, 117

Purpurbasilie SIEHE *Ocimum basilicum* »Dark Opal«

Purpurblättriger Wein SIEHE *Vitis vinifera* »Purpurea«

Puya alpestris **Z9** 45, *45,* 154

Pym, Francis 18, *126*

Pyrus (Birne) 77, 118, *118; P.* »Catillac« **Z4** 119; *P.* »Louise Bonne of Jersey« **Z4** *123; P. salicifolia* »Pendula« (Weidenblättrige Birne) **Z4** 9, *133,* 135; B.sämlinge **Z4** 119

Q

Quendel SIEHE *Thymus serpyllum*

R

Ranunculus ficaria (Scharbockskraut) **Z5** 67, 125; *R.f.* subsp. *bulbilifer* 91

Rasen **30-34**, 108, *119,* 126, 155, *155;* R.dünger 31, 108, 155; R.kantenschneider 30, 151, 156; R.mäher 30, 126, 151, 154, 155

Reifrocknarzisse SIEHE *Narcissus bulbocodium*

Rheum palmatum »Atrosanguineum« **Z5** 97

Rhododendron luteum (syn. *Azalea pontica*) **Z5** 104

Ribes laurifolium **Z8** 29

Riesenlilie SIEHE *Cardiocrinum giganteum*

Ringelblume, Topf- 112

Rittersporn SIEHE *Delphinium*

Robinia pseudoacacia (Robinie) **Z3** 77, 100

Robinson, William (1838-1935) 34, 63, 76, 77

Rodmarton Manor, Gloucestershire 12

Rohde, Eleanour Sinclair (1881-1950) 110, 129

Rondell *4, 8, 9,* 12, *35,* 46, 56, *59,* 61, *61,* 63, 64, 128

Rosa (Rose) 35, 36, **42-43, 46-56,** 119, 124; *R.* »Adam Messerich« **Z6** *52;* Alba-R. **Z4** 50; *R.* »Allen Chandler« **Z6** 30, *33;* alte R. 47, 50, *50,* 56; *R.* »Améthyste« **Z6** 119; *R.* »Anemone« **Z8** *55; R.* »Auguste Gervais« **Z6** 119; *R.* »August Seebauer« **Z6** 51, *54; R.* »Baron

Girod de l'Ain« **Z6** *46; R.* »Belle de Crécy« **Z5** *54; R.* »Bloomfield Abundance« **Z7** *54; R.* »Blossomtime« **Z6** 30, *33;* Bourbon-R. **Z6** *46,* 50, *50, 52;* Busch-R. 128; *R.* »Cardinal de Richelieu« **Z5** 50; Centifolia-R. **Z5** 50; China-R. **Z7** 43, 51, 52; *R.* »Claire Jacquier« 55; Climbing-R. 42, *50; R.* »Comtesse du Cayla« **Z7** 45; *R.* »Cramoisi Supérieur« **Z7** *43;* Damascena-R. **Z4** 50; *R.* »Dr. W. van Fleet« **Z6** 43; *R.* »Dusky Maiden« **Z6** *86; R.* »Easlea's Golden Rambler« **Z6** 43; *R.* »Ellen Willmott« **Z6** 51; *R.* »Emily Gray« **Z6** 43; Englische R. 50; *R.* »Felicia« **Z6** *46; R.* »Félicité Perpétue« **Z6** *118,* 119; *R. filipes* »Kiftsgate« **Z5** 119; Floribunda-R. 15, 51, *86,* 119; *R.* »Frühlingsmorgen« **Z5** *54;* Gallica-R. **Z5** 50, 159; *R. gallica* var. *officinalis* **Z5** 52; *R.g.* »Versicolor« (Rosa Mundi) **Z5** *50; R.* »Geranium« **Z5** 23, *24, 25, 27, 28,* 29, 158; *R.* »Gloire de Dijon« **Z6** *33, 54; R.* »Gruß an Aachen« **Z7** 129; *R.* »Helen Knight« **Z6** *79; R.* »Hippolyte« **Z5** 50; *R.* »Hollandica« **Z4** 119; *R.* »Honorine de Brabant« **Z6** *55; R.* »Iceberg« **Z6** *130,* 135, *137, 138, 145; R.* »Irish Elegance« **Z6** 45; *R.* »Ispahan« **Z4** *52;* Kletter-R. 42, 43, *50,* 118; *R.* »Königin von Dänemark« **Z4** 52; *R. laevigata* **Z7** 139; *R.* »Lavender Lassie« **Z6** *55; R.* »La Ville de Bruxelles« **Z6** *55; R.* »Leda« **Z4** 52; *R.* »Magenta« **Z6** 52; *R.* »Masquerade« **Z6** 45, 51; *R.* »Meg« **Z6** *33; R.* »Mermaid« **Z7** 29; *R.* »Mme. Alfred Carrière« **Z6** *77, 83,* 139; *R.* »Mme. Lauriol de Barny« **Z6** *46,* 52, *54, 55; R.* »Mme. Plantier« **Z5** 119; Moos-R. 50, *50;* Moschata-Hybriden (Moschus-R.) 46, *46,* 50, *50,* 51, 52, *59,* 118, 159; *R.* »Mrs. Oakley Fisher« **Z6** 51, *59; R. mulliganii* (fälschlich *R. longicuspis*) **Z5** 128, 130, *132,* 135, *137, 141, 144; R. multiflora* **Z5** 50, 51, 119; *R.* »New Dawn« **Z6** 43, *45; R.* »Night« (*R.* »Lady Sackville«) **Z6** 128, 130, 158, 159; Noisette-R. 51, *83,* 139; *R.* »Nuits de Young« **Z5** 50, *50,* 52; *R. nutkana* »Plena« (fälschlich *R. californica* »P.«) **Z4** *46, 57; R. × odorata* »Mutabilis« **Z7** 43, 45; *R. × o.* »Viridiflora« **Z7** *55; R.* »Pascali« **Z6** 135; *R.* »Paul's Lemon Pillar« **Z6** *54; R.* »Pax« **Z6** 52, *59; R. pimpinellifolia* »Double White« **Z4** *132, 134, 144; R.p.* »Irish Marbled« **Z4** *124; R. × polliniana* **Z7** *54;* Polyantha-

Hybriden 50; Polyantha-R. 50, 51; Poulsen-R. 51; *R.* »Prince Charles« **Z6** *55;* Remontant-R. *46,* 50, 51; Rosa Mundi SIEHE *R. gallica* »Versicolor«; Rugosa-R. **Z4** 67; *R. sempervirens* **Z7** *118; R. sericea* subsp. *omeiensis* f. *pteracantha* **Z6** 119; *R.* »Sissinghurst Castle« (fälschlich *R.* »Rose des Maures«) **Z5** 158, 159; Strauch-R. *46, 52;* Teehybriden 15, 43, 50, 51, 52, *59; R.* »Tuscany« **Z5** 50; *R.* »Ulrich Brunner fils« **Z6** 51; *R.* »Vanity« **Z6** *50,* 51; *R. virginiana* 119; *R.* »White Wings« **Z6** 51, *55, 132, 134,* 135; *R. wichuraiana* **Z5** 43, 138; *R.* »Zéphirine Drouhin« **Z6** 52; *R.* »Zigeunerknabe« **Z5** 50

Roscoea cautleyoides »Kew Beauty« **Z7** *45*

Rosen: Dünger 52; Erziehung *50,* 51, 52, 65; Rost 52, 155; Schnitt 42, 43, 51, 65, 135, 138; Umpflanzerkrankung 52, 119

Rosengarten *4, 8,* 9, 12, 16, 19, 22, 28, *38,* 43, **46-65,** *66,* 75, 76, 90, 96, 128, 150, 155; Guckloch 64; Lange Rabatte 7, 30, 47, *55, 57,* 62, 63, 64, *65;* Lutyens-Bank *61,* 64; römischer Altar 46; Terrasse 37, 64

Rosmarinus officinalis (Rosmarin) **Z8** 159; korsischer R. **Z9** 159; *R.o.* »Miss Jessopp's Upright« **Z8** 159; *R.o.* »Sissinghurst Blue« **Z9** *28, 117,* 159, *159;* toskanischer R. **Z9** 159

Rost: bei Malven 28; bei Minze 112; bei Rosen 52, 155

Rote Wurzelfäule (*Phytophthora fragariae*) 91

Royal Horticultural Society 11, 56, 97, 141, 149, 158, 159

Rubus »Benenden« **Z5** 135; *R. odoratus* **Z3** 29

Ruta graveolens »Jackman's Blue« **Z5** *55*

Ruthven, Jacqui 149, *151, 157*

S

Sackville, Lady (1862-1936) 7, 10, 35, 36, 37, 62, 64, 100, 128

Sackville, Lionel, 3rd Lord (1867-1928) 7, 10

Sackville-West: Fahne *83;* Wappen *34*

Sackville-West, Vita (1892-1962) 7, 9, **10,** *10*-**18;** Artikel im *Oberserver* 12, 15, 16, 67, 76, 91, 130; Gartenmerkbuch 12, 15, 19, 110; Gedenktafel *4,* 16; Pflanzstil 12

Safran-Krokus SIEHE *Crocus sativus*

Salbei SIEHE *Salvia*

Salix (Weide): *S. alba* var. *sericea* **Z2** 139; *S. gracilistyla* »Melanostachys« **Z5** 96, *123*

Salvia (Salbei) 19, 23, *24*, 60, 76, 112, 151; *S. argentea* **Z5** *132*; *S. cacaliifolia* **Z9** 60; *S. cardinalis* **Z9** 80; *S. confertiflora* **Z9** *80*, 83, 86; *S. dombeyi* **Z9** 83; *S. farinacea* »Victoria« **Z9** *55*; *S. fulgens* **Z9** 83; *S. greggii* × *lycioides* **Z9** *24*, *25*, 28; *S. leucantha* **Z10** *24*; *S.o.* »Icterina« **Z6** 112; *S.o.* »Purpurascens Variegata« (buntblättriger Purpursalbei) **Z6** *117*; *S. patens* **Z8** 42; *S. sclarea* var. *turkestanica* (Muskatellersalbei) **Z5** *111*, 112, 150; *S.* × *superba* **Z5** *24*, *25*, 28; *S. uliginosa* **Z8** *54*

Sambucus (Holunder): *S. nigra* »Guincho Purple« **Z6** *59*, 60

Sanddorn **Z4** 130

Santolina 130; *S. chamaecyparissus* (Heiligenkraut) **Z7** 135; *S. rosmarinifolia* **Z6** *54*, *117*

Saxifraga (Steinbrech) 34, 104, 147; *S. granulata* »Flore Pleno« **Z5** *105*, 108

Scabiosa caucasica »Miss Willmott« **Z4** *132*

Schachbrettblume SIEHE *Fritillaria meleagris*

Schädlings- und Krankheitsbekämpfung 28, 52, 56, 112, *137*, 139, 146, 155

Scharbockskraut SIEHE *Ranunculus ficaria*

Schaumkraut SIEHE *Cardamine raphanifolia*

Scheinmohn SIEHE *Meconopsis*

Schildfarn SIEHE *Polystichum setiferum*

Schizostylis coccinea »Sunrise« **Z6** *39*, 42

Schlafmohn SIEHE *Papaver somniferum*

Schleierkraut SIEHE *Gypsophila*

Schleimflußerkrankung 70

Schlüsselblume SIEHE *Primula*; Hohe Schlüsselblume SIEHE *P. eliator*

Schmucklilie SIEHE *Agapanthus*

Schnecken 130; S.korn 74

Schneeball SIEHE *Viburnum plicatum*

Schneebeere SIEHE *Symphoricarpos*

Schneeglanz 30

Schneeglöckchen 125

Schnittlauch SIEHE *Allium schoenoprasum*

Schöterich SIEHE *Erysimum*

Schuppenwurz SIEHE *Lathraea clandestina*

Schwarze Bohnenlaus 28

Schwerdt, Pam 9, **12-21**, *19*, 62, 117, 148-159

Schwertlilie SIEHE *Iris*

Schwingel: Ausläuferrot-S. 108; Horstrot-S. 150

Scilla (Blaustern) 70, 72; *S. peruviana* **Z7** *105*, 108; *S. siberica* **Z5** *61*

Scott-James, Anne 10, 117

Sedum hidakanum **Z4** *43*; *S.* »Vera Jameson« **Z4** *24*

Seekohl SIEHE *Crambe maritima*

Seidelbast SIEHE *Daphne*

Senecio heritieri SIEHE *Pericallis lanata*; *S. tanguticus* SIEHE *Sinacalia tangutica*; *S. viravira* (syn. *S. leucostachys*) **Z9** 139

Senkgarten 7, *8*, 37, *38*

Sesam 112

Shanganagh-Säule 7, *8*, *124*

Silybum marianum (Mariendistel) **Z7** *116*, *117*

Sinacalia tangutica (syn. *Senecio tanguticus*) **Z6** 78, *80*

Sitwell, Sacheverell 47, 67

Smilacina 97; *S. stellata* **Z3** 96, *105*

Smith, Troy 30, 149, *151*, *155*, *157*

Smyrnium perfoliatum **Z8** 91, *93*, *95*, 97

Snowhill Manor, Gloucestershire 12

Society for the Preservation of Ancient Buildings 11, 37

Solanum crispum **Z8** 62, *63*; *S.c.* »Glasnevin« 29; *S. jasminoides* »Album« **Z9** *138*, *141*

Solidago (Goldrute) 77, 88

Sonnenblume SIEHE *Helianthus*

Sorbus ssp. *124*; *S. aria* (Mehlbeere) 39; *S. cashmiriana* **Z5** 62; *S. hupehensis* »Rosea« **Z6** *123*

South Cottage *8*, 12, 22, 34, 76, *77*, 129

Spinnenpflanze SIEHE *Cleome*

Spiraea »Arguta« **Z5** 135, *141*; *S. japonica* »Goldflame« **Z4** *80*

Spry, Constance (1886-1960) 47, 129

Stachys byzantina (Eselsohr) **Z4** 130; *S. macrantha* **Z4** *24*, *54*

Stachyurus **Z7** *77*

Statue der kleinen Jungfrau 7, *8*, *133*, *134*, 135

Stauden 56, 88, 97, 104, *133*, 139, 141; empfindliche oder bedingt winterharte 19, 60, 65, 88, 108, 138, 151, 154; Verpflanzen *141*; winterharte 60, 108, 150, 154

Staudenpäonie *141*

Staudenrabatten *27*, 76

Staudenwicke SIEHE *Lathyrus latifolius*

Stechpalmenhecke 64

Steinbrech SIEHE *Saxifraga*

Steinlinde 147

Steppenkerze SIEHE *Eremurus*

Sternrußtau 52, 56, 135, 155

Stiefmütterchen **Z4** 35, *59*, 65, *130*; S. »Senator Blue with Blotch« 35

Stieleiche 7

Stipa (Federgras): *S. barbata* **Z8** 135, *141*; *S. gigantea* **Z6** *52*

Stockrose SIEHE *Alcea*

Storchschnabel SIEHE *Geranium*

Strandroggen SIEHE *Elymus*

Strangman, Elizabeth 159

Strauchmargerite SIEHE *Argyranthemum*

Straußgras 150, 155; Rotes 108

Streptocarpus 151

Strobilanthes **Z7** 52

Sturm von 1987 9, 119

Stützen *27*, 28, 46, *50*, 51, 52, 56, *59*, *134*, *137*, 141, 144, 145

Sumpfdotterblume *123*

Symphoricarpos × *chenaultii* (Schneebeere) **Z5** 64

Symphytum (Beinwell) 90, 104; *S. caucasicum* **Z4** *105*, *106*, *123*

Syringa (Flieder) 64; Prestoniae-Hybriden 64

T

Taglilie SIEHE *Hemerocallis*

Tanacetum balsamita subsp. *balsamitoides* (Balsamkraut) **Z6** *113*; *T. parthenium* (Mutterkraut) **Z6** *116*, *117*; *T.p.* »Aureum« (Goldgrünes Mutterkraut) **Z6** *80*; *T.p.* »Rowallane« (syn. *T.p.* »Sissinghurst White«) **Z6** *130*, *138*, *139*, 158; *T. ptarmiciflorum* **Z9** *128*, *132*

Taubenschlag *8*, 9, 119

Taylor, John 56, 82, *86*, 158

Tellima 104

Teucrium × *lucidrys* (fälschlich *T. chamaedrys*) **Z5** *42*, *43*

Thalictrum (Wiesenraute): *T. aquilegiifolium* »Thundercloud« **Z5** 159; *T.a.* »White Cloud« **Z5** *134*, *158*, 159; *T. delavayi* **Z5** *23*, *25*; *T.d.* »Album« **Z5** *132*; *T. flavum* subsp. *glaucum* **Z6** 78, *80*; *T. rochebruneanum* **Z8** 51

Thermopsis 80

Thomas, Graham Stuart 4, 9, 47, 50, 51, 62, 64, *69*, 70, 74, 96, 104, 119, 126, 128, 138, 159

Thymianbeete *8*, 9, *9*, 11, 111, *113*, 117

Thymus (Thymian) 110, 111, 112, 147; *T. praecox* subsp. *britannicus* **Z5** 111; *T. pseudolanuginosus* **Z6** 111; *T. serpyllum* (Quendel) **Z5** 110, 111, *117*; *T.s.* var. *coccineus* »Major« **Z5** 111; *T. vulgaris* (Garten-T.) **Z7** *117*; *T.v.* »Aureus« (Gold-T.) 117

Tiarella cordifolia **Z3** 96, 104

Tigridia **Z9** 45

Tilia (Linde) 7, *69*, *72*, 74; *T.* × *euchlora* **Z4** 70; *T.* × *europaea* (Holländische Linde) **Z4** 66, 70; *T. platyphyllos* »Rubra« **Z5** 70; SIEHE auch Lindengang

Tintinhull House, Somerset 129

Töpfe 9, *33*, *35*, 70, 74, 104, 150, 154

Topferde 151

Torf 150, 154; T.kompost 35, 154; T.quelltöpfchen 104

Tradescantia pallida »Purpurea« (syn. *T.p.* »Purple Heart«, *Setcreasea purpurea*) **Z9** 35

Traktor *151*, 155

Tränendes Herz SIEHE *Dicentra*

Traubenhyazinthe SIEHE *Muscari*

Treibhäuser/Gewächshäuser 9, 18, 150, 151, *153*, 154

Trichterfarn SIEHE *Matteuccia struthiopteris*

Trillium 91, *95*, 97; *T. sessile* **Z4** 96

Trollius × *cultorum* »Superbus« **Z4** 79; *T.* »Orange Princess« **Z4** 80

Trompetenbaum SIEHE *Catalpa*

Trompetenrebe SIEHE *Campsis radicans*

Tropaeolum (Kapuzinerkresse): *T. majus* 74, 116; *T.m.* »Empress of India« 112, 116, *117*; *T. peregrinum* 83

Tulipa (Tulpe) 23, 67, *69*, 70, 74, 75, 76, 77, *77*, *79*, *82*; *T.* »Absalom« **Z4** 67; *T.* »Aladdin« **Z4** *82*; *T.* »Bandoeng« **Z4** 67; *T.* »Black Parrot« **Z4** *79*, *82*; *T.* »Blue Parrot« **Z4** 23; *T.* »Cassini« **Z4** *82*; *T.* »Clara Butt« **Z4** *65*; *T.* »Couleur Cardinal« **Z4** *82*; *T.* »Dairy Maid« **Z4** 23; *T.* »Dillenburg« **Z4** *82*; *T.* »Flower of Spring« **Z4** *82*; *T.* »Georgette« **Z4** *79*; *T. gesneriana* **Z5** *82*; gestreifte T. 67; *T.* »Greuze« **Z4** 23; *T.* »Habit de Noce« **Z4** 67; *T.* »Happy Family« **Z4** 72; *T.* »James Wild« **Z4** 67; lilienblütige T. 74; *T. linifolia* (Batalinii-Gruppe) »Bronze Charm« **Z5** 34; *T.* »Mariette« **Z4** 72; *T.* »Maytime« **Z4** *54*, *65*; *T.* »Orange Favorite« **Z4** *82*; *T.* »Palestrina« **Z4** 72; *T.* »Pandion« **Z4** 23; *T.* »Perlina« **Z4** 72; *T. praestans* »Fusilier« **Z5** 72; *T.* »Red Georgette« **Z4** 72; *T.* »Red Shine« **Z4** *69*, 72, 74; Rembrandt-T. **Z4** 67; *T.* »Stresa« **Z5** 72; *T. tarda* **Z5** 72; *T. urumoffii* **Z6** 72; *T. viridiflora* »Praecox« **Z6** *82*; *T.* »West Point« **Z4** 74; *T. whittallii* **Z5** 72; *T.* »Yuma« **Z4** 82

Tulpenfeuer (*Botrytis tulipae*) 74, 75

Türkenbundlilie SIEHE *Lilium martagon*

Turm 4, 7, *8*, 15, 16, 22, 23, 29, *34*, 36, 37, 43, *83*, *123*; T.bogen 22, *28*, *34*, 35, 37, *123*; T.bogenbank *4*; Gedenktafel für Vita *4*, 16; Vitas Arbeitszimmer 12

Tweedia caerulea (syn. *Oxypetalum caeruleum*) **Z10** 154

U

Umpflanzerkrankung 9, 52, 119
Unterer Hof 7, *8,* 12, *34, 35,* **36-45,** *41, 65;* Bleitrog 42; Rasen 30, 36; Turmtreppe *21,* 36, 154, 159
Upton House, Warwickshire 19
Urnen 7, 37, *61, 100;* im Adam-Stil 100, *123*
Uvularia 97

V

Vass, Jack 9, 15, 23, 35, 51, 56, 83, 90, 110
Veilchen SIEHE *Viola*
Veratrum (Germer) 76, 77, 91, 141; *V. album* **Z4** *97, 105; V. nigrum* **Z4** *79*
Verbascum (Königskerze) *4,* 77, *79,* 86, 88, 150; *V. bombyciferum* **Z6** *80,* 88; *V. creticum* **Z6** *80;* Harkness-Hybriden **Z6** 88; *V. olympicum* **Z6** 88
Verbena (Eisenkraut) 19, 151, 154; *V. bonariensis* **Z9** *28; V.* »Hidcote Purple« **Z9** *24; V.* »Kemerton« **Z9** 35, *153; V. × maonettii* **Z9** *24; V.* »Sissinghurst« (syn. *V.* »Tenerife«) **Z9** 159, *159; V. tenera* **Z9** 159; weißes E. *132*
Vergißmeinnicht SIEHE *Myosotis*
Vermehrung 150
Vermiculit 150, 154
Veronica (Ehrenpreis) *54; V. filiformis* **Z3** 125
Veronicastrum virginicum album **Z4** *132*
Vertikutieren 30, 108, 155; Vertikutierer *151,* 155, *155*

Viburnum plicatum (Schneeball) **Z6** *98; V.p.* »Lanarth« 30, *31*
Vinca minor **Z4** 55
Viola (Veilchen) *43,* 154; *V. cornuta* **Z5** *57; V.* »Freckles« **Z4** *72; V.* »Lady Sackville« **Z4** 158, 159; *V.* »Nellie Britton« (syn. *V.* »Haslemere«) **Z4** *55,* 159; *V. riviniana* (Hainveilchen) 91, *95,* 97, *105; V.r.* Purpurea-Gruppe (fälschlich *V. labradorica*) **Z5** *33,* 91, *93, 105; V. septentrionalis* **Z4** *42; V.* »Sissinghurst« **Z4** 159; *V.* »Vita« (syn. *V.* »Lady Sackville«) **Z4** 158, 159
Violette Rabatte *8,* 22, 23, **24-35,** *24-27,* 29, 35, 47, 130, 158; Einfassung *27,* 30
Viruskrankheiten *33,* 75
Vitex negundo **Z6** 43
Vitis (Wein) *61,* 62, 128, 139; *V.* »Brant« **Z5** *63; V. coignetiae* **Z5** *106,* 108; *V. vinifera incana* 61; *V.v.* »Purpura« (Purpurblättriger Wein) **Z5** 23, *24, 55,* 61, 63
Vogelschaden 30, 61, 62, 64, *100,* 108, 124, 135
Vorhof 7, *8*

W

Wachsglocke SIEHE *Kirengeshoma palmata*
Waldmeister SIEHE *Galium odoratum*
Waldpflanzen 9, *89,* 90, *95,* 97, 98
Waldsteinia ternata **Z3** *61*
Walnuß *123*
Wanzen 28
Washfield Gärtnerei, Devon 158, 159

Wassergraben/Graben 7, *8, 9,* 77, 100, 101, 117, 118, *123;* Algen 126; Uferbefestigung 9, *123,* 126, 128; Zierfische 126
Waterperry Horticultural School, Oxfordshire 16, 63, 148, 157
Weberkarde SIEHE *Dipsacus sativus*
Wege 9, 22, 22, 39, 77, 110, 112, *116,* 128, 138, 145
Weichhautmilbe 28
Weide SIEHE *Salix*
Weidelgras 150; Zwerg-W. 108, 126
Weiderich SIEHE *Lysimachia*
Weiher 7, *15, 16,* 117
Wein SIEHE *Vitis*
Weinberglauch SIEHE *Allium vineale*
Weißer Garten 7, *8, 9,* 11, 12, 19, 22, 35, *35,* 37, *38,* 45, 46, 47, 51, 61, *66,* 75, 76, 88, **128-147,** 158, 159; Bank *132, 133;* Buchsparterre 11, 128, 135, 138, *141,* 145; chinesische Vase 128; *clairvoyée/*Gitter 12, 138; Eibenhecken 130, *132, 133,* 138; Erechtheum 7, *8,* 128, 130, 138, 139; Eisenbögen *141;* Laube *8, 9, 130, 132, 133,* 135, *137, 141;* Statue der kleinen Jungfrau 7, *8, 133, 134,* 135; Wege 9, 128, 138, 145
Werkzeuge 147, *151,* **156-157**
Wermut, Römischer SIEHE *Artemisia pontica*
Wiesenknöterich SIEHE *Persicaria bistorta*
Wiesenraute SIEHE *Thalictrum*
Wiesenrispe 150
Wildblumen *95,* 118, 147; W.wiesen 126

Winterblüte SIEHE *Chimononanthus praecox*
Wisley, Garten der Royal Horticultural Society 91, 149, 158, 159
Wisteria 100, *100,* 104, 108, 139; *W. floribunda* »Alba« **Z5** *106, 123; W. venusta* **Z6** *105, 106*
Wolfsmilch SIEHE *Euphorbia*
Wunderblume SIEHE *Mirabilis jalapa*

X

Xanthorhiza simplicissima **Z5** 97, *97*

Y

Ysop **Z6** 112
Yucca 47; *Y. filamentosa* »Variegata« **Z6** 47; *Y. gloriosa* **Z7** 55

Z

Zantedeschia aethiopica »Crowborough« (Zimmerkalla) **Z8** *130, 137, 138,* 139
Zaubernuß SIEHE *Hamamelis*
Zephyrantes candida **Z9** 135
Ziertabak SIEHE *Nicotiana*
Zimmerkalla SIEHE *Zantedeschia aethiopica*
Zinnia 104
Zistrose SIEHE *Cistus*
Zweijährige Pflanzen 110, 112, *116,* 138, 139, 144, 150, 151
Zwiebel- und Knollenpflanzen 23, 34, 45, 61, 66, 67, 70, *70, 72,* 74, 75, 82, 108, 118, *119, 123,* 125, 126, 147, 150, *153*
Zypresse **Z9** 61, 78

HÄRTEZONEN (Z)

Die Einordnung in Härtezonen richtet sich nach der Minimaltemperatur, die ein Pflanze verträgt. Die Winterhärte einer Pflanze hängt von Faktoren ab wie Wurzeltiefe, Wassergehalt bei Frosteinbruch, Dauer des kalten Wetters, Windstärke sowie Länge und Temperaturen des vorausgegangenen Sommers. Die Zahlen (auf der Grundlage einer Einteilung des amerikanischen Landwirtschaftsministeriums) werden den Pflanzen gemäß ihrer (Un)Empfindlichkeit für Winterkälte in Großbritannien und Westeuropa zugeordnet. In Klimazonen mit heißeren und/oder trockeneren Sommern wie in Australien und Neuseeland vertragen einige Pflanzen kältere Temperaturen; ihre Winterhärte in diesen Ländern kann eine, selten auch zwei Zonen niedriger sein als angegeben.

Sissinghursts Winterklima entspricht **Z8,** genau wie das der meisten Gebiete in Großbritannien außer London, dem äußersten Süden und Westen (**Z9**) und den schottischen Highlands (**Z7**). Jedoch in jedem **Z8**-Gebiet gibt es geschützte Kleinklimata wie den Fuß einer sonnigen Mauer, wo es praktisch eine Zone milder ist und in der Regel **Z9**-Pflanzen wachsen können.

In Südostengland ist die Landmasse nur durch den Ärmelkanal von Kontinentaleuropa getrennt. Der mildernde Einfluß dieses schmalen Wasserstreifens ist geringer, wenn die Winterwinde vorwiegend aus Nordosten wehen, so daß Kent und East Anglia weniger von dem warmen Golfstrom profitieren und öfter strenge Winter haben als sonst im allgemeinen in Großbritannien üblich. Ungefähr jeden zehnten Winter können die meisten **Z8**- und **Z9**-Pflanzen erfrieren. Sogar **Z6**- und **Z7**-Pflanzen wie Feigen, Montbretien und manche Rosen, die normalerweise in England als einigermaßen winterhart gelten, können in Sissinghurst eingehen oder schweren Schaden nehmen.

° CELSIUS	ZONE
unter -45	1
-45 bis -40	2
-40 bis -34	3
-34 bis -29	4
-29 bis -23	5
-23 bis -18-	6
18 bis -12	7
-12 bis -7	8
-7 bis -1	9
-1 bis 4	10
über 4	11

Danksagungen

Um Sissinghurst nicht mit noch mehr Besuchern zu belasten, macht der National Trust keine Reklame. Trotzdem erschien es mir wichtiger, die Entwicklung, Bepflanzung und Pflege des Gartens zu dokumentieren, als über seine Schönheit und die inspirierende Geschichte seines Fortlebens ein Embargo zu verhängen. Ich bin dankbar für die Publikationserlaubnis des National Trust, ferner für die Unterstützung und Ermutigung durch den Regionalleiter für Kent und East Sussex Peter Griffiths, den Leitenden Gartenberater John Sales, den Gartenberater Jim Marshall und die Gartenmeisterin Sarah Cook.

Das Fortleben von Sissinghurst gereicht allen Verantwortlichen zur Ehre, vor allem seinem Spender Nigel Nicolson und den einstigen und heutigen Gärtnern. Ich habe Nigel Nicolson, Sarah Cook, Pam Schwerdt und Sibylle Kreutzberger zu danken, die mir alle ausführlich Auskunft gaben; Nigel Nicolson war so freundlich, mich Harolds und Vitas Papiere durchsehen zu lassen und mir das Foto seiner Eltern von Cecil Beaton zur Verfügung zu stellen. Pam und Sibylle haben tagelang mit großer Geduld meine vielen teils sachdienlichen, teils sicher dummen Fragen beantwortet. Dank ihrer Selbstlosigkeit mußte ich Sarah Cook nicht noch mehr belästigen und konnte sie ihrer wichtigeren Aufgabe überlassen, den Garten zu leiten.

Sissinghursts Garten- und Büropersonal ist durchweg äußerst hilfsbereit gewesen, besonders der Leiter des Besucherdienstes Bob Woods und die Sekretärinnen Shirley Temme und Samantha Snaith.

Dank gebührt Ann Richards und James Bennett, die tapfer die über 200 000 Worte Interviewtext abtippten, auf denen dieses Buch zum Großteil basiert. Sehr dankbar bin ich allen beim Verlag Frances Lincoln, die mich zu diesem Buch ermutigten und es mit der gewohnten hervorragenden Professionalität produzierten. Mein Dank geht besonders an Celia Levett, Louise Tucker, Caroline Hillier, Erica Hunningher, Alison Freegard, Jo Christian, Penelope Miller und James Bennett.   T.L.

ZU DEN FOTOS

Mit wenigen Ausnahmen wurden die Fotos zwischen April 1994 und Juli 1995 mit einer Canon T90 aufgenommen. Benutzt wurde Fuji Velvia, ein feinkörniger und daher recht langsamer (ASA50) professioneller Kleinbildfilm, gestellt von Jessops in Leicester, Filiale Cheltenham, und entwickelt von Central Photographic Services, Cheltenham, denen ich beiden Dank schulde.

Fast 30 Besuche waren nötig, um den Garten zu allen Jahreszeiten und bei unterschiedlichem Licht zu sehen. Freundlicherweise wurde ich außerhalb der normalen Öffnungszeiten eingelassen, meist früh morgens. Bei einem relativ langsamen Film wie Velvia mußte ich helle Tage wählen (aber keinen strahlenden Sonnenschein) und ein Stativ benutzen. Trübes Wetter ist bei einem solchen Film für Gartenaufnahmen ungünstig, außer für solche, die eine sehr geringe Tiefenschärfe verlangen.

Die T90 ist keine Autofokus-Kamera. Bei Gartenaufnahmen ist automatische Scharfeinstellung selten von Vorteil: Blätter und Blüten haben nicht die dafür erforderlichen harten Kanten. Für etwa die Hälfte der Fotos wurde ein Normalobjektiv (50 mm) genommen, für Pflanzen und Fernsichten erwies sich ein kurzes Teleobjektiv (100 mm) als ungemein nützlich; damit und mit einem Teleobjektiv von 135 mm kann man Einzelheiten der Bepflanzung fotografieren, ohne in die Beete treten zu müssen. Vielleicht 10 Prozent der Bilder wurden mit dem 135-mm-Objektiv aufgenommen, ein noch kleinerer Teil mit Objektiven von 28, 200 und 300 mm, alle aus der FD-Serie von Canon. Das 28-mm-Objektiv eignet sich für eng begrenzte Räume oder weite Panoramen, doch es kann entstellend wirken und einen relativ intimen Bereich wie den Bauerngarten als weite Prärie erscheinen lassen.

Besucher dürfen keine Stative in den Garten mitnehmen, weil sie damit die Wege blockieren und andere stören. Einbeinstative jedoch sind erlaubt und ermöglichen meist recht scharfe Bilder, weil sie vertikales Verwackeln ganz und seitliches weitgehend ausschalten. Fotografen werden gebeten, Rücksicht zu nehmen und die Wege nicht zu versperren, Schilder nicht herauszuziehen und falsch zurückzustecken und nicht auf die Beete zu treten. Die Öffnungszeiten des Gartens können hinderlich sein, weil sie meist denkbar schlechte Lichtbedingungen bieten mit hoch am Himmel stehender Sonne, harten Kontrasten und keiner Hoffnung auf vorteilhaftes Hintergrundlicht. Wer den Garten ohne den Störfaktor zu vieler anderer Besucher und bei besten Lichtverhältnissen fotografieren möchte, sollte entweder am Wochenende, wenn der Garten früh öffnet, gleich morgens kommen oder unter der Woche spät nachmittags, wenn weniger Andrang ist. Ich sah zu, daß ich der erste am Morgen war, um gleich in den Bereich zu eilen, von dem ich Groß- oder Panoramaaufnahmen machen wollte, bevor er überlaufen war; danach konnte ich mich auf Details der Bepflanzung konzentrieren, Fotos, bei denen Besucher einen kaum stören. Man sollte immer genug Filme nach Sissinghurst mitnehmen. Vor etwa zwölf Jahren traf ich im Oberen Hof auf den inzwischen verstorbenen Marvin Black aus Seattle, der eben seine Kamera vor der Violetten Rabatte aufbaute. Als etliche Stunden später geschlossen wurde, hatte Marvin sich beinahe bis zum Ende der Rabatte vorgearbeitet; er hatte acht Filme verbraucht. Es gibt hier viel zu fotografieren, nicht nur Ansichten des Gartens, sondern einzelne Pflanzen, von denen viele außergewöhnlich sind und in einer Perfektion gezogen werden, wie man sie woanders selten sieht.   T.L.

DANKSAGUNG DES ENGLISCHEN VERLAGS

Der Verlag dankt Curtis Brown Ltd. für die Genehmigung, aus »The Garden« von Vita Sackville-West (Michael Joseph, 1946) zu zitieren. Ein Dank auch an Nicky Cooney für alle aquarellierten Pflanzpläne bis auf den auf S. 123, für den Jean Sturgis zu danken ist. Dank gebührt ferner Zoe Bowers, Sally Cracknell, Margherita Gianni, Penelope Miller und Patti Taylor für ihre Mithilfe bei der Produktion dieses Buches.

Lektorat   Jo Christian, Alison Freegard, Celia Levett
Bildredaktion   Louise Tucker
Herstellung   Annemarieke Kroon, Kim van Woerkom
Chef-Lektorin   Erica Hunningher
Art Director   Caroline Hillier